漢武帝

盛氣當陽
雄才御世
嘉樂唐虞
狹小漢制
振皋百度
征代四裔
燁燁明明
恢我王治

集古像賢　〔明〕孫鑛思紹撰　嘉靖十五年刊本

汉武大帝

王立群 著

上册

王立群读史记

东方出版社

汉代历史上最负盛名的皇帝

2007年，应央视《百家讲坛》的邀请，录制了由我主讲的《王立群读〈史记〉之汉武帝》，它在我的"读《史记》"系列中非常特殊。

特殊之处在于，2006年我在《百家讲坛》讲述项羽和吕后，依据的是《史记》中的《项羽本纪》与《吕太后本纪》；但是，在讲汉武帝时遇到了特殊情况：《史记》中的《孝武本纪》（《今上本纪》）早已佚失。现存的《孝武本纪》只截取了《封禅书》的部分内容凑个数，完全不能只据此讲述汉武帝。

为此，我讲汉武帝时，采用了以《汉书·武帝纪》为纲，以《史记》中诸多武帝朝的人物列传为重点的方式来讲述。

《汉书》是一代信史，班固的写作态度非常严谨，《汉书·武帝纪》应当是继《史记·孝武本纪》后最完整、最可靠的历史文献。《史记》中的许多与汉武帝相关的人物传记，如《李将军列传》《卫将军骠骑列传》《魏其武安侯列传》等，都可以看到汉武帝的身影，当然是写作汉武帝不可多得的好材料。但是，《汉书·武帝纪》和《史记》的"本纪"相比，正统思想严重，收录了大量汉武帝的诏令，失去了《史记》的表达神韵。有鉴于此，我们只能采用《汉书·武帝纪》作为讲述汉武帝的基础文献。

这是关于《王立群读〈史记〉之汉武帝》的第一点说明：资料的来源及其局限。

第二点，汉武帝在帝国史上的贡献。

汉武帝在位期间，通过一系列政治、军事措施，巩固了西汉王朝的统治地位，特别是采用诸侯王下世后分封其子弟的办法，让占地广、势力强的诸侯国，越变越小，大大削弱了诸侯国的实力，强化了中央集权。

为了避开大臣们讨论国事时的反对意见，汉武帝在宫中组建了一个以自己为首、身边侍从为辅的决策集团，排除大臣，先行决策，再将决策以诏书的形式颁布给丞相执行。汉武帝和身边的年轻才士形成了内朝，丞相、御史大夫为首的执行机构成为外朝。内外朝制（中外朝制）的运行，极大地强化了汉武帝的权力。当然，这一制度在集权于汉武帝的同时，也让他失去了自我纠错的机制和能力。

汉武帝大力推行儒家文化，奠定了儒家文化在帝制中国的主导地位。武帝朝前期的董仲舒，率先提出设立太学，"罢黜百家，表彰六经"的主张。此后，丞相公孙弘补充提出设立五十位博士，并免除他们徭役的具体方案。因此，到西汉后期和东汉时期，儒生人数迅速增长。

第三点，开疆拓地，扩大国土。

武帝一朝，是西汉政权和北方匈奴进行决战的时期。西汉政权自汉高祖刘邦"白登之围"以来，一直对北方强势的匈奴采取"和亲"政策。至武帝朝，经过汉初七十多年的休养生息，国力空前强大。汉武帝先后起用卫青、霍去病等名将，发起了对匈奴的大规模用兵，将匈奴驱赶到大漠以北，夺取了河西走廊，汉朝的版图扩大到西域、中亚；他又平定了南方百越，使广大南方地区成为西汉王朝的一部分。这些措施，极大地扩展了西汉王朝的版图。

作为一档面向大众的电视讲座，《百家讲坛》的通俗性是不可或缺的，因此，我对汉武帝从汉景帝的"皇十子"，升格为"皇太子"的过程及缘由，做了详细的解读。有些内容，如汉武帝设立内外朝，仅在讲"公孙丞相"一章中有简略的交代。详略的设置，多以《史记》提供的文献多寡而定，而非以历史研究界的重点与否确定。

王立群

2024年1月于北京

1. 人是社会性动物，人需要得到社会的承认。

2. 理解的东西往往不能深刻感受，感受的东西往往更能深刻理解。

3. 原谅有时比惩罚更有力量。它不是丧失原则，而是一种更高境界的坚守，一种不曾剑拔弩张，依旧恪守尊严的艺术。

4. 只琢磨事不琢磨人的人，这种人为的是干事业。只琢磨人不琢磨事的人，这种人为的是当官。只琢磨钱不琢磨其他的人，这种人为的是发财。既琢磨人又琢磨事的人，这种人能当一把手。既琢磨事又琢磨人还琢磨钱的人，这种人更不得了。

5. 人生最重要的是证明自己。有些人终其一生都不能完成对自己的证明，甚至到死后才能完成对自己的证明。

6. 慷慨就义者未必真英雄，忍辱负重者未必皆懦夫。一个人敢于忍受千夫所指，万人所诟，为坚持自己的理想和事业而活着，应当是真英雄。

7. 人有七情六欲，妒忌之心人皆有之。然而，不看对象、不挑场合的妒忌就是幼稚。

8. "小人"与"君子"只是对人才的一种道德判断，并非对人才能力的判断。"小人"并非一定无才，"君子"亦非一定有才。

9. 人生是一场漫长而艰辛的长跑比赛，有时领先，有时落后，但只要还在路上，就有机会。

10. 人才在任何时候都是稀缺资源，但是比人才更稀缺的是人才的培养与发现。

11. 世界上最痛苦的事不是让人一无所有，而是先给你锦衣玉食，再让你眼睁睁地看着被夺走这一切。

12. "隐"，与其说是生存状态，不如说是一种处世心态。"返璞归真"难能可贵，做到的人往往"大智若愚"。他们用超常的性情和意志去抗拒世俗的复杂和丑陋的诱惑，坚守本性，这就是"大隐"。

13. 仰慕强势简单，尊崇弱势困难；特立独行简单，化育包容困难；锋芒毕露简单，藏愚守拙困难。谦恭，考验的是一个人的气度，更是智慧。

目录

史家绝唱

两千多年前，汉武帝朝的一位史官司马迁写下了一部旷世史学著作《史记》。在《史记》之前，中国所有的史书，不是按年代编排的编年体（如《左传》），就是按国家排列的国别体（如《国语》《战国策》），唯独记载了上自黄帝下至汉武帝近三千年历史的《史记》，创造了以人物为中心的纪传体。从此，《史记》之后的"二十三史"都沿用了《史记》的纪传体传统。为什么《史记》开创的纪传体得到了后世的一致认可？为什么这部一家之言的史学著作被称为"史家之绝唱，无韵之《离骚》"？司马迁究竟缘何能让《史记》泽被后世两千多年？

先河之作　史中翘楚

《史记》为"二十四史"之首，它与其他各史相比明显高出一筹。最重要的差别有三点：

第一，《史记》饱含爱憎。

《史记》将对人物的爱憎之情形之于笔墨。司马迁喜爱、同情的项羽、李广，都被写得悲歌慷慨，回肠荡气，令人扼腕；而对自己憎恶的公孙弘，司马迁则不惜笔墨，极力鞭挞。行文间，有时仅仅一句话，甚或几个字，褒贬之情顿见。这也让《史记》的人物大多充满激情，超群于众史。

第二，《史记》运用了诸多文学笔法。

司马迁对人物、场景、事件、对话的描写，充满了生动感人的细节，形成了史传中少有的文学名篇。如五十多年来一直载入高中语文课本的《鸿门宴》，简直就是一篇上乘的文言小说，全篇纤毫毕现，张弛有度，栩栩如生，显示出司马迁高超、多样的文学技巧。

第三，《史记》具有实录精神。

《史记》融入了司马迁对封建帝王犀利深刻的揭露。比如，汉代的开国皇帝刘邦，《史记》既写出了他善用人才、终成大业的一面，又写出了他杀戮功臣、心胸狭隘的一面。这种实录精神是后世许多史书绝对不敢涉笔的，因为刘邦是西汉王朝的开国皇帝啊！同样，对司马迁时代的最高领导汉武帝，司马迁有赞颂，也有批评。《史记》的这种实录精神对中华民族求真务实、坚忍不拔的民族性格的形成，对华夏文化的思想精髓、审美取向的传承积累，都发挥了重大作用。

《史记》填补了中国历史上诸多人物史的空白，没有《史记》，中国古代许多伟大的历史人物在人们心目中的形象就不会像现在这样清晰丰满。

比如孔子，在司马迁之前，人们对孔子的生平知之甚少，司马迁在《史记》中撰写了中国历史上第一篇孔子的传记《孔子世家》，成为有关孔子生平最早最有权威的传记。中国人历来讲究"知人论世"，今天我们读《论语》，只有通过《史记》的《孔子世家》，才能对孔子的一生有一个全面的了解，才能正确地解读《论语》。这一贡献的价值是无可估量的！

再比如屈原，中国先秦文献从来没有提到过屈原，以致今天有人企图根据这一点否认屈原的存在。幸而《史记》的《屈原列传》第一次撰写了屈原的生平。如果没有《史记》，恐怕我们今天要了解这位中华民族第一位伟大的爱国诗人还非常困难。

忍辱负重　千古绝唱

对于《史记》这部伟大的史学著作，司马迁自称写作的目的是"究天人之际，通古今之变，成一家之言"。鲁迅先生一句"史家之绝唱，无韵之《离骚》"更是今人公认的定评。然而《史记》这部千古绝唱是在什么样的情境下著成的呢？史学家司马迁有着怎样的经历？这些经历与《史记》的写作又有着怎样千丝万缕的联系呢？

司马迁出身于一个普通的史官家庭，父亲司马谈有志于撰写一部通史。司马迁继承父志，为写作《史记》作了充分准备：行万里路，师从名家，大量阅读宫廷藏书。不过，这些经历，在中国封建社会为数众多的史官之中并无特别之处。

命运让这位平凡的史官经历了一场不平凡的事件。这一事件彻底改变了司马迁的一生，促使司马迁完成了由一位普通史官到伟大史学家的根本转变，使他真正懂得了什么叫"死而后生"。这一事件促使司马迁完成了从单纯记述历史人物到对历史人物进行犀利深刻评价的巨大转变。这一事件促使司马迁从被污辱、被贬抑的社会最底层来认识人，认识社会，认识至高无上的皇帝，造就了司马迁以血肉铸史而非以笔墨写史的独特风貌。

那么，究竟是什么事件促使司马迁完成这些转变的呢？

天汉二年（前99），汉武帝派他一生中最为宠幸的李夫人的哥哥李广利率兵三万出征匈奴，同时，由汉代名将李广的孙子勇将李陵负责李广利的后勤保障。但是，李陵提出愿意率领五千步兵单独出征，以分散匈奴的兵力，减少贰师将军李广利的压力。

李陵为什么要求单独出兵呢？原因不外有二：

第一，对家世、才能的自负。李陵是汉代名将李广之孙，历代家世的声名和自身的综合素质远在李广利之上。李广利不过是靠着汉武帝对其妹妹李夫人的宠爱而获得了外戚身份，这才当上领兵统帅。因此，李陵不愿意为一个庸才将军搞后勤，所谓分匈奴之兵不过是一种借口，但是，这一借口是汉武帝多年来重用外戚将军时最常用的手法，最容易得到汉武帝的认可。

第二，对自己军队的自信。李陵虽然只有五千步兵，但是，这五千步兵是他精心挑选、精心训练出来的荆楚勇士，健壮剽悍，骁勇善战。个个是勇士，人人是豪杰。李陵对自己的五千悍兵非常有信心。

汉武帝看到李陵愿意单独出兵，化解匈奴对李广利的压力，就对李陵讲："我这次出兵多，没有那么多骑兵派给你。"言外之意，你只能带你那五千步兵出征。

李陵毫不犹豫地说："我愿意以少敌多，就带我下属的五千步兵出征！"

汉武帝并不放心，下令让路博德率兵接应李陵。哪知路博德也不甘居人下做打杂的活儿。于是，路博德向汉武帝报告说："现在正是秋天，是匈奴战马最强壮的时候，不适合与匈奴作战，希望让李陵到明年春天再出征。到那个时候，自己愿意和李陵各带五千人出征，合击匈奴。"——又一个只愿意单独出征的人！

汉武帝看到这封奏章后，没想到路博德是不愿意为李陵做后援，反而怀疑李陵说了大话后又反悔了，才指使路博德写这份报告。于是，龙颜大怒，逼着路博德、李陵立即出兵。李陵就在这样的背景之下踏上了征程。

天汉二年，贰师将三万骑出酒泉，击右贤王于天山。召陵，欲使为贰师将辎重。陵召见武台，叩头自请曰："臣所将屯边者，皆荆楚勇士奇材剑客也，力扼虎，射命中，愿得自当一队到兰干山南以分单于兵，毋令专乡贰师军。"上曰："将恶相属邪！吾发军多，毋骑予女。"陵对："无所事骑，臣愿以少击众，步兵五千人涉单于庭。"上壮而许之，因诏强弩都尉路博德将兵半道迎陵军。博德故伏波将军，亦羞为陵后距，奏言："方秋匈奴马肥，未可与战，臣愿留陵至春，俱将酒泉、张掖骑各五千人并击东西浚稽，可必禽也。"书奏，上怒，疑陵悔不欲出而教博德上书，乃诏博德："吾欲予李陵骑，云'欲以少击众'。今虏入西河，其引兵走西河，遮钩营之道。"诏陵："以九月发，出遮虏郭至东浚稽山南……"——《汉书·李广苏建传》

李陵出兵之初，非常顺利，一路上也没有遇到匈奴的主力，部队势如破竹，捷报频传。李陵很兴奋，还命人画作战地图，向汉武帝汇报战况。

然而，形势急转直下，李陵的五千步兵与匈奴单于的三万骑兵正面遭遇。

面对三万强敌，李陵毫不胆怯，沉着应战。他把战车摆在外面，防止匈奴骑兵冲击，然后用独门武器弩机齐射，杀伤众多敌人。敌兵哪见过这阵势，节节败退，李陵又乘胜追击，杀死数千敌兵。匈奴单于非常吃惊，因为他万万没有想到区区数千汉军步兵居然这么能打。

匈奴单于立即派人召左右贤王的八万精兵前来增援，围攻李陵。面对十几倍于自己的强敌，李陵自知寡不敌众，并不与敌军硬拼，而是且战且退，向汉朝边境靠拢。

匈奴单于和他的部下经过与李陵的反复较量，损失一万多人，一点儿便宜也没占到，觉得这个仗不能再打下去了，一致同意准备撤兵。

关键时刻，突发了一件事情：李陵的一个部下，被他的上司羞辱了一番，心中怨气很大。于是，此人逃往匈奴，向匈奴单于透露了三个绝密军情：

一是李陵之军没有后援。无论是体力还是物资，李陵都拼不起。

二是李陵弩机的箭快要用完了。李陵的部队可以以一当十，独门武器——弩机功不可没，它是普通弓箭的升级版，弩机的箭一旦用完，李陵的部队就会像失去利爪的鹰，大势尽去。

三是现在给李陵最后一击，就是放上压死骆驼的最后一根稻草，李陵就完了。

匈奴单于得到这个绝密情报，大喜过望，立即组织总攻。此时，李陵的军队是在山谷之中，匈奴的军队在两边的山上向下扔大石块，李陵所剩的三千士兵死伤惨重，无法继续向边境撤退了。结果，李陵被俘投降，李陵的部下只有四百多人逃了回来。

李陵投降的消息传到朝中，群情激愤，大臣们个个喊着要严惩李陵。李陵是谁？你李陵可是名将李广的孙子，是大汉引以为傲的忠臣猛将，居然投降匈奴！

此时，已然震怒的汉武帝看见了身边的太史令司马迁，便问他如何看待这件事。司马迁看见汉武帝一脸怒容，为了宽宽皇上的心，于是说：

第一，李陵是一位国士。他一心想的就是怎样报效国家。

第二，李陵率领五千步兵深入匈奴腹地，与数万匈奴军队奋战多日。虽然战败了，但是，他立下的战功也足以告慰天下了。

第三，李陵只要不死，他一定会想办法报答汉朝的。

司马迁这话刚一说完，汉武帝龙颜大怒，立即

虏不利，欲去，会陵军候管敢为校尉所辱，亡降匈奴，具言『陵军无后救，射矢且尽，独将军麾下及成安侯校各八百人为前行，以黄与白为帜。当使精骑射之即破矣。』——《汉书·李广苏建传》

上以问太史令司马迁。——《汉书·李广苏建传》

其素所畜积也，有国士之风。——《汉书·李广苏建传》

身虽陷败，然其所摧败，亦足暴于天下。彼之不死，宜欲得当以报汉也。——《汉

将司马迁投入监狱，定为死罪。

本来这场朝议是商议李陵之事，为什么汉武帝会迁怒于司马迁呢？

首先，李广利是汉武帝一生中最宠幸的李夫人的长兄，因此，汉武帝任命他率兵出征，目的是让李广利立功封侯，好顺水推舟卖爱妃一个人情。可是，李广利这次出兵，杀敌一万多，自己带的三万军队却损失了将近两万，这种战果使汉武帝没办法加封李广利，已经非常恼火。

其次，汉武帝认为司马迁盛赞李陵，实际上是借李陵之功讽刺李广利无能，讽刺他误用李广利。所以，本来脸上就挂不住的汉武帝一听司马迁的话立即震怒。

司马迁因此被捕入狱，并被定罪为"诬罔"——欺骗皇上。这是非常严重的罪名，结果被判为死刑。虽然不是"斩立决"，但是，死刑罪是定下来了。其实，司马迁纯粹是因为不解世情，不懂帝心，才贸然为李陵开脱了几句，却招致了一场大劫难。

汉武帝时代被判死刑的犯人，根据旧例可以有三种选择：一是伏法受诛；二是拿钱免死；三是自请宫刑（指阉割男子的生殖器）。拿钱免死需要五十万钱，司马迁"家贫，财赂不足以自赎"《汉书·司马迁传》，拿不出五十万钱为自己赎罪免死。因此只剩下两条路可供选择：一是伏法受诛，二是接受宫刑。如果接受死刑，已经开始著述的《史记》必将夭折，如果接受宫刑，一个"刑余之人"必将被天下人耻笑，认为他贪生怕死。但是，为了完成《史记》的写作，司马迁最终决定忍辱负重，在痛苦中选择了宫刑。这样的选择莫说是对一个有气节的史官，就是对一个普通的男性，也是耻辱至极，痛憾终生的。这是司马迁人生的转折点，是对他过往生活的颠覆。

其一，身份另类。

司马迁接受宫刑之后，不能再列入士大夫，成了一个不是太监的太监。对于一位自幼饱读诗书的士大夫来说，这意味着一个文化人不再被自己的同类所接受，成为男人的另类，文化人的另类，士大夫的另类。这种被视为另类的痛苦，司马迁感受极深。

其二，终生羞辱。

司马迁是一个有血性的男子汉，一个有良知的文人，但是，"自宫"（自请宫刑），不仅仅是身体的伤残，更是心灵深处永远的伤痛。从此之后，羞辱与难堪将伴随他的一生。按他自己的话来讲，叫作"行莫丑于辱先，而诟莫大于宫刑"《汉书·司马迁传》。他谈到"自宫"之后的感受是：肠子好像是一天九转，坐在家里精神恍惚，外出常常不知道该上哪儿去，一想到"自宫"的耻辱，背上的汗立刻就将衣服浸透了。

其三，动辄得咎。

因为是戴罪之身、刑余之人，所以，司马迁常常痛感自己是"动而见尤，欲益反损"：动不动就会受到无端指责；自己不做事则已，做了事反而更糟糕。这使得司马迁无所适从。

其四，才命相违。

司马迁自视甚高，抱负极大，但是，"自宫"之后，

是以肠一日而九回，居则忽忽若有所亡，出则不知所如往。每念斯耻，汗未尝不发背沾衣也。——《汉书·司马迁传》

司马迁即使有珠玉般的才华、古贤圣人般的品行，都不能以为荣耀了。这样，司马迁的"才"和他的"命"形成了极大的反差。这种反差给他带来的痛苦也让他备感锥痛。

人是社会性动物，人需要得到社会的承认。司马迁最为可悲的一点是他为了撰写《史记》而不得不选择宫刑，而选择宫刑、保全生命就要让他以付出人的尊严为代价。换句话说，"自宫"之后，作为男人的司马迁死了，作为士大夫的司马迁也死了，只有在《史记》中激扬文字的太史公新生了。所谓"史家之绝唱"，《史记》空前绝后的史学价值，正在于它不是"绝笔"，尤胜"绝笔"。所谓"无韵之《离骚》"，《史记》无可比拟的文学价值，就源于它饱含着司马迁爱恨交织的离君牢骚，才命相违的人生体悟。

一家之言　大器终成

"李陵之祸"对于司马迁的巨大冲击不仅于此，它还极大地影响和改变了司马迁对许多历史问题的认识，影响了他在《史记》中对许多历史人物的评价。这就是所谓的"成一家之言"。

第一，生死观。

我们都非常熟悉司马迁的名言："人固有一死，死有重于泰山，或轻于鸿毛。"《汉书·司马迁传》司马迁遭遇李陵之祸时《史记》尚未完成，士可杀而不可辱，司马迁深谙此理，但为了完成《史记》，他忍受了常人不能忍受的耻辱与痛苦，在别人眼中他"苟活于世"，这是司马迁的选择。这种具有超越性的生死观成为整部《史记》中论及生死问题时的一根红线。

《史记》有一篇《季布栾布列传》，这样写道：

季布原是项羽手下的一员虎将，屡次打败刘邦（数窘汉王），刘邦对季布恨之入骨。所以，项羽兵败自杀之后，刘邦悬赏千金捉拿季布，而且明令宣布：胆敢窝藏季布者灭三族。季布躲到当时的大侠朱家的家中当奴隶。朱家为了营救季布，亲自到京城拜见刘邦的亲信大臣太仆夏侯婴。朱家对夏侯婴说：两主相斗，各为其主（臣各为其主用）。季布作为项羽的部下，尽心尽责，那是他的本分。皇上能把项羽的臣下都杀光吗？如今皇上刚得天下就因为个人的一点私怨而追杀一个人，这怎么能显示出皇上宽广的胸怀呢？如果真把季布逼急了，他要是逃到北边的匈奴或者南方的越人之处，这不是拿壮士资助汉朝的敌人吗？夏侯婴用这番话去劝刘邦，刘邦听后，立即赦免了季布，并封季布为郎中（皇帝的侍从官）。惠帝时，季布当了中郎将，阻止了吕后对匈奴用兵。汉文帝时季布担任了河东太守，成为汉朝一代名臣。

司马迁在《史记·季布栾布列传》结尾处无限感慨地说：在项羽那样以勇猛著称的名将面前，季布竟然能够凭着自己的勇敢在楚军中显露名声，可以称

高祖购求布千金，敢有舍匿，罪及三族。——《史记·季布栾布列传》

今上始得天下，独以己之私怨求一人，何示天下之不广也？且以季布之贤而汉求之急如此，此不北走胡即南走越耳。——《史记·季布栾布列传》

得上是壮士了。但是，等到项羽自杀之后，季布因为功勋卓著而被刘邦通缉，他为了保全性命，在朱家家中当奴隶，这是多大的耻辱啊！为什么季布不选择死亡呢？因为他认为自己有才，他不把受辱当作是一种耻辱，他希望有朝一日能够充分施展自己的才华。最终，季布成为汉朝一代名将。

可见，司马迁对季布的认识、评价正是从李陵之祸中体悟到的，他通过季布为自己的"苟活"辩解。

第二，金钱观。

司马迁面临宫刑之时其实还有另一种选择——以钱赎罪。武帝时期许多参加对匈奴作战的将领犯了死罪都是用这种办法买了一条命。司马迁因为家贫拿不出五十万钱而惨遭宫刑，这件事使司马迁对金钱有了新的看法。

司马迁继承了荀子的思想，承认人们追求物质利益的正当性，并且，提出了一系列非常务实的观点。

《史记·货殖列传》认为：追求富有是人的天性，这种思想并没有什么过错。

司马迁在《史记·货殖列传》中说：天下人忙忙碌碌，都是为追逐利益而来。拥有一方土地的王侯，还嫌自己不够富有，何况是天下百姓呢？

中华民族一向重义轻利，儒家提倡安贫乐道，言利者总会被人们认为是利欲熏心。孔子在《论语·雍

以项羽之气，而季布以勇显于楚，身覆军搴旗者数矣，可谓壮士。然至被刑戮，为人奴而不死，何其下也！彼必自负其材，故受辱而不羞，欲有所用其未足也，故终为汉名将。
——《史记·季布栾布列传》

故曰：『天下熙熙，皆为利来；天下壤壤，皆为利往。』夫千乘之王，万家之侯，百室之君，尚犹患贫，而况匹夫编户之民乎！
——《史记·货殖列传》

也》中有一段名言：

子曰：贤哉，回也！一箪食，一瓢饮，在陋巷，人
不堪其忧，回也不改其乐。贤哉，回也。

这段名言直到今天还为人们津津乐道。孔子欣赏
颜回的安贫乐道，赞其贤。然而"仓廪实而知礼节，衣
食足而知荣辱"，精神的追求与物质的富足相辅相成，
司马迁完全肯定人们对物质财富的正当追求，提出了
"取之有道"的理论。

第三，君王观。

《史记》的一个重要特点是司马迁对许多君王写得
入骨三分，犀利深刻，原因恰恰在于司马迁从自己的经
历中读懂了许多历史人物，读懂了许多他过去认识不
深刻的东西。理解的东西往往不能深刻感受，感受的东
西往往更能深刻理解。

修史的史学家对本朝皇帝从来都十分敬畏，唯独
司马迁是个例外，"自宫"之后的司马迁对君王的本质
有了更深的认识。高祖十一年（前196），陈豨被逼造反。刘
邦亲率大军平叛，吕后利用陈豨事件诛杀了韩信。刘邦
得知韩信"谋反"被诛一事后，派人拜丞相萧何为相国，
加封萧何五千户，还派了五百士兵作为警卫。文武百官
得知萧何获加封，纷纷前来祝贺，原秦朝的东陵侯召平

上已闻淮阴侯诛，使使拜丞相何为相国，益封五千户，
令卒五百人一都尉为相国卫。——《史记·萧相国世家》

却前来吊丧。萧何大惊，询问原因。召平说："相国的大难从此开始了！你想，皇上在外风餐露宿地平叛，你奉命镇守关中，没有平叛之苦，反而受到加封，原因在于韩信刚刚谋反，皇上怀疑你也有反意，所以用加封来暂时安抚你。希望你不要接受任何封赏，把全部家财捐出来作为军费，皇上一定会很高兴。"萧何一听，赶快辞掉所有的封赏，捐出自己的全部家产。

刘邦对萧何的这种做法有什么反应呢？《史记·萧相国世家》写了非常深刻的五个字："高帝乃大喜。"

萧何是什么人？他是刘邦早年在沛县时的上司，一向对刘邦关爱有加。刘邦起兵反秦之后，萧何带领全族人一直追随刘邦。刘邦当了皇帝之后，功臣争功，大臣们都主张曹参的功劳第一，唯独刘邦坚持萧何的功劳第一。刘邦说，所有的功臣都是猎狗，唯独萧何是指使猎狗的猎人。可见，刘邦对萧何多么信任！但是，韩信事件之后，刘邦连对萧何都怀疑了。司马迁在《史记》中正是通过"高帝乃大喜"五个字淋漓尽致地写出了刘邦对开国功臣的猜忌之心。把一个开国皇帝如此隐秘的心事剖析得犀利深刻，整个二十四史唯独司马迁的《史记》做得到！

唐人刘知幾说，写史要具备"三才"：史才、史学、史识。其中，最重要的是史识。史识既包括修史者的见解和观点，又包括其秉笔直书、忠于史实的高尚品

召平谓相国曰："祸自此始矣。上暴露于外而君守于中，非被矢石之事而益君封置卫者，以今者淮阴侯新反于中，疑君心矣。夫置卫卫君，非以宠君也。愿君让封勿受，悉以家私财佐军，则上心说。"——《史记·萧相国世家》

高帝曰："夫猎，追杀兽兔者狗也，而发踪指示兽处者人也。今诸君徒能得走兽耳，功狗也。至如萧何，发踪指示，功人也。"——《史记·萧相国世家》

质和勇敢精神。史识是史书的灵魂，一部没有灵魂的史书只能是一堆历史材料的堆砌。司马迁的《史记》固然离不开其父司马谈的开创之功，离不开司马迁读万卷书行万里路的丰富知识和阅历，但是，所有这一切并不能铸就司马迁修史的一颗伟大灵魂。真正让司马迁超越所有史学家、让《史记》超越其他史书的关键是司马迁的不幸遭遇。这种不幸遭遇铸就了司马迁的史识，造就了司马迁一颗伟大的灵魂。

可见，惨遭宫刑对司马迁的肉体和精神是一种巨大的摧残，但是，对司马迁的思想却是一种极大的提升。遭受宫刑之前，司马迁一心一意要当一个封建皇帝的忠臣、宠儿。但是，惨遭宫刑之后，他沦落到阉人的尴尬地步，被开除出社会正统之列。这才使司马迁从多种角度看待历史，看待君王，看待众多的历史人物，成就了一部伟大的史学著作。

汉武帝借李陵事件对司马迁的戕害改变了司马迁一生的命运，同时也造就了一位伟大的史学家和一部伟大的史学著作《史记》。所以，我们读《史记》就从与司马迁关系最为密切的汉武帝讲起。汉武帝究竟是一个什么样的皇帝呢？他是通过怎样复杂的斗争登上了权力的顶峰呢？

请看：宫闱角逐。

故绝宾客之知，忘室家之业，务一心营职，以求亲媚于主上。——《汉书·司马迁传》

前元元年（前156），汉景帝的第十个儿子出生，取名为"彘"。谁会想到，汉家的江山基业最终会让这个起初毫不被人关注的皇十子来继承？因为按照封建帝制立嫡立长的顺序，怎么排也轮不上皇十子刘彘当皇帝。然而，历史的真相却总是让人们感到匪夷所思。谁又曾想到，正是这位非嫡非长的皇十子，最后成了在中国历史上叱咤风云、被后世津津乐道的鼎鼎大名的汉武帝。排行第十的刘彘，究竟靠什么得到了太子之位并进而顺利登基成为汉朝皇帝的呢？即位的背后，究竟又隐藏着怎样的玄机呢？

宫闱角逐

汉景帝一共有十四个儿子：

王夫人 (王姞) 生了一个儿子——胶东王刘彘 (后更名刘彻, 即汉武帝)。

唐姬生了一个儿子——长沙定王刘发。

贾夫人生了两个儿子——赵敬肃王刘彭祖、中山靖王刘胜。

栗姬生了三个儿子——临江闵王刘荣、河间献王刘德、临江哀王刘阏。

程姬生了三个儿子——鲁恭王刘馀、江都易王刘非、胶西于王刘端。

王夫人 (王姞的妹妹) 生了四个儿子——广川惠王刘越、胶东康王刘寄、清河哀王刘乘、常山宪王刘舜。

刘彻是在汉景帝前元元年 (前156) 出生，也就是汉景帝即位当上皇帝的当年出生的。汉武帝不是景帝薄皇后嫡出，也不是景帝长子，他四岁被封胶东王，七岁被立为太子。作为一个未成年人，此时的刘彘对自己的命运完全没有任何掌控能力。他之所以被立为太子，是景帝后宫中五个地位不同而又性情迥异的女人多年角逐的结果。

那么，这五位女子究竟是何方神圣？她们之间的宫闱角逐究竟又是如何导致刘彘命运的巨变呢？

累世皇亲　薄氏浮沉

薄皇后是汉景帝的祖母薄太后的娘家人。她能当上景帝皇后的原因只有一个：她是薄太后的娘家孙女。

谁又是薄太后？

薄太后是汉高祖刘邦的嫔妃，汉文帝的皇太后（母亲），汉景帝的太皇太后（祖母）。她原是魏王魏豹的嫔妃，魏豹被韩信打败之后，薄姬被安排到刘邦的宫中织布房做女工。魏豹在荥阳被杀之后，刘邦偶然来到织布房，看见薄姬长得很漂亮，就把她安排在自己的后宫里，但是，因为后宫美女众多，薄姬被安排入宫之后，刘邦也就没有再过多地留意她。薄姬也就结结实实地切身体会了一番"寥落古行宫，宫花寂寞红"的滋味。

刘邦好色，在与项羽的荥阳会战期间，吕后恰好在项羽阵营做人质，刘邦的身边当时聚集着许多女人，其中有两个就是薄姬的幼年玩伴管夫人和赵子儿。有一天，她们两个笑话薄姬说："以前我们三人约定，无论谁先被宠幸，一定不要忘了另外两个。如今我们两个都被宠幸了，就剩下她了。"刚好这话被刘邦听见，就询问其中的原委。管夫人、赵子儿据实相告。刘邦心里非常同情薄姬，就召她入宫伴寝。

薄姬是个非常老实的女人，说她每天"缦立远视，而望幸焉"一点也不过分。一听说刘邦召她伴寝，面对突然到来的机会，她马上对刘邦说："昨晚我梦见苍龙盘在我的腹上。"（老实人也会营销自己啊。）刘邦说："这是个贵征啊，那我玉成你吧。"于是，仅仅就此一

汉王入织室，见薄姬有色，诏内后宫。——《史记·外戚世家》

先贵无相忘。——《史记·外戚世家》

汉王心惨然，怜薄姬，是日召而幸之。薄姬曰："昨暮夜妾梦苍龙据吾腹。"高帝曰："此贵征也，吾为女遂成之。"——《史记·外戚世家》

夜之情，薄姬竟奇迹般地怀上了孩子，这个孩子就是刘邦八子中的第四子刘恒。也就是这次幸运的怀孕，薄氏家族开启了属于自己的幸运之门。

薄姬虽然为刘邦生了一个儿子，但是，她本人并没有得到刘邦的宠爱。这恰恰是薄姬的又一幸运之处。因为，刘邦死后，吕后将刘邦生前宠爱过的嫔妃一律扣在宫中，不准出宫。在戚夫人等众多嫔妃相继受到吕后迫害时，唯独这个备受冷落、从不受刘邦宠爱的薄姬，却免挨吕后的屠刀或幽禁，到她儿子的封地代地与刘恒共住了。

而薄姬以希见故，得出，从子之代，为代王太后。——《史记·外戚世家》

来到代地之后，薄太后与其子刘恒都极其谨慎，因此，薄太后的娘家落了一个非常好的评价。

此后不久，在吕后陷入最后疯狂的高后七年（前181），三任刘姓赵王被害之后，吕后召代王刘恒改任赵王，刘恒婉辞相拒，表示自己愿意镇守边地。这样，代王刘恒凭借自己的政治智慧躲过了吕后的迫害，他没有改任赵王，也没有在高后七年被害。这不能不说是幸运之神又一次降临在薄姬母子身上。

秋，太后使使告代王，欲徙王赵。代王谢，愿守代边。——《史记·吕太后本纪》

第二年，吕后病死。诸吕被灭之后，薄氏家族的第五次幸运也随之到来。在平定诸吕中毫无建树的代王刘恒被大臣拥立为皇帝，他就是历史上的汉文帝。

汉文帝之所以在平定诸吕中一无建树而被立为皇帝，其中有一个重要原因，就是当时主掌朝政的陈平、周勃等大臣一致认为：刘恒的母亲薄太后非常谦恭，她的娘家人也奉公守法，不会造成吕氏专权的局面（吕后专权给人的印象太深）。

吕后临朝称制，手握帝位的废立大权，对西汉之后的历代王朝都是一个深刻的教训。在皇位继承人的问题上，皇子皇孙的娘家背景，成了决定立谁为帝的一项重要标准。

薄姬为人处世非常谦恭，不但在血雨腥风中保全了性命，而且成全了她的儿子坐享荡平诸吕的成果，成为继承大统的皇帝，自己也名正言顺地成了皇太后。造化弄人，又有谁会想到，不受宠、不争宠也能是人生的一种幸运呢？真是塞翁失马，焉知非福啊！

这样，刘邦生前最不重视的薄姬，到文帝朝已经成为皇太后的薄太后，为自己的孙子（汉景帝）选了一位太子妃，薄氏娘家的一位孙女。

景帝为太子时，薄太后以薄氏女为妃。及景帝立，立妃曰薄皇后。——《史记·外戚世家》

生性谦恭的薄太后为什么要为孙子选未来的皇后呢？为的是让娘家人永享富贵。糊涂啊！老祖母为孙子选妃子，能成功吗？

人是会随着环境的改变而改变的。儿子当了皇帝，自己当了皇太后，薄太后多年来的谦恭谨慎有了很大变化，她再也不是当年皇宫中的织布女工，也不是不受宠爱的一位普通嫔妃，她是皇太后了。长久以来饱食幸运之果的薄太后早已习惯了安逸、富贵、荣耀的生活，如今她也像吕后一样，企图让薄氏家族长盛不衰、永享富贵。

但这一次，幸运之神不再眷顾于薄太后了。薄太后做梦都不会想到，她为自己精心设计的家族大厦，随着她的离世，顷刻间也土崩瓦解。

事实上，她的孙子并不喜欢这位祖母娘家孙女的皇后。这和吕后当年让自己的亲外甥女嫁给自己的儿子惠帝一个样。惠帝不喜欢她的亲外甥女，结果导致皇后无子。皇帝地位至高无上，身边岂无女人？惠帝偏偏和后宫自己喜欢的宫女生了六个儿子。当年，吕后的自作主张，害得亲外甥女无子，当了一回"处女皇后"。

历史总是不断地重演，历史总是让人难以捉摸。

薄太后为汉景帝选的这位薄皇后，与当年汉惠帝的张皇后一样，不为景帝所喜爱。景帝和她也没有生子。

皇后毋子，毋宠。——《史记·外戚世家》

汉景帝的生育能力非常之强，他总共有十四个儿子，和汉武帝的母亲王娡还有三个女儿。因此，他至少有十七个子女，唯独和薄皇后无子。

要么，薄皇后确无生育能力。

要么，薄皇后确不被景帝宠爱。

同时，薄太后是景帝的太皇太后，她与汉景帝、薄皇后的关系是祖孙关系。巨大的年龄差距使她对薄皇后的支持受到巨大的时间约束，她不可能长期支持薄皇后，因为她不可能长期在世。

到了景帝前元二年^(前155)，薄太后去世。薄皇后的靠山倒了，薄家的幸运也走到了头。景帝前元六年^(前151)，汉景帝以无子为由，废了薄皇后。其实，无子是表象，无宠才是本质。薄太后因为无宠而保身荣族，薄皇后因为无宠而冷落被废。祸兮，福之所倚；福兮，祸之所伏。对于薄家两代人的浮沉命运，我们该怎么说呢？我们又能怎么说呢？

景帝废后，在中国历史上是第一次，它开了后代皇帝废皇后的先例。

薄皇后无子的事实为其他十四位皇子继承大统带来了一个难得的机遇——汉景帝不存在立嫡之事^(嫡母无子)。所以，一场聚焦于立储之争的宫闱角逐，以薄皇后无子被废事件为导火索，悄然而又激烈地爆发了。

在排除了立嫡因素之后，摆在十四位皇子面前的争储道路清晰明了。然而，在长幼有序的封建社会中，太子之位对于排行第十的刘彘来说，依旧山高水远。这时，改变刘彘命运的第二个女人出现了。

薄皇后被废的意义在于它拉开了景帝后宫宫闱角逐的序幕。

皇后先立后废，为其他嫔妃留下了太多的想象空间。

刘荣被立为太子而其母栗姬未被立为皇后，也为诸多嫔妃留下了太多的想象空间。

心比天高　王娡得势

决定少年刘彘命运的第二个女人是其生母王娡。王娡，槐里（今陕西兴平市）人。

讲王娡得从王娡的母亲臧儿说起。臧儿是个什么来历呢？当年，项羽封的十八位诸侯王，其中有一个燕王臧荼，臧儿正是臧荼的孙女。韩信灭赵之后，燕王臧荼降汉。高祖五年（前202），臧荼反汉，被刘邦亲自平定，从此臧氏一族销声匿迹。臧儿虽侥幸活了下来，却命途多舛，婚姻经历十分坎坷。

臧儿开始嫁给当地一位叫王仲的人为妻，生了一个儿子叫王信，还生了两个女儿。大女儿即是刘彻的母亲王娡，小女儿叫王皃(ní)姁(xǔ)。为王家生育一男二女，臧儿的地位渐渐稳固，然而安逸的日子还没过多久，王仲就病故了。王仲死后，臧儿改嫁到长陵田家，生了两个儿子：田蚡、田胜。臧儿夫死改嫁的行为并没有受到指责，可见，汉代并无女子从一而终的观念，至少这种观念更多地表现在政治上而没有表现在婚姻上。臧儿的这种婚姻观念也影响到她对女儿婚姻的看法及女儿王娡对婚姻的看法。

臧儿是燕王臧荼的孙女，虽然她的祖父早已被废，但是曾经显赫的家族给了臧儿太深的印象，她朝思暮想的就是恢复臧氏家族昔日的辉煌。臧儿是个聪明的女人，她明白改变命运实现梦想的最佳捷径是觅个好郎君，她自己已经人老珠黄，走不了这条捷径，就把希望寄托在两个女儿的身上。

臧儿的长女王娡初婚嫁到金王孙家。金王孙是臧儿千挑万选的金龟婿，女儿嫁得好人家也着实让她风光了一把。王姝婚后生了一女，和金王孙也算是夫妻和睦。然而，王姝注定不能平凡。有一次臧儿去占卜，算命先生告诉她"两女皆当贵"《史记·外戚世家》，你的两个女儿都能大富大贵。臧儿笃信算命先生的话，做出了一个大胆的决定，将已经出嫁的大女儿王姝从金王孙家夺回来。这当然遭到金王孙的激烈反对。王姝本来和金王孙过得好好的，还生了一个女儿，臧儿一鼓动，王姝就变脸了。王姝离开金王孙的唯一目的就是追求"当贵"的生活。历来只听过抛妻弃子，而抛夫弃子实属少见，由此来看，王姝也算得上"巾帼不让须眉"，她从臧儿那里遗传到的不仅有美貌，还有刚毅果决的个性和冒险精神。

金王孙怒而不允，一是因为王姝貌美，二是已婚且有一女，三是一个好端端的家竟然被拆散。真不知道此事臧儿是怎么办成的。强行拆毁一桩婚姻，这在中国古代是非常罕见的。

但是，臧儿还是义无反顾地将自己的决定付诸实施。很快，臧儿就把恢复单身的王姝送进了太子宫中，又顺利地将王姝的妹妹王皃姁也送入了太子宫中。这样，臧儿就给自己投了双保险：无论哪个女儿发迹，都能使她恢复家族昔日辉煌的梦想成为现实。至此，王姝走上了臧儿为她铺就的也是她自己期许的通往富贵与权势的道路。王姝此举无疑是在赌：赢了自然一世富贵荣华；若是输了，就连恢复以前的生活都成了痴心妄想。然而臧儿和王姝既然敢赌，手中就必定有重码压阵。臧儿的筹码就是女儿的美貌和智慧，若不是女儿生得貌美如花又精于算计，臧儿又怎么会走这一步险棋呢？

一个已婚女人听了"当贵"的预言就果断地离开自己的丈夫和女儿是非常罕见的。因为，人多有生活的惯性，古代的已婚女人更是不愿轻易地打破现实的生活。王娡在丈夫坚决不同意的情况下毅然决然地离开金家，势利、冷酷、果断和冒险精神跃然纸上。然而，这一步的风险不可谓不大：

首先，真的能够如愿以偿地进入太子宫中吗？

其次，进入太子宫后真的能够如愿得到太子宠幸吗？

最后，假如入宫后不能得到太子宠幸怎么办？

事实证明臧儿确实是个目光精准、百战不殆的女子，她在两个女儿身上投下的赌注赚得盆满钵满，幸运之神似乎格外眷顾她。王娡入太子宫后，"太子幸爱之，生三女一男"《史记·外戚世家》，生了四个孩子，可见王娡大得宠爱啊！王娡的妹妹王兒姁竟然也生了四个孩子，而且是四个儿子。王娡两姐妹在太子宫中俱得宠爱。在汉景帝的十四位儿子中，就有五个儿子是臧儿的外孙——臧儿真是大丰收了！

景帝多子，在刘彘之前已经有了九位皇子。王娡在怀上刘彘之前，竟然非常离奇地梦见太阳落入自己的怀中。她把这件事告诉了太子。太子说："此贵征也。"《史记·外戚世家》中国自古惯于以太阳譬喻帝王，"日入其怀"一说大概有三种可能：

兒姁生四男。——《史记·外戚世家》

男方在身时，王美人梦日入其怀，以告太子。——《史记·外戚世家》

一是王娡自神其子，神化自己的儿子，当然有为立其子为皇储造舆论的想法。

二是后人神化刘彻，刘彻后来登基做了皇帝，后人为其降生增添一些神秘祥瑞的色彩也不足为怪。

三是二者兼有。

除《史记》外，还有两部关于汉武帝的野史也记载了王娡孕育刘彻时的异象。

一部是《汉武故事》。不过，它增加了一个更为离奇的情节："景帝亦梦高祖谓己曰：'王美人得子可名为彘。'"高祖刘邦托梦给汉景帝说，王美人 (王娡) 生了儿子可以名叫"彘"。

小说《汉武故事》的补充使刘彻的出生更富传奇色彩，汉高祖刘邦 (前256—前195) 死于汉武帝刘彻 (前156—前87) 出生前近三十九年，他竟然托梦给汉景帝，并指名道姓说王美人生子当叫"彘"。这显然太离谱了，只能是小说家的演绎和臆想。

另一部小说《汉武帝内传》说得就更加神乎其神。汉景帝梦见一个神女拿着太阳送到王美人嘴边，王美人吞下太阳，怀孕十四个月生下汉武帝。这一记载显然更不可信。

在"日入其怀"的吉兆下，刘彘降生。这一年，景帝登基——刘彘这孩子果然是祥瑞之人。景帝前元四年 (前153)，景帝决定封皇十子刘彘为胶东王。但是，景帝在封刘彘为胶东王的同时，立长子刘荣为太子。

王娡绝不是一位普通的嫔妃，她绝不会让自己的儿子仅仅做一个普通的胶东王。

第一，有备而来。

本来，她已经嫁给了金王孙，而且生了一个女儿。按照常理，母女连心，王娡应当舍不得离开自己的亲生女儿，但是，她竟然听从了其母臧儿的干预：舍夫抛女，混入太子宫，侍奉太子。她付出这么大的代价，岂能无功而返？因此，她的确是有备而来，这个"备"，就是自己当皇后，以后儿子当皇帝。

第二，得寸进尺。

王娡进了太子宫想要得到太子的宠幸，得到了太子的宠幸又要生育皇子，儿女都得了又想儿子做太子、自己做皇后，不可谓不贪心。这个女人的野心不是一般的大。

刘彘被封为胶东王给了王娡极大的鼓舞，她窥伺皇后之位的野心更强烈了，特别是景帝前元六年（前151）薄皇后的被废更给她以信心和力量。这么一位漂亮、能干、野心勃勃的母亲，对刘彘登上太子之位影响极大。

决定刘彘命运的五个女人已经出场了两个：一个无子、无宠，后位朝不保夕的薄皇后，一个力图取薄皇后而代之的王娡。那么，另外三个尚未亮相的女人，她们是谁呢？她们与刘彘最终获得太子之位有何关系呢？

请看：立储风波。

汉景帝前元四年（前153），皇十子刘彘被封为胶东王，而皇长子刘荣被立为太子。太子之位已定，王夫人对刘彘的太子梦，到此似乎该终结了。然而，影响汉武帝政治生涯的五个女人我们才认识了两个，余下的三个是谁呢？新一轮的宫闱战役是如何打响的？帝位的各路操盘手将为既定的格局带来什么样的转机呢？

三

立储风波

刘嫖：机关算尽为女儿

影响少年刘彘命运的第三个女人是汉景帝的姐姐馆陶公主，亦号窦太主，史称长公主。有汉一朝，皇帝的女儿称"公主"，皇帝的姐妹称"长公主"，皇帝的姑妈则称"大长公主"。刘嫖是窦太后的第一个女儿，窦太后十分宝贝她，窦太后临终前，"遗诏尽以东宫金钱财物赐长公主嫖"《史记·外戚世家》。这个遗诏非常能够说明一位母亲对女儿的爱。

弟弟是当今天子，又坐拥窦太后馈赠的大批财富，可以说刘嫖是显贵至极。但是，她仍然想让自己的荣华富贵能在自己子女的身上得到延续。舐犊情深，这也是人之常情，然而刘嫖这位母亲不是寻常人家的女子，她本身已是皇亲贵胄，不搏则已，一搏就要为子女博得至尊至贵。于是，她想将自己的独生女儿嫁给弟弟汉景帝的儿子，如果此事办得一切顺利，她的女儿就有可能成为皇后。

抱着这样的梦想，长公主首选的当然是汉景帝的长子刘荣，因为刘荣已经被册立为太子。但是，此事却被刘荣的母亲栗姬婉言拒绝了。这大大出乎了长公主的意料，她此行势在必得，自己身份如此尊贵，与栗姬强强联手，胜券在握，本是稳拿的双赢，她料想栗姬会求之不得呢，却万万没有想到自己碰了一鼻子灰。长公主这个气啊，怎么想怎么窝囊：我堂堂一个长公主，看

栗姬日怨怒，谢长公主，不许。——《史记·外戚世家》

得上你儿子是给你面子，你还偏不领情，让我的脸往哪儿搁啊！就在长公主正为这事儿难平怒气的时候，一直关注着皇储之位的王夫人盯上了长公主，并紧紧抓住长公主作为自己的靠山。栗姬自傲自大，不屑于交好长公主，而王夫人很快就与长公主姐妹情深，联起手来。"螳螂捕蝉，黄雀在后"的故事早已为人熟知，但是，历史竟然一次次上演着同样一部悲剧！这一幕人际重组、权力再分配的情景剧相当微妙，不断被后人演绎成各种版本。

《汉武故事》记载了一个流传更广的故事：金屋藏娇。

长公主在栗姬处碰壁之后，并未死心，便想到了王夫人和她的儿子刘彘。长公主于是向她的弟弟汉景帝提出让女儿阿娇和刘彘联姻的请求，但是，汉景帝认为不合适，拒绝了长公主的请求。

一天，长公主在宫中遇见胶东王刘彘，便将他抱在自己膝上，问他："你想要妻子吗？"说完，长公主用手指着身边的数百宫女，让刘彘来选。刘彘摇晃着小脑袋，一个也不要。长公主突然用手指着自己的女儿阿娇问刘彘："你看阿娇漂亮吗？"刘彘笑着说："如果能够得到阿娇做妻子，我要造一所金屋让她住。"长公主听小刘彘这稚嫩的回答，高兴得不得了，哈哈大笑。

王夫人因厚事之。
——《汉武故事》

长公主更欲与王夫人男婚，上未许。后长主还宫，胶东王数岁，公主抱置膝上，问曰："儿欲得妇否？"长主指左右长御百余人，皆云"不用"。指其女曰："阿娇好否？"笑对曰："好。若得阿娇作妇，当作金屋贮之。"长主大悦。
——《汉武故事》

事后，长公主苦苦向弟弟汉景帝要求，汉景帝禁不住姐姐三番五次地软磨硬缠，最终答应了这门亲事。

这就是鼎鼎大名的"金屋藏娇"的故事。由于这个故事流传得极其广泛，以至于人们都把它当成真实的历史事实来看了。其实，这个著名的"金屋藏娇"的故事出自一部野史《汉武故事》。

虽然"金屋藏娇"这段故事的真实性不可信，但是这里至少提供了一个信息，王娡和长公主的联姻是一个重大事件，引起了时人和后人足够的重视。长公主和王娡的联手，显然是各有所图。

王娡将长公主视为她打翻身仗的关键人物，希望借长公主之力帮助刘彻争得储君之位，也实现自己的皇后梦，因此对长公主极力奉迎讨好。

长公主则力图将王娡推上皇后的位置，让刘彻登上太子之位，这样，长公主的女儿将来就能顺理成章做皇后。

这如意算盘真是一箭双雕，难怪王娡与长公主一拍即合。但是算盘打得再好也只是计划，计划赶不上变化。现在王娡与长公主的联盟在各方势力中暂时领先，接下来出场的人物又会给形势带来什么样的变化呢？

栗姬：命中无时终须无

在汉景帝的太子之争中，第四个关键性女人是栗姬。

栗姬是齐人，她为景帝生了三个儿子：刘荣、刘德、刘阏(è)。因为薄皇后无子，刘荣就成了长子，景帝前元四年 (前153)刘荣被册封为太子，但是身为刘荣母亲的栗姬却没有被封为皇后。汉景帝决定只立太子不立皇后，一定有他的考虑。君心本就难测，况且栗姬并没有得到景帝格外的宠爱，景帝身边的女人太多太多，绝大多数女人都得到了远远胜过栗姬的宠爱，这使得栗姬的心中非常不平衡。子为太子，母非皇后(其时薄皇后未被废)，更使景帝宫闱中充满了变数。

第一，栗姬将来能被封为皇后吗？景帝立太子而不封后，是等待，是考察，还是另有安排？

第二，栗姬迟迟不被封后，引得各方势力猜疑不断，这是否影响太子刘荣的前程？

第三，不封栗姬为皇后，会不会给其他嫔妃以错觉，让她们感到有机可乘？或者说，这根本就是一个真实的危险信号？

但是，栗姬显然没把这个危险信号当回事儿。儿子刘荣被立为太子，栗姬遭遇的第一件事就是长公主刘嫖打算将自己的女儿许配给她的长子刘荣，长公主的目的是让自己的女儿当皇后，当然，第一步是先当上太子妃，但是，长公主的如意算盘这次是打错了。

栗姬不同意长公主为女儿求婚的原因究竟是什么呢？

首先是妒忌。

嫔妃妒忌皇姐，似乎无从说起。原来，其中另有隐情。平时得到景帝宠爱的女人，绝大多数是经过长公主刘嫖介绍到景帝那

欲予为妃。栗姬妒，而景帝诸美人皆因长公主见景帝，得贵幸，皆过栗姬。——《史记·外戚世家》

儿的。从某种意义上讲，刘嫖在景帝面前扮演了一位婚介所牵线人的角色，而且是一位非常成功的牵线人。长公主非常了解汉景帝的喜好，引荐的女子个个出众，汉景帝一见就喜欢，纷纷加以宠幸、册封。因此，栗姬早就对这位长公主心怀不满，觉得自己受到冷落都是长公主在捣鬼，尽弄些"狐狸精"来迷惑皇上。如今长公主又想让她的女儿当太子妃，栗姬当然一百个不同意。

其次是幼稚。

人有七情六欲，妒忌之心人皆有之。然而，不看对象、不挑场合的妒忌就是幼稚。栗姬的夫君是天子，一旦嫁与帝王家，栗姬早该有受到冷落的思想准备，有妒忌也不该表现出来，更不该因为妒忌而错失了交好皇姐的大好机会。所以，栗姬最大的弱点就是幼稚。宫廷斗争瞬息万变，栗姬的政治幼稚让她只活在自己的世界里，完全想不到她一朝的决定会给形势带来什么样的变化。

栗姬日思夜想的就是皇后的宝座，她的眼睛只盯住了薄皇后。她万万没想到，在她盯着后位的时候，有一双眼睛也在牢牢地盯着她，那就是王夫人。栗姬以为太子之位已经稳固，只要自己再当上皇后即万事大吉了，却不承想：螳螂捕蝉，黄雀在后。受挫的长公主找到王夫人，王夫人立即应允。栗姬白白给别人做了嫁衣。

栗姬拒婚长公主对栗姬来说真是一场灾难，可悲的是栗姬对这场灾难竟然毫无觉察。

长公主"倒栗挺王，废荣立彘"的第一步，就是利用与景帝的姐弟关系，攻讦栗姬。

《史记·外戚世家》记录此事时有一个非常重要的细节："长公主怒，而日谗栗姬短于景帝曰：'栗姬与诸贵夫人幸姬会，常使侍者祝唾其背，挟邪媚道。'景帝以故望之。"

长公主向景帝说，栗姬派侍者在诸夫人聚会时诅咒（祝）和唾骂（唾）她，而且还谄媚魔道，景帝因此"望之"。"望"就是怨恨。长公主是景帝的亲姐姐，而且，景帝通过这位姐姐源源不断地得到许多美女，当然对这位姐姐印象极佳。栗姬虽然是太子的母亲，但是，并不能天天见到汉景帝，许多因长公主而来的误会也无法及时消除。景帝又是一位城府极深的人，他对栗姬的不满并没有立即表现出来，因此，栗姬在全无信息的情况下一天天拉远了和汉景帝的关系。遭谗而无觉察是善良的人的悲剧，也是幼稚的人的悲剧。栗姬的政治天真与王夫人的工于心计形成了巨大的反差，这场仗还没有开始打栗姬就已经出局了。

景帝前元六年(前151)，薄皇后被汉景帝以"无子"为由废掉，却迟迟不册封儿子已被立为太子的栗姬为皇

长公主欲予王夫人，王夫人许之。——《史记·外戚世家》

后，说明栗姬并不被景帝看好。其子刘荣被立为太子，也仅仅是符合"立长"的成制而已。

栗姬为什么不被汉景帝看好？她究竟有什么缺失呢？

首先是对帝王嫔妃的地位缺乏应有的认识。

即使没有长公主的推荐，景帝身边就没有女人了吗？栗姬显然是太幼稚了。既然作为帝王的嫔妃，就得有充分的心理准备接受帝王多美人、帝王宠爱不足恃的现实。栗姬身为帝王嫔妃，却又不愿接受这一现实，整天只一肚子委屈怨怼，感情用事地顶撞长公主，表现得非常不理智。她若是能把她怨天尤人的一半功夫用在为自己、为儿子打算上面，也不至于弄得满盘皆输。

其次是严重低估了长公主的能量。

长公主是窦太后的爱女，是汉景帝的亲姐姐。她几句谗言就能杀人于无形，何况她还有窦太后的宠幸，那可是皇帝的亲娘。亲姐姐加上亲娘，对皇帝的影响无可估量，栗姬居然傻到敢得罪长公主。再说长公主常年向景帝引荐美人，景帝自然格外偏信如此为他着想的姐姐。栗姬在这一点上严重低估了长公主的能量。

再次是严重高估了太子地位的稳固。

因为薄皇后无子，在大臣们的建议下，景帝立长子刘荣为太子。栗姬觉得立长顺应天时地利人和，她可以高枕无忧，只等着自己封皇后，以后儿子登基做皇帝了。儿子被立为太子，自然是一件好事。但是，在太子未即位称帝之前，什么事都可能发生，绝不可掉以轻心。栗姬的失误在于她太相信太子地位的稳固性，忽略了太子地位的可变性。太子之位是皇帝册封的，也是可以由皇帝下诏撤封的。

由此看来，笼络住皇上的心才是正事，而栗姬完全忽视了这一点，把她儿子这个"准皇帝"当作"皇帝"了。太子之位存在着诸多变数，并非一当上太子就能笃定接班。

最后是对取得皇后之位过于乐观。

皇后之位是皇帝册封的，因此，可以封，也可以废。何况，栗姬在儿子被立为太子之后并没有被汉景帝立为皇后。这件事本身就是一个非常明显的信号，儿子被立因为他是长子，符合立长的条件。儿子被立为太子而自己却迟迟不能被封为皇后，说明汉景帝对她并不欣赏，至少是在观察。栗姬智商很低，她根本没看清形势，处于这种情况之下，栗姬必须十分谨慎，任何疏忽都可能导致全盘失败。然而她只一味地盲目乐观，坐等别人把皇后宝座捧到自己面前。她简单地认为，儿子被封为太子，皇后之位理应是自己的。可她哪里知道，这世上本没有那么多理应。

在十分微妙的后宫之中，栗姬对自己取得皇后之位充满了憧憬，充满了希望，充满了信心。这种盲目的乐观使她放松了警惕，放松了工作。放松警惕，使她不再关心自己地位的可变性，不再想到自己随时可能失掉这一切；放松工作，使她不再为自己当上皇后而注意处理好方方面面的关系，特别是汉景帝和长公主这两个最为关键的人。

栗姬的失误多多，总之，一句话，栗姬对皇权太缺乏认识了。什么是皇权？皇权就是生杀之权，予夺之权。

说你行你就行，不行也行；

说你不行你就不行，行也不行；

不服不行。

极端独裁是皇权的本质！

如果栗姬对皇权的认识能够达到这个程度，她还会那么天真地看待宫中发生的一切吗？

我们回头再看已经出场的四个女人，她们分别是薄皇后、王夫人、长公主、栗姬。刘彘登临太子之位，尚未取得实质性的进展，谁是决胜的最后一张王牌？谁是压垮太子刘荣的最后一根稻草？废立太子，还有多长的等待？

窦太后：斗转星移定乾坤

关乎少年刘彘命运的第五个女人是窦太后。窦太后怎么可能关系到少年刘彘的命运呢？

这话说来长了，但是，这个女人与刘彘的缘分还真不浅。窦太后在历史上大名鼎鼎，是位重量级选手，她的介入使争储之战又增加了新的变数。我们来认识一下这位举足轻重的人物。

窦太后是汉文帝的皇后，名叫猗房，吕后时期她以侍女的身份入宫，吕后未曾想到今日名不见经传的小小侍女，日后会发迹，成为大汉唯一可以与她比肩的强势皇太后。

一天，吕后决定将宫中的宫女放出一部分赐给刘姓诸侯王，每位诸侯王分得五位宫女，窦姬恰好在分遣诸王的宫女名单之中。窦姬是清河 (今河北清河县) 人，清河属于赵地。窦猗房头脑灵活，想到不如趁此机会回家乡和亲人团聚，于是就托人给主管此事的宦官塞红包，请求分派宫女时将她分到离家较近的赵国去。没想到，临到分配的时候，主管宦官把窦猗房的嘱托全给忘了，结果窦猗房被分到代国。临行之时，窦猗房哭哭啼啼，极不愿去。但是，此时她才明白人生什么事都可能发生，永远不会按照自己设计的路线图运行。窦猗房最终被强行送到了代国。

到了代国，一块儿被分去的五位宫女中偏偏只有当初哭哭啼啼不愿去的窦猗房受到代王刘恒的宠爱，这是她的第一个幸运：得宠。

得宠的窦猗房为代王刘恒生了一个女儿刘嫖，两个儿子刘启、刘武。刘嫖就是后来的长公主，长子刘启就是后来的汉景帝，次子刘武就是后来的梁孝王。这是窦猗房的第二个幸运：得子。

令人意外的是，代王刘恒竟然奇迹般地被立为皇帝，成为中国历史上第一位"被皇帝"的皇帝。窦姬的命运也随之发生了很大变化，因为，刘恒的身份从一位普通诸侯王演变成皇帝，意味着受宠的窦猗房的身份也有可能发生重大变化。这是窦猗房的第三个幸运：夫贵。

代王刘恒原来有一位王后，《史记·孝景本纪》记载："孝文在代时，前后有三男（《外戚列传》作四男）。及窦太后得幸，前后死，及三子更死，故孝景得立。"非常不幸的是，代王尚未被立为皇帝时，代王的前

太后出宫人以赐诸王，各五人，窦姬与在行中。宦者忘之，误置其籍代伍中。籍奏，诏可，当行。窦姬涕泣，怨其宦者，不欲往，相强，乃肯行。——《史记·外戚世家》

窦姬家在清河，欲如赵近家，请其主遣宦者吏："必置我籍赵之伍中。"——《史记·外戚世家》

至代，代王独幸窦姬，生女嫖，后生两男。——《史记·外戚世家》

先代王未入立而王后卒。及代王立为帝,而王后所生四男更病死。
——《史记·外戚世家》

任王后就病死了。已故王后所生的几个儿子,竟也先后病死。窦猗房没有谋夺后位,更没有去害人。但是世间万物的因果有时就是这么残酷,王后母子几人接二连三离世,如此厄运成全了窦猗房的第四个幸运:专宠。

汉文帝即位仅仅几个月,公卿大臣们就要求文帝册立太子。因为太子为天下之本,太子一立,帝位的继承权一明确,天下就不会有大的变故。窦姬得宠后生了两个儿子。由于前任王后及她的几个儿子病故,此时,只有窦姬的儿子刘启最长,因此,刘启被立为太子,窦姬也顺理成章地被立为皇后。女儿刘嫖被立为长公主。第二年,小儿子刘武被立为代王,不久,又被改立为梁王,他就是历史上著名的梁孝王。

孝文帝立数月,公卿请立太子,而窦姬长男最长,立为太子。立窦姬为皇后,女嫖为长公主。
——《史记·外戚世家》

由于这样的阴差阳错,窦猗房就被立为皇后了。当年的丑小鸭终于因为满心不情愿地被分到代国而成为大汉天子的皇后,命运果然有一双翻云覆雨的手啊!

汉景帝登基之后,窦猗房又从皇后变成了皇太后。这位窦太后在景帝朝拥有很大的权力,她对少年刘彘的命运会有什么样决定性的影响呢?

请看:储君之争。

参与宫闱角逐的五个女人悉数登场，竞争太子之位的各路选手——景帝的十四个儿子也一一亮相。当前局势，最有实力的是太子刘荣和胶东王刘彻，胜负一时难分。决胜的时刻是否就要来临？作为景帝朝最有发言权的女人，窦太后心目中的储君会是谁呢？

四

储君之争

舐犊情深　心系幼子

万众期待的重量级人物窦太后出场后，人人都在揣测她心目中的太子人选到底是刘荣还是刘彘。

然而大大出乎所有人的意料，窦太后没有看中这两只潜力股。汉景帝的十四个儿子，她居然一个都没看中。原来，窦太后私心里已有认定的人选。

窦太后一心想的储君人选不是别人，正是她的小儿子梁孝王刘武。

窦太后为什么要力主梁孝王为帝位的继承人呢？主要是两点原因：

首先是太后疼爱。

窦太后喜爱长公主刘嫖，但是，她更喜爱小儿子刘武。"孝王，窦太后少子也，爱之，赏赐不可胜道"《史记·梁孝王世家》。"梁孝王者，孝景弟也，其母窦太后爱之"《史记·魏其武安侯列传》。由此看来，幼子特别招娘疼，似乎是自古就有的传统。然而窦太后再怎么疼爱小儿子刘武，也不该这么不靠谱，拿帝位开玩笑！怎么想到让自己的小儿子继承他哥哥的皇位呢？

其次是景帝误导。

窦太后希望立幼子刘武为储君的另一个重要原因是景帝的误导。一次，梁孝王刘武来京朝见汉景帝。窦太后在宫中设家宴招待梁孝王。酒喝到兴头上，汉景帝突然说："千秋之后传帝位给梁王。"汉景帝说这句话的时候，还没有立太子。窦太后一听，非常高兴。但是，这次参加酒宴的有窦太后的侄子窦婴。窦婴听景帝许了这个愿之后，便端起一杯酒敬给景帝，然后说："天下是高祖的天下。父子相传是祖制，皇上怎么能擅自传位给梁王呢？"窦太后一听，非常恼怒，因此而恼恨窦婴。唉，好不容易有个靠谱青年敢于进言，还着实当了一次炮灰，被窦太后记恨了很长一段时间，甚至取消了他出入皇宫的门籍。窦婴还是她亲侄子呢，因为一句话发这么大火，可见她有多重视自己的小儿子。

景帝话已出口，到底是酒后失言还是酒后真言呢？事实胜于雄辩，汉景帝说此话绝非本意，因为第二年（景帝前元四年），景帝就立长子刘荣为太子。既然如此，景帝为什么还要讲这个话呢？

景帝讲这番话有两个目的：

一是讨好其母。

天子也有母亲，也是儿子，"母慈子孝"反过来亦说得通，子孝母更慈。皇帝也要处理家事，也要搞好和母亲的关系，这样才能给天下人做个典范。景帝深知窦太后极其疼爱弟弟刘武，说一句让弟弟继承自己皇位的话，只为哄哄老娘开心，只是这哄人的手法着实蹩脚，窦太后硬是当真了。

二是安抚梁孝王。

《史记·梁孝王世家》记载了这样一段话：

梁孝王朝，因昆弟燕饮。是时上未立太子，酒酣，从容言曰："千秋之后传梁王。"太后欢。窦婴引卮酒进上，曰："天下者，高祖天下，父子相传，此汉之约也，上何以得擅传梁王！"太后由此憎窦婴。——《史记·魏其武安侯列传》

二十五年复入朝，是时上未置太子也。上与梁王燕饮，尝从容言曰："千秋万岁后传于王。"王辞谢，虽知非至言，然心内喜。太后亦然。其春，吴楚齐赵七国反。

梁孝王当时就知道景帝说的不是真心话，但是，他偷着乐了。毕竟这句话很入耳。

景帝既然不打算传位给其弟梁孝王，却又发出明显不妥的信息，说明景帝此言确实具有极强的误导作用。所以，对窦太后的偏心、梁孝王后来的野心，景帝负有不可推卸的责任。

而且，梁孝王有功于汉室。景帝讲这番话的当年（景帝前元三年），爆发了吴楚七国之乱。

吴楚七国叛乱时，梁国首当其冲受到吴楚叛军的强烈冲击，而且损失惨重。梁孝王一方面坚守睢阳城死战，另一方面一天派一个使者向此次负责平定叛乱的总指挥周亚夫请求紧急增援，但是，周亚夫就是不出兵救援。这就怪了，周亚夫是汉景帝的得力武将，为什么对皇帝亲弟弟的求救信号视若无睹，见死不救呢？

原来，周亚夫在出兵平叛之前，已经定卜了平定吴楚七国之乱的总方针——断敌粮道。因此，出兵之初，周亚夫就向景帝提议：吴楚叛军军锋很盛，难以和他

吴、楚、齐、赵七国反。吴、楚先击梁棘壁，杀数万人。
——《史记·梁孝王世家》

梁日使使请太尉，太尉守便宜，不肯往。——《史记·绛侯周勃世家》

们直接交兵。不如将梁国扔给吴楚，让吴楚兵困在梁地不敢西进，我则派兵切断叛军的粮道，这样才能平定吴楚七国叛乱。对此，汉景帝的态度是"上许之"。

周亚夫之所以定下这样一个平叛总方略，是因为梁国地处中原，只要梁国奋力抵抗，不被攻占，吴楚七国叛军就不可能放心大胆地西进，只能和太尉周亚夫率领的主力相对峙。如果吴楚叛军贸然西进，梁国则可以切断叛军的粮道。这样，梁国死战，大大减轻了中央政府的军事压力。

周亚夫的平叛计划是想让梁国成为吴楚叛军西进的一道防线，打算牺牲局部以保全大局，让梁孝王承受巨大的压力，甚至可能导致梁国国破人亡。汉景帝当然清楚这个计划会让他的弟弟梁孝王承担多么大的风险。

汉景帝之所以同意周亚夫的意见，也许还有另一层深意：借平叛以削弱梁孝王的实力。汉景帝讲这个话太碍口，因为这么一个一箭双雕的计划如果讲出来就显得景帝太卑鄙了。梁孝王有母亲窦太后的支持，已经使汉景帝感到了威胁，也使汉景帝对太子的选定受到了干扰。如果能借平定吴楚七国之乱大大削弱梁孝王的实力，对景帝来说未尝不是一件好事。

我们对汉景帝用意的推断有没有依据呢？不妨看一看汉景帝的态度：

因自请上曰：'楚兵剽轻，难与争锋。愿以梁委之，绝其粮道，乃可制。'——《史记·绛侯周勃世家》

吴、楚以梁为限，不敢过而西，与太尉亚夫等相距三月。——《史记·梁孝王世家》

一是同意周亚夫的意见。周亚夫没有汉景帝的承诺岂敢抗旨不救梁孝王?

二是平叛成功之后对抗旨不救梁孝王的周亚夫没有任何惩罚。梁孝王对周亚夫恨之入骨,屡屡攻击周亚夫,但是,景帝却不处罚周亚夫,反而封官加爵。如果没有汉景帝的庇护,周亚夫肯定难逃一劫。由汉景帝的种种表现看来,他心中确有借刀杀弟之心。

由于有了汉景帝的支持,周亚夫置梁孝王的紧急救援请求于不顾。梁孝王在周亚夫拒不发兵相救的情况下,只能派他手下的将领韩安国、张羽等拼死力战,抵挡吴楚叛军。同时,向汉景帝搬救兵。景帝收到其弟梁孝王的报告后,命令周亚夫紧急救梁(装装样子罢了),周亚夫仍然拒不执行。这样,梁孝王不得不独自面对强敌,苦苦支撑了三个月。周亚夫利用这段宝贵时间在叛军的粮道上大做文章,最终切断了吴楚叛军的粮道,导致吴楚之兵因军粮匮乏而全面崩溃。

单就平定吴楚七国叛乱而言,梁国军队所立的战功与周亚夫率领的中央政府军所立的战功几乎可以匹敌。但是,梁国是以一个诸侯国的兵力单独抗击吴楚七国叛军,所以,它承受的压力更大,也立下了盖世大功。

梁孝王城守睢阳,而使韩安国、张羽等为大将军,以距吴、楚。——《史记·梁孝王世家》

梁上书言景帝,景帝使使诏救梁。太尉不奉诏,坚壁不出。——《史记·绛侯周勃世家》

吴、楚破,而梁所破杀虏略与汉中分。——《史记·梁孝王世家》

梁孝王对汉朝江山立下这么大的功劳，本来就十分疼爱梁孝王的窦太后自然要把梁孝王列为储君的首选。但梁孝王越是战功赫赫，越是具备竞争储君的实力，也将越不为景帝所容。

任性妄为　恶果自食

景帝前元四年 (前153)，由于薄皇后无子，汉景帝立栗姬的儿子刘荣为太子。这对梁孝王无疑是一次重大打击。

我们在"立储风波"中提到长公主采取的一系列"倒栗挺王，废荣立彘"的行动，要将栗姬和太子刘荣拉下马，给刘彘让位。长公主与王夫人的姻亲联盟，并没有马上给栗姬带来致命的打击，但接下来发生的事，彻底毁了栗姬的皇后大梦。

有一年，汉景帝生了重病，感到自己大去之日不远。于是，他把一直不看好的栗姬叫到床边，道出了心中的嘱托，这就是所谓的"托孤"。人之将死，其言也善，景帝"属诸子为王者于栗姬，曰：'百岁后，善视之'"。《史记·外戚世家》汉景帝把已经封王的这些儿子托付给栗姬，让她在自己百年之后好好照顾这些皇子。

景帝这一席话透露出几个重要的信息：

一是景帝为自己的身体状况十分担忧。

二是景帝对自己身后诸皇子命运的担忧。这种担忧是鉴于吕后屠杀刘邦诸子的教训。吕后专权，大封诸吕，危及刘姓江山，残害刘邦诸子几至殆尽。

三是景帝无废太子之意。

四是景帝有立栗姬为后之心。如果景帝没有立栗姬为皇后的意思，凭什么把十四个皇子交给栗姬一个普通嫔妃照顾？这显然是一种非常明确的暗示，不是谁都有机会担此重任，也不是谁都有机会掌握如此大的权力。

此时栗姬如果表现得非常通情达理，满足景帝"临终"的唯一"遗言"，表现出足够的大度和胸怀，深明大义，那么，栗姬的命运将会得到彻底改写，刘荣的太子之位可以得到进一步的巩固，而且，她个人晋升皇后也指日可待。这大概是栗姬一生中最接近后位的时候，只要抓住这次机会，她的梦想马上就能实现。但是，我们来看看栗姬是怎么做的。

栗姬的反应却是："栗姬怒，不肯应，言不逊。"《史记·外戚世家》栗姬的反应完全失去了理智：一是"怒"，二是"不肯应"，三是"言不逊"。

野史《汉武故事》中的记载更具戏剧性：

> 上尝与栗姬语，属诸姬子曰："吾百岁后，善视之。"栗姬怒，弗肯应。又骂上老狗，上心衔之未发也。

这里的记载可信度虽然很低，但是却为人们展示了妙趣横生的一幕，"又骂上老狗"，这样的演绎把栗姬的愚蠢、无知、暴躁表现到了极致。"老狗"只博人们一笑，但是《史记》中"怒""不肯应""言不逊"，却着实成了栗姬自掘坟墓的三步棋。我们可以想象一下，栗姬的思维大概是这样的：景帝你当年跟众美人花前月下、柔情蜜意的时候怎么想不起我来？现在你病重要死了，想把一堆孩子扔给我照顾，你想得倒美，我是保姆下人吗？我要是答应你了我才傻呢！该怎么评价这位嫔妃呢？要放在寻常人家还能做个天真无心机的傻大姐，可是你在宫中混了这么多年，出门也该带着脑子吧！

栗姬的感情用事使景帝完全绝望：不可能指望一个如此愚蠢、善妒，脾气又异常暴躁的女人做皇太后，更不可能指望这样一个女人照顾自己的儿子们。

汉景帝虽然非常愤怒，但他并没有当场发作。

首先，汉景帝极有城府，不愿发作。

其次，汉景帝尚在病中，不能发作。

景帝恚，心嗛之而未发也。——《史记·外戚世家》

但是，栗姬的地位却因为触怒了汉景帝而陷入了严重的危机之中。

景帝交代后事这件事发生在什么时间呢？

《史记》《汉书》将此事记录在《外戚世家》中，故此事发生的时间语焉不详，《资治通鉴》记于景帝前元六年(前151)。笔者以为比较合适。

景帝于前元六年九月废薄皇后，病中嘱托栗姬善待诸皇子，当在废薄皇后之后。因为此时薄皇后已废，刘荣太子之位仍存，同时，景帝又有立栗姬为皇后之意，所以嘱托栗姬善待其他皇子。

栗姬全然不知珍惜这一千载难逢的机会，不但拒绝了汉景帝的要求，而且"言不逊"，使自己失却了最后的机会，也连累了无辜的儿子。

汉景帝的这场重病只是一场虚惊。一段时间之后，景帝的病好了，于是，栗姬的死期也近了。汉景帝病愈之后有足够的时间去处理栗姬的问题。

此前，长公主为"倒栗挺王，废荣立彘"已做了很长时间的铺垫。长公主的铺垫包含两个方面：

一是诋毁栗姬。

二是盛赞刘彘。

这两点都得到了汉景帝的认同。栗姬的狭隘自私，景帝已经亲身体验过了，不用长公主多费口舌。对于皇十子刘彘的夸赞，景帝亦深表认同。此时，还有一个因素起了作用，王娡生刘彘前曾经造过一个舆论：梦到日入其怀。此时，所有这些有效信息都汇总到汉景帝那儿了。但是，汉景帝仍然没有采取任何措施，按兵不动。

此时汉景帝的隐忍不发是在思索、物色两个对象：皇后与太子。

既要找一个能干的太子，又要找一个豁达大度的皇后。

栗姬肯定已被排除在外，只是新找的这位皇后和太子，尚未最后敲定，所以，这场易位太子的风波尚未刮起。

狡猾的王夫人有长公主通风报信，已经知道汉景帝对栗姬非常怨恨，她此时采取了一项大胆的行动：暗

长公主日誉王夫人男之美，景帝亦贤之，又有曩者所梦日符。——《史记·外戚世家》

示朝中大臣奏请景帝立栗姬为皇后。

王夫人为什么要这样做？她难道不怕景帝立栗姬为皇后吗？

首先，王夫人知道景帝此时绝不会立栗姬为皇后。

其次，王夫人想借此激怒景帝，使事态加速明朗化。

外朝的大臣并不知道宫廷内部如此复杂的斗争，受王夫人指使还误以为是一个邀宠的机会，大行（外交礼官）便以"子以母贵，母以子贵"为由，向景帝提出册封栗姬为皇后。景帝当然没有想到大臣的奏章是受王夫人指使，反以为是栗姬指使的，认为栗姬急不可耐要当皇后。于是，王夫人的阴谋得逞了，景帝大骂上奏的大臣："这是你所应当说的吗？"立即处死了上奏的大行。

盛怒之下，景帝下诏废太子刘荣为临江王，并立即捕杀栗姬在朝中的亲属。乘雷霆之势而下，一鼓作气，干净利索，一网打尽，永绝后患。汉景帝虽有文景之治的美名，但是，在事关皇位继承的问题上，从来都不手软，不动则已，动则风起云涌。同时，景帝还顾及当时担任中尉一职的卫绾是一个忠厚长者，因此，先免了卫绾的官职，然后，派了一个人称"苍鹰"的酷吏郅都逮捕栗氏。

王夫人知帝望栗姬，因怒未解，阴使人趣大臣立栗姬为皇后。——《史记·外戚世家》

大行奏事毕，曰："'子以母贵，母以子贵'。今太子母无号，宜立为皇后。"景帝怒曰："是而所宜言邪？"遂案诛大行。——《史记·外戚世家》

上废太子，诛栗卿之属。上以为绾长者，不忍，乃赐绾告归，而使郅都治捕栗氏。——《史记·万石张叔列传》

栗姬此时真是悔恨交加，想为自己辩护，但是，她已经没有机会再见到汉景帝了。最终，栗姬在悔恨和忧郁中死去。至此，栗姬和她的儿子刘荣这两个挡在刘彻争储路上的障碍已被彻底扫清。

太子刘荣冤枉得很，本来他可以顺顺当当地继位为帝，没想到母亲处事的失误导致他痛失了人生的良机。

历史的魅力在于它充满了变数。位列皇十子的刘彻，本来毫无继承大统的可能，但是，随着薄皇后的被废，栗太子的被废，前面已经出现了一缕曙光。然而，刘彻之前除了刘荣，还有数位兄长，按照"立长"的原则，刘彻仍然没有希望登上皇储之位，更何况此事还牵连到窦太后的小儿子梁孝王刘武，刘彻怎样才能够荣登储君之位呢？这中间还会出现什么让人意想不到的插曲呢？

栗走窦来　好事多磨

汉景帝一怒之下废掉了太子刘荣，但是，并没有同时再立太子，景帝再立太子是在三个月之后。汉景帝既然废了栗太子，为什么不马上再立太子，而要等三个月呢？

景帝有他的为难之处。窦太后一直想立其弟梁孝王为储君，景帝岂能不知？他也有自己的考虑，但是，毕竟母亲的工作还要做，自然不能草率从事。

景帝前元七年冬废栗太子，立即引起了一场激烈的宫闱角逐。

但是，首先上场的并不是蓄谋已久的王娡，而是梁孝王刘武，出面的是景帝之母窦太后。

景帝废了栗太子后，梁孝王即入朝拜见窦太后。

窦太后举行了一次私宴。梁孝王刘武与汉景帝刘启同时在座。窦太后对汉景帝说："我听说，商人亲其所当亲，所以，兄终弟及；周人尊其所当尊，所以，父死子继，其实道理是一样的。如果我百岁之后，我把梁王托付给你。"景帝一听，在座席上挺直身子说："谨遵母命。"

酒宴结束，汉景帝召见大臣，问他们："太后什么意思？"大臣们说："太后要立梁王为储君。"其实，不召大臣商议汉景帝也知道太后的意思，他召大臣是想寻找对策。

窦太后的意见一旦得到执行，将要改变自汉高祖开始的父死子继制为兄终弟及制。汉景帝对于这么一个重大问题虽然公开表示谨遵母命，但是，内心并不赞成。既然如此，汉景帝究竟会怎样处理这一棘手的问题呢？

请看：继位太子。

上废栗太子，窦太后心欲以孝王为后嗣。——《史记·梁孝王世家》

盖闻梁王西入朝，谒窦太后，燕见，与景帝俱侍坐于太后前，语言私说。太后谓帝曰："吾闻殷道亲亲，周道尊尊，其义一也。安车大驾，用梁孝王为寄。"景帝跪席举身曰："诺。"罢酒出，帝召袁盎诸大臣通经术者曰："太后言如是，何谓也？"皆对曰："太后意欲立梁王为帝太子。"——《史记·梁孝王世家》

继位太子

五

窦太后在汉景帝废黜太子刘荣后，立即提出要立梁孝王刘武为储君，这可给汉景帝出了个大难题。窦太后没有像吕后那样临朝称制，但是也爱干预政事，而且这位老太后还很固执。吴楚七国之乱平定后，汉景帝想封吴王刘濞的弟弟继任吴王。结果，窦太后不同意：吴王是个皇族老人，本应以巩固汉朝江山为重，现在反倒率领七国叛乱。既然如此，为什么还要封他的弟弟接续吴国国君？景帝因此作罢。由此可以看出窦太后的意见成功左右了景帝的决策。这一次，窦太后再次发难，汉景帝又该如何应对呢？

四两千斤　窦意顿除

这次窦太后代梁孝王刘武争储来势汹汹，景帝也一口答应下母亲的请求，这让我们着实为汉景帝捏了一把汗，君无戏言，答应了就要做到啊！难道景帝真要把皇位传给自己的弟弟刘武？

自从景帝出场，我们对他的评价用得最多的四个字就是：城府极深。景帝自然不是真心答应窦太后，他既然敢说谨遵母命，手中一定留有王牌，绝不会让自己骑虎难下。景帝留的这个后手到底是什么呢？这就是朝议。我是同意了，我同意之后还要交给大臣们朝议，大臣们要是不同意那就不关我的事了。把自己抹得干干净净，又落了个纳谏如流的美名，景帝真是个高手。

朝议的结果当然是群臣反对，以袁盎为首的大臣一致反对，窦太后立梁孝王为储君一事遂罢，而且窦太后也不再坚持自己的意见了。

这就奇怪了。窦太后这个视幼子如命的老顽固，因为朝臣们的几句反对，就善罢甘休了？以袁盎为首的大臣们有何灵丹妙药能说得动窦太后呢？

可惜的是，《史记》《汉书》都没有记载袁盎以什么理由拒绝立梁孝王为储君，原因是这事非常私密。但是，《史记·梁孝王世家》褚少孙的补叙记载了袁盎等人拒绝立梁孝王为储君的原因：兄终弟及会导致内乱。

大臣及袁盎等有所关说于景帝，窦太后议格，亦遂不复言以梁王为嗣事由此。以事秘，世莫知。——《史记·梁孝王世家》

袁盎等大臣面见窦太后，袁盎问窦太后："如果梁王去世了（假设梁王即位为帝），该立谁呢？"太后说："我再立景帝的儿子。"于是，袁盎等人给太后讲了一段历史上真实的教训：春秋时期宋宣公死时没有立他的儿子，传位给他的弟弟。几年之后，他的弟弟临死的时候，不忘他哥哥的恩德，又传位给他哥哥的儿子。但是，宋宣公弟弟的儿子认为自己应当即位，便刺杀了他的堂兄。从此，宋国五代陷入内乱。所以《春秋》说："君子非常重视正道（嫡长子继承制），宋国的灾难是宋宣公引发的。"有这样活生生的兄弟相残的例子，又有袁盎等众大臣巧舌如簧地动之以情，晓之以理，窦太后终于被说动了，她虽偏爱梁孝王，但更担心子孙自相残杀，酿成家族惨剧。于是，窦太后立即让一直待在京城的梁孝王回自己的藩国。而且，窦太后从此再不提立梁孝王为储君一事。

就这样，面对窦太后的泰山压顶之势，袁盎等大臣以一则历史故事四两拨千斤，化解了窦太后力主梁孝王继储君位的危机。

虽然劝说窦太后这件事表面上是袁盎等人所为，但是，幕后真正的指使者当然是汉景帝。汉景帝是借朝臣之嘴以封太后之口，而且做得非常成功。汉景帝对窦太后一向言听计从，为何在立储这件事情上要费这么大的功夫违背窦太后的意愿呢？

宋宣公死，不立子而与弟。弟受国死，复反之与兄之子。弟之子争之，以为我当代父后，即刺杀兄子，以故国乱，祸不绝。故《春秋》曰："君子大居正，宋之祸宣公为之。"
——《史记·梁孝王世家》

太后乃解说，即使梁王归就国。
——《史记·梁孝王世家》

第一是亲情。

窦太后想立自己的幼子，汉景帝何尝不想立自己的儿子呢？手足之情终究敌不过父子之情。

第二是祖制。

从汉高祖至汉文帝，莫不是传子不传弟，汉景帝显然不愿打破这一祖制。

第三是梁孝王僭越。

梁孝王有窦太后的溺爱，一贯处事不慎，使汉景帝非常不快。在平定吴楚七国之乱后，梁孝王仗着自己有战功，更加肆无忌惮，自比天子的做派，引起了汉景帝极大的反感。此事闹得很大，以致偏祖梁孝王的窦太后都不得不训斥梁国使者。

后来，还是韩安国出使，哭着向长公主进行了一番解释，说梁孝王为人之子孝顺，为人之臣忠诚，却没有得到太后的重视。当年吴楚七国叛乱之时，函谷关以东的诸侯国差不多都反叛了，只有梁孝王与朝廷最亲。梁孝王亲自跪送我们六位将军出兵抵抗吴楚叛军，这才使吴楚叛军不敢向西。最终挫败七国叛乱，这是梁孝王付出的力量啊！如今太后却用这些小礼节责备梁国使者，这不合适。

韩安国这次出使是找对了人——长公主，又陈述得体——极力夸赞梁孝王平定七国叛乱的功劳。长公主听后亲自找到窦太后，太后又请求景

出入游戏，僭于天子。天子闻之，心弗善也。——《史记·韩长孺列传》

夫前日吴、楚、齐、赵七国反时，自关以东皆合从西乡，惟梁最亲为艰难。梁主念太后，帝在中，而诸侯扰乱，一言泣数行下，跪送臣等六人，将兵击却吴、楚，楚、吴以故兵不敢西，而卒破亡，梁王之力也。——《史记·韩长孺列传》

帝，这才化解了这场危机，使景帝与梁孝王的关系得以修复。但是，景帝与梁孝王的关系只是表面的恢复，实际上景帝对梁孝王的戒备因此而更加森严。

至此，窦太后已经彻底打消了力主梁孝王继位的念头，但是，已经动了心思的梁孝王会甘心吗？汉景帝最终会做出什么样的决断呢？

不识时务　行刺自戕

随着窦太后的妥协，梁孝王刘武第二次冲击太子之位宣告失败。梁孝王从储君候补名单上被剔除了。大好的机会失之交臂，梁孝王十分恼火。他派人四处打听，到底是哪个不长眼的坏了自己的好事？

打听出自己被排除在储君之外是袁盎等大臣反对的结果，于是，梁孝王与他的亲信羊胜、公孙诡商议，派人刺杀了袁盎和参与商议此事的十几位大臣。

袁盎等十几位大臣被刺杀一事，震惊朝野。

汉景帝派人缉拿凶手，从凶手遗留在现场的凶器追查到凶手，再从这一个凶手追查到其他凶手，梁孝王刺杀袁盎等大臣的真相告破。汉景帝接连派出使者追捕主凶羊胜、公孙诡，并在梁国大力搜捕了一个多月。羊胜、公孙诡因为隐藏在梁孝王刘武的宫中，景帝派出的使者不敢招惹梁孝王，所以始终没有办法将主凶缉

大长公主具以告太后。太后喜曰：『为言之帝。』言之，帝心乃解，而免冠谢太后曰：『兄弟不能相教，乃为太后遗忧。』——《史记·韩长孺列传》

而梁王闻其义出于袁盎诸大臣所，怨望，使人来杀袁盎。——《史记·梁孝王世家》

057

拿归案。

于是，汉景帝一天一个诏书，勒令严查凶手。梁国国相和内史韩安国在中央政府使者的严厉申斥之下分别向梁孝王进谏。特别是韩安国，向梁孝王哭谏："大王您自己想一想，您和当今皇帝的关系，同高皇帝与太上皇，当今皇帝与废太子临江王的关系相比，谁近谁远？"梁孝王说："他们是父子，肯定亲过兄弟啊。""正是。他们父子连心，临江王仅仅是因为他母亲说错了一句话，就被废去太子之位。如此亲近的关系却发生了如此事件，为什么？因为，治理天下最终不能因私废公！如今大王位居诸侯之尊，却听信邪说，公然触犯朝廷法律。皇上因为太后的缘故不忍心对您依法处置，太后为此天天哭泣，希望大王能够改过自新，而您却始终不觉悟。假如太后百年之后，大王还能指望谁？"

梁孝王听后大惊失色，赶紧交出羊胜、公孙诡，二人听说后自杀。窦太后、汉景帝看见梁孝王交出凶手，非常高兴。但是，汉景帝在这次事件之后更加疏远梁孝王，冰释前嫌只是为了安抚窦太后，其实景帝的内心里非常憎恶梁孝王。当然，梁孝王立为储君一事亦终成

汉使十辈至梁，相以下举国大索，月余不得。——《史记·韩长孺列传》

安国泣数行下，曰："大王自度于皇帝，孰与太上皇之与高皇帝及皇帝之与临江王亲？"孝王曰："弗如也。"安国曰："夫太上、临江亲父子之间，然而高帝曰'提三尺剑取天下者朕也'，故太上皇终不得制事，居于栎阳。临江王，嫡长太子也，以一言过，废王临江，用宫垣事，卒自杀中尉府。何者？治天下终不以私乱公。语曰：虽有亲父，安知其不为虎？虽有亲兄，安知其不为狼？今大王列在诸侯，悦一邪臣浮说，犯上禁，桡明法。天子以太后故，不忍致法于王。太后日夜涕泣，幸大王自改，而大王终不觉寤。有如太后宫车即晏驾，大王尚谁攀乎？"语未卒，孝王泣数行下，谢安国曰："吾今出诡、胜。"诡、胜自杀。——《史记·韩长孺列传》

泡影。

梁孝王因谋刺大臣事发，狼狈退出储君竞争的舞台。

此消彼长　还看圣心

轰轰烈烈的储位争夺战，五个女人参与的角逐最终以王夫人和刘彘的胜出而结束。

除掉了栗姬的党羽，解决了窦太后的干扰，汉景帝在废栗太子后三个月的夏四月，立王夫人为皇后，立胶东王刘彘为太子，改名为"彻"。

四月乙巳，立胶东王太后为皇后。丁巳，立胶东王为太子。名彻。——《史记·孝景本纪》

黑马皇十子，最终能够让人大跌眼镜地胜出，是五个女人博弈的合力造就的，缺少任何一方力量，刘彘都不可能走上权力的巅峰。我们来细数一下这五个女人之间错综复杂的关系。

先说薄皇后。

薄皇后是个悲剧人物，她的悲剧是薄太后造成的。身为祖母的薄太后实在不应该再为自己的孙子（太子）选妻（太子妃），更不该仅仅在自己的娘家孙女中选妃，结果，导致薄皇后无宠，无子，最终被废。

在立储的问题上一直困扰汉景帝的是如何排除梁孝王刘武。吴楚七国之乱后他于景帝前元四年（前153）匆匆忙忙立了皇长子刘荣为太子，这一做法完全符合祖制；同时，又满足了朝臣们的愿望。在立皇长子刘荣时并未马上废掉他素不喜爱的薄皇后，又不立皇太子之母栗姬为皇后，因为此时景帝立储主要是为了封堵梁孝王，打消其窥伺皇位的企图。

至于薄皇后，既无子又无宠，她的被废只是一个时间问题。景帝之所以迟迟不废薄皇后，最主要是因为他在利用薄皇后，以便有充足的时间留给栗姬。栗姬的表现如何是他最终决定是否废立栗姬的关键。实际上，从立皇长子刘荣到废皇长子刘荣，汉景帝等了三年。他最终确认栗姬不行时，才废掉皇长子刘荣。

汉景帝不废掉薄皇后，还有另一个因素，就是舆论。薄太后于景帝前元二年（前155）去世之后，汉景帝已经可以不受干扰，但他并没有马上废掉薄皇后，这是因为他觉得废后的理由还不充分——薄太后一去世自己就匆匆废后，会招致舆论批评。从景帝前元二年薄太后去世，到景帝前元四年（前153）立刘荣为皇太子，再到景帝前元六年（前151）废薄皇后，景帝应当是从未召薄皇后侍寝。处于这种局面下，薄皇后只能永远无子，随时可废。景帝所要的是废后的时机。景帝前元六年，汉景帝认为时机成熟了，才宣布废掉薄皇后，其实，薄皇后早就被废掉了，只是到景帝前元六年才补办了一个手续。

薄皇后的悲剧产生的原因：

首先，她完全没有笼络景帝的客观条件和主观能力。

其次，她只能仰仗薄太后的有限（时间所限）支撑。

但是，薄皇后在储君之争中的作用不可小觑。

第一，她阻止了栗姬在儿子立为太子的同时被立为皇后。

汉景帝在前元四年立刘荣为皇太子，但是，栗姬并未能同时被册封为皇后。阻碍栗姬册封皇后的正是薄皇后。虽然并不是薄皇后主观上要去阻止栗姬立后，但她占住了皇后的位置，客观上使栗姬不能如愿立后。

如果没有薄皇后的存在，栗姬在景帝前元四年其子被立为太子之时有可能同时被立为皇后。那么，王夫人要想既废皇后又废太子，难度肯定比栗姬未被立为皇后时废太子大得多。

第二，她为王夫人夺位赢得了三年时间。

薄皇后在刘彻最终胜出一事中未做任何事情，但是，她拖住了栗姬封后的脚步，为王夫人赢得了宝贵的三年时间（景帝前元四年至前元七年）。王夫人利用这三年时间结盟长公主刘嫖，误导栗姬，使栗姬在这三年中犯下了一连串的错误，为刘彻最终夺取储君竞争的胜利创造了条件。

第二个女人是王娡。

说到王娡，我们只能说，这个女人不寻常！她在刘彻继承皇位的过程中发挥了关键性的作用。机关算尽，步步为营，兵不血刃，杀得敌人片甲不留，刘彻有这样一位精明能干的母亲是他的幸运。我们来看看王娡布排的这盘玲珑棋局中关键的几步在哪儿。

首先是遵从母命。

如果王娡不能遵从母命毅然决然与金王孙分手而冒险步入太子宫，那么，刘彻就不可能来到人间，中国历史上可能因此缺少了一位影响深远的皇帝。遵从母命，抛夫舍女，王娡义无反顾。这是改变王娡命运的关键一步。

其次是博得宠爱。

　　皇宫里那么多女人，个个年轻貌美，为什么王夫人能够如此得宠？后宫中，得宠与否看嫔妃们的孩子就一目了然：薄皇后一个孩子没生；王娡入宫，生了一龙三凤；她妹妹王兒姁更厉害，一连生了四个儿子。已婚且有一女的王娡能得到这般宠幸实在让人匪夷所思，难道汉景帝思想如此开放，完全不介意自己的妃嫔有过婚史？事实上，王娡对汉景帝完全隐瞒了自己的这段婚史（欺君之罪啊）。即使对自己的儿子，她也从没有提过她的婚史和一位金姓女儿。

　　后来，此事被汉武帝身边的一位幸臣韩嫣知道了，他找了个机会悄悄地告诉汉武帝："太后还有一个女儿在长陵。"武帝一听，马上责备韩嫣："你怎么不早说？"于是，汉武帝先秘密派人打听清楚，确认她在家，武帝才亲自去迎接。汉武帝直接来到金家的住所，并派骑从将整个院子团团围住，亲自进院寻找。随从的大臣一片呼叫声，金家不知道发生了什么事。此时，金王孙早已故去，金家人吓得不得了，汉武帝的姐姐听见一片喧哗声，吓得藏在床底下。汉武帝让人将姐姐从床下扶出来，让她拜见自己。汉武帝亲自下车，哭着说："大姐为什么藏得这么深呢？"汉武帝让姐姐坐着专车，一直进入太后居住的长乐宫，拜见太后。太后说："皇上从哪儿来？"汉武帝说："今天到长陵，见到了我的姐姐，我和她一块儿来了。"汉武帝转过头对姐姐说："参拜太后。"太后问明女儿的情况，大放悲声。汉武帝上前祝贺母亲喜得女儿，拿出一千万钱，三百奴婢，一百顷土地，一套高档住宅，赏给他姐姐。召太后入宫后所生的三个女儿平阳公主、南宫公主、林虑公主一块儿拜见姐姐。武帝封大姐为修成君。

褚少孙在《史记·外戚世家》中的这段补述写得非常精彩。它告诉我们：王太后隐瞒了自己的婚史，隐瞒了自己入宫前已有一个女儿。一个人能把自己的婚史隐藏得如此深秘，极为不易！她付出的代价，她对内心情感的掌控，都非常人所能及。

看了上面一段，我相信大家都会对这位汉武帝的母后王娡有一个更清楚的认识。

对王娡来说，以如此身份博得景帝的宠爱，必然用了更多的心机。史书虽然没有记载，但是，这是不言而喻的。

再次，巧抓靠山。

王娡孤身一人，进入太子宫打天下。她凭借自己的聪慧，率先发现了长公主的利用价值，极力迎合讨好长公主。利用长公主的虚荣、贪婪，与其结为政治联姻，共同打击排斥栗姬。事实证明，如果没有长公主的鼎力推荐，汉景帝还想不到——或者说想到而下不了决心——舍栗取王、废长立幼。发现长公主，利用长公主，是王娡战胜栗姬的关键性一步。

最后，善于炒作。

王娡非常善于自我炒作，她利用怀孕的机

王太后在民间时所生一女者，父为金王孙。王孙已死，景帝崩后，武帝已立，王太后独在。而韩王孙名嫣素得幸武帝，承间白言太后有女在长陵也。武帝曰：『何不早言！』乃使使往先视之，在其家。使武骑围其宅，为其亡走，身自往取不得也。即使左右群臣入呼求之，家人惊恐，女亡匿内中床下。扶持出门，令拜谒。武帝乃自往迎取之。跸道，先驱旄骑出横城门，乘舆驰至长陵。当小市西入里，里门闭，暴乷门，帝下车泣曰：『嚯！大姊，何藏之深也！』诏副车载之，回车驰还，而直入长乐宫。行诏门著引籍，通到谒太后。太后曰：『帝倦矣，何从来？』帝曰：『今者至长陵得臣姊，与俱来。』顾曰：『谒太后。』太后曰：『女某邪？』曰：『是也。』太后为下泣，女亦伏地泣。武帝奉觞前为寿，奉钱千万，奴婢三百人，公田百顷，甲第，以赐姊。太后谢曰：『为帝费焉。』于是召平阳主、南宫主、林虑主三人俱来谒见姊，因号曰修成君。
——《史记·外戚世家》

会，杜撰了"梦日入怀"的神话。宫中的其他女人，包括她的妹妹王兒姁，都没有想到用这种方法为自己造势。

从现代营销学的角度而言，王娡这一套实际上就是一种包装。这种包装当时可能起不了什么作用，但是，在景帝作废太子立刘彻的决策时却发挥了作用。汉景帝在恼恨栗姬之时，想起了王娡"日入其怀"的吉兆。长公主在景帝面前诋毁栗姬、大夸王娡的儿子时，汉景帝也想起了王娡。原因就是王娡的自神其子的炒作！善于包装儿子，善于推销自己，这是王娡最终胜出的一大优势。

第三个女人栗姬。

栗姬并不是一个坏女人，她缺少的不是人性，而是智慧和自控能力。

栗姬在整个事件中表现得极不理智。长公主为其女求婚她大"怒"，景帝病中嘱托她照顾诸姬子她大"怒"，而且出言不逊。这些做法都极其愚蠢，栗姬因此付出了极大的代价。

首先是太子被废。

栗太子刘荣非常无辜，他被立为太子是因为他是长子；他被废为临江王是因为他的母亲得罪了长公主与汉景帝。至于他个人，只是一个年幼而无罪的孩子。

其次是宗亲被诛。

汉景帝在废立太子、皇后的问题上决定相当迟缓，但是，一旦开始行动，又非常利索、凶狠。他不仅废掉太子，而且将栗姬在朝中的亲属一并处死，不留后患。栗姬的亲属毫无过错，只因为和栗姬沾亲带故而被杀。一代明君在权力问题上没有半点含糊！

栗姬和王姪是截然不同的两种人。王姪是天生的阴谋家，有战略眼光，有政治手腕，皇宫是最适合她的地方，在这里她可以施展拳脚，混得风生水起；栗姬任性、幼稚、暴躁易怒，完全没有心机，别人把她卖了她还在帮人数钞票，她的悲剧是性格的悲剧，也是命运的悲剧。

第四位长公主刘嫖。

此人的最大特点在于一个"贪"字。

首先是贪宠。

她贵为长公主，母亲是皇太后，但是，为了继续邀宠，竟然扮演婚介人角色，不停地向其弟推介美女。

其次是贪贵。

她企图世代富贵，让其女嫁给太子，以便将来成为皇后。为此，她为自己的女儿向栗姬之子求婚。遭到拒绝后，又转投王夫人，得到王夫人的承诺后，便与王夫人结为政治联姻，诋毁栗姬，盛誉王夫人。最终导致栗太子被废，栗姬忧愤而死。

在少年刘彘由皇十子到皇太子的征途之中，长公主刘嫖的作用非常重要。王夫人正是由于和她联手才最终战胜了栗姬，登上皇后之位。

长公主在废太子刘荣的事件中起到了什么作用呢？

首先，她种下了汉景帝恼怒栗姬的种子。

汉景帝对宫闱之争当然有所耳闻，但是，他的态度其实是无可无不可：只要不触犯皇权，他对这种斗争并不在意。可是，长公主是他生活中不可或缺的人物——选美大使。景帝好美贪色，但是，他如果自己去四处招募美女，极易招致非议，必须有这么一个人为他操办这件事，自己既省心又不会招来非议。因此，他离不开长公主。

长公主恰恰是利用了这一点，说栗姬派侍女在宫中聚会时诅咒她、辱骂她。这类事情，汉景帝不会去调查，但是，汉景帝会非常恼火。汉景帝对栗姬的恼怒正是长公主种下的。虽然汉景帝不会立即发作，但是，一旦栗姬处事不慎，汉景帝此时的恼怒彼时就会爆发出来。

其次，她为王娡和刘彘做了大量铺垫。

王娡入宫就是为了当皇后，她当然迫不及待地想扳倒碍眼的栗姬，以便扳倒已经立为太子的皇长子刘荣。但是，王娡不能直接出面诋毁栗姬。王娡如果亲自出面，只能适得其反，不但达不到扳倒栗姬的目的，反而毁掉了她在汉景帝面前的形象。既要毁掉栗姬的形象，又不会直接卷入其中，只有假手于人。长公主刘嫖就是一个最好的被利用者。她多次诋毁栗姬，盛赞王娡，景帝听得多了，自然对栗姬产生了偏见。

但是，人算不如天算。长公主虽然成功地将自己的女儿阿娇送上了皇后的宝座，但是，最终阿娇却落了个后位被废、幽禁长门宫的结局。长公主本想让女儿长享富贵，最终她自己献给汉武帝的长门园成了幽禁自己女儿的长门宫。这真是莫大的讽刺。

第五位，窦太后。

窦太后一如其女长公主，非常贪婪，而且，窦太后在贪婪中还带着几分霸道，这是她和长公主的唯一不同。

窦太后的霸道既和她在景帝朝的权威有关，又和她强硬的个性有关。梁孝王刘武正是仰仗着她的支持才得以横行朝野。

其实，窦太后非常不明智。汉景帝传位给刘武的可能性本来就极小，亲情与祖制的双重制约使梁孝王很难成功，梁孝王本人也非常明白这一点。但是，窦太后却利用她皇太后的权威企图达到立刘武为储君的目的。

她力挺幼子刘武只是为汉景帝立储增加了一个变数，刘武并不具备真正冲击帝位继承人的力量，只是她处在皇太后的位置使汉景帝难以当面拒绝。汉景帝只能绕一个圈子——将此事提交朝议，利用朝议搁置其议是汉景帝对窦太后的一种反制。

但是，在梁孝王刘武被朝议正式否决之前，王夫人不敢过于造次，汉景帝在解决其弟梁孝王储君地位之前也只敢废薄皇后而不敢立新皇后。因此，窦太后在皇十子刘彻继位太子的道路上起到了延缓的作用。但是，她只能延缓此事，而不能最终阻止景帝的立后、立储。

我们分析了在皇十子刘彻继承太子之位的过程中五个女人所起的不同作用。但是，我们不应忘记，这五个女人都只能是角斗士，最终裁定皇储人选的只能是汉景帝。那么，汉景帝在五个女人的角逐中是持什么态度？在皇十子刘彻取代皇长子刘荣的过程中他又起到怎样的作用呢？

请看：景帝清障。

后宫为皇储争得你死我活，而有人只在关键时刻动动嘴就左右了整个形势，这个人当然就是汉王朝的最高领导者汉景帝。如今争储这盘棋已经尘埃落定，那么接下来这位善打太极的皇帝又要出什么新招呢？

景帝清障

荣华已尽　性命堪忧

刘荣于景帝前元七年（前150）被废掉太子之位后，改封临江王。自古就是锦上添花的人多，肯雪中送炭的没几个。刘荣虎落平阳，日子一定不好过。没想到，屋漏偏逢连夜雨，坏事儿居然又找上了刘荣这个倒霉蛋。

在临江王任上，刘荣又犯了错，让人抓住了小辫子。

刘荣犯了什么错呢？史载他为自己建造宫室侵占了先祖庙宇四周的空地。汉法规定：汉王朝京城和各郡、各诸侯国国都，都建有开国皇帝刘邦和汉文帝的庙。"侵庙壖（ruán）垣为宫"《史记·五宗世家》，即是把自己的宫室建在汉高祖或汉文帝的庙周围所属范围内的土地上。壖垣是正式院墙外为标志其周围属地而建立的小矮墙。

刘荣因此罪被景帝召入京。刘荣进京之时，刚一上车，车轴断裂。江陵的百姓看到这种情景，悲伤地说："我们的临江王这一去大概是回不来了。"没想到，一语成谶，刘荣真的没能再回来。

此时景帝正信任酷吏郅都，让他担任负责京城治安的中尉，刘荣的案子也是由他审理。本来在路上，刘荣还心存侥幸：再怎么不济我也是皇子，有皇帝老爹罩着，他们也不能把我怎么样。可是等到他见了郅都，刘

既已上车，轴折车废。江陵父老流涕窃言曰："吾王不反矣！"——《史记·五宗世家》

荣傻眼了。郅都丝毫不把他这个临江王放在眼里，态度严厉，说一不二，刘荣在精神上受到巨大压力。刘荣想给父皇写封信，但是，郅都连笔墨都不给他。最终还是曾任废太子刘荣太子太傅的窦婴派人偷偷送去了笔墨，刘荣才写了绝笔书，然后自杀了。

此事一出，朝野震惊，皇室寒心。刘荣"逾制"是有错，但罪不当诛，更不到被一个小小中尉逼死的地步！

命案蹊跷 真凶难逃

刘荣的自杀十分蹊跷，疑点颇多，表面上看来害死刘荣的凶手就是郅都。但是我们照常理推测，郅都不过是个中尉，怎敢胆大包天逼死皇子呢？他的背后是不是还隐藏着一个更有权势的推手？

要搞清楚事情的真相，就要层层深入，抽丝剥茧。首先，我们分析一下刘荣为什么要自杀。

刘荣的自杀缘于绝望和恐惧。他当时不过十多岁，这么小的孩子，一下子经历了诸多变故：太子之位被废，母亲忧愤而死，朝中母亲的宗亲被赶尽杀绝。自己没有一位可以依靠的人，如今犯了法，他对自己的前景非常恐惧。特别是碰到了郅都这样的酷吏，就算是个心理极为成熟的成年人恐怕也要被吓掉半条命，何况是刘荣呢？在绝境中刘荣想到的只有自己的父母，母亲

临江王征诣中尉府对簿，临江王欲得刀笔为书谢上，而都禁吏不予。魏其侯使人间与临江王。临江王既得为书谢上，因自杀。——《史记·酷吏列传》

已经不在，刘荣只有求助于父皇。但是，残暴的郅都把刘荣最后的退路也给堵死了，刘荣终于在绝望与痛苦中结束了自己的生命。史载，刘荣自杀后，"葬蓝田，燕数万衔土置冢上。百姓怜之"《史记·五宗世家》。

刘荣这孩子死得冤，但是他的殒命跟他自身也有很大关系。可怜之人必有可恨之处。他没能正确地认清形势。太子被废，母家被诛，刘荣的处境已经岌岌可危，在此情况下他应当十分谨慎，以免新的灾难降临。结果刘荣非但没有小心行事，反而大兴土木，将宫室建到了祖宗庙宇之地，授人以柄，最终落得自杀的结局。

刘荣畏罪自杀已成事实，然而这不是一起普通的畏罪自杀案：

一是刘荣罪不当诛。

人都懂避重就轻，刘荣有罪，但不至于杀头。他的自杀看似缘于畏罪，其实稍加推敲就露出破绽。畏罪？罪不至死，何苦自戕？

二是刘荣身份特殊。

刘荣不是一介布衣，他曾是一人之下万人之上的皇太子，有尊贵的身份和特权。就算是犯了死罪，普通人都可以拿钱免死（汉代法规），他刘荣怕什么？

刘荣的自杀一定是遇到了什么非正常的情况。我们从表面看，这好像全是因为郅都的恫吓和刺激。然而，一个小小的中尉真的有这么大的胆量敢逼死皇子吗？我们假设一下，如果当时负责刘荣"逾制"案件的官吏不是郅都，那刘荣是不是就有机会向景帝求助了呢？如果那封求助信送到了景帝的手中，那结局是不是就会完全不同了呢？问题的答案，我们还要慢慢地从《史记》的记载中找寻。

窦太后闻之，怒，以危法中都，都免归家。——《史记·酷吏列传》

要找出刘荣自杀的真相，我们要从两个方面入手。

一看刘荣自杀之后窦太后与汉景帝的反应。

窦太后的反应非常激烈。

废太子刘荣自杀之后，老祖母窦太后悲愤交加，痛不欲生。她痛恨逼死她长孙的凶手，要求景帝立刻处置主审官郅都，结果郅都被免官回家。

窦太后为什么要痛恨审理这一案件的郅都呢？因为窦太后认为是审理这一案件的郅都逼杀了自己的长孙刘荣。

窦太后对长孙刘荣自杀一事的处理虽然有些简单粗暴，但是，也不能说她处理得全无道理。毕竟废太子刘荣是在郅都审理此案时自杀的，而且，刘荣索要"刀笔"给父皇写封信，这样一个合情合理的要求，郅都竟然不予满足。窦太后疼爱孙子，痛恨郅都，必欲杀之而后快。我们理解她作为一个祖母疼惜幼孙的心情，不忍指责她做得过分。

相比之下，汉景帝的反应就十分不合常理。

人们常说，"白发人送黑发人"是世间最悲惨的事。然而，经历了失子之痛的景帝竟然毫无"悲状"，更别提"惨状"了。废太子刘荣自杀后，汉景帝对审理这一案件的郅都没有任何谴责，更谈不上处罚。这就奇怪了，对于自己儿子被逼死一事，景帝无动于衷，好像死的不是自己的儿子而是别人的儿子。

孝景帝乃使使持节拜都为雁门太守，而便道之官，得以便宜从事。
——《史记·酷吏列传》

在窦太后的压力之下，景帝无奈，只好免了郅都的官。但是，不久，汉景帝就亲自派人到郅都家中，封他为雁门太守，还给了他可以根据情况不经请示而处理与匈奴关系的权力。这在当时的边地太守中是非常例外的待遇。景帝如此的"以德报怨"，恐怕连孔圣人也自叹不如了！至此，就算是常人也该看出些端倪了。

景帝的行为说明了什么？

首先说明了景帝不愿让郅都独自承担废太子刘荣自杀的责任。

其次说明景帝对郅都的信任。

既然景帝没有让郅都独自承担责任的意思，那么，谁该为废太子之死埋单呢？

那自然就是景帝自己呗！

窦太后乃竟中都以汉法。景帝曰：『都忠臣。』欲释之。窦太后曰：『临江王独非忠臣邪？』于是遂斩郅都。
——《史记·酷吏列传》

如果刘荣自杀不是汉景帝的意思，郅都岂能不承担责任？窦太后要杀郅都，汉景帝仅以免官代杀戮；事情刚过，又委之以重任——任边地太守，还给他见机行事的大权，这是多么大的信任啊！当然，景帝对郅都的明显偏袒最终被窦太后所发现，窦太后坚决主张杀郅都。直至此时景帝还为郅都辩护，说郅都是忠臣，打算释放他。但是，窦太后不依不饶，为刘荣辩护说："刘荣难道不是忠臣？"最终郅都被窦太后罗织罪名所杀。

汉景帝是个心思缜密的皇帝，所走的每一步棋都有他的用意。当初他让郅都去审理废太子刘荣的案件，就已经布下了局。为什么这样说呢？

我们从汉景帝任命审理此案的主审人的角度对这一问题作进一步的探讨。

郅都到底是什么来头呢？

郅都是景帝朝的酷吏，司马迁在《史记》中将他写进《酷吏列传》。《史记·酷吏列传》中的酷吏，大体上分为两类：一类是惩治豪强、裁抑权贵的酷吏；一类是嗜杀成性、草菅人命的酷吏。二者的共同点是执法严酷。

郅都属于第一类酷吏。郅都任中郎将（皇帝侍从官）时，就敢于在朝中当面顶撞大臣。中郎将是郎中令手下的官员，负责护卫、侍从之职，地位并不高，但是，郅都却敢于以卑职对抗大臣。

郅都在景帝朝以执法严酷著名。我们看三件事：

一是他阻止汉景帝救贾姬。

贾姬是汉景帝的宠妃，她为汉景帝生了两个儿子，可见其得宠的程度。有一次，贾姬随从汉景帝到皇家猎场的上林苑打猎，内急去了卫生间。不知道从哪儿冒出来一头野猪，也跟了进去。汉景帝眼看着贾姬和野猪一前一后进了卫生间，大惊失色，立即给郅都使眼色，让他进厕所救贾姬。郅都却纹丝不动，装作没看到。景帝情急之下，自己带着兵器就要冲进厕所救贾姬，郅都一看，皇帝要玩儿命了，立即伏在景帝面前劝阻："死了一个女人，马上就会有人再进献一个女人，天下还缺少像贾姬这样的女人吗？陛下即使再不重视自己的生命，也要为太后和祖宗的基业着想啊！"景帝听了郅都的话，冷静下来，不再往厕所里冲了。幸好，那头野猪只是在厕所里溜达了一圈儿，转头又出来了。紧接着，花容失色的贾姬也出来了，景帝虚惊一场。事后，窦太后听说了这件事，大赞郅都劝阻景帝的冒险行动，重赏了郅都，并大加信用。郅都对贾姬生命的漠视反映出汉代酷吏的共同特点：只忠实于皇帝一人，只对皇帝的生命负责。这是酷吏得到皇帝信任的重要原因。

二是他暴力镇压豪强。

景帝时期，济南郡有一个姓瞯（xián）的人家，宗族兴旺，有三百多家。但是，瞯氏在济南郡为非作歹，太守束手无策。景帝知道这件事以后，立即派郅都去做济南太守。到任之后，郅都转眼间就将瞯氏一族中带头干坏事的黑帮老大处死，其余瞯氏家族的人吓得两腿哆嗦。一年多之后，济南郡的治安大大改观，路不拾遗，和济南郡相邻的郡守也都害怕郅都。

三是诛杀栗姬亲属毫不手软。

景帝前元七年（前150），太子刘荣被废，景帝同时要诛杀栗姬在朝中的亲属。但是，汉景帝知道当时担任中尉的卫绾是一个忠厚长者，担心他心软下不去手。所以，汉景帝先让卫绾告归还家，委任执法严厉的郅都担任中尉，捕杀栗姬的亲属。郅都果然不负君望，下手稳、准、狠，顷刻间把栗姬的

尝从入上林，贾姬如厕，野彘卒入厕。上目都，都不行。上欲自持兵救贾姬，都伏上前曰：『亡一姬复一姬进。天下所少宁贾姬等乎？陛下纵自轻，奈宗庙太后何！』上还。彘亦去。太后闻之，赐都金百斤，由此重郅都。——《史记·酷吏列传》

济南瞯氏宗人三百余家，豪猾，二千石莫能制，于是景帝乃拜都为济南太守。至则族灭瞯氏首恶，余皆股栗。——《史记·酷吏列传》

亲属收拾得干干净净。等到捕杀栗氏亲属的事情过去，汉景帝又委任卫绾担任新任太子刘彻的太子太傅。

郅都阻止汉景帝救贾姬时，汉景帝并不了解郅都，因此才出现了汉景帝示意郅都救贾姬，郅都竟然敢于抗旨一事。到了济南郡出现不法豪强之时，汉景帝已经深知郅都是一个能用铁血手腕镇压豪强的酷吏，才会派郅都去任济南太守。不出汉景帝所料，郅都采用铁血手腕，迅速镇压了济南郡的不法豪强。汉景帝派这样一个人去对付自己的儿子，去审理废太子的违法事件，如此"知人善任"，让我们感到脊背发凉。

因此，汉景帝对废太子刘荣"逾制"一案的主审人郅都有过充分的考虑。既然汉景帝如此了解郅都，又对主审人的行事作风有深刻了解，所以，对郅都审理此案可能出现的严重恶果，汉景帝应该有充分的思想准备。汉景帝绝对不可能想不到会出现废太子刘荣自杀的事件。如果汉景帝没有郅都审案导致废太子自杀的思想准备，那么，刘荣自杀肯定会引发汉景帝的震怒。事实上，废太子刘荣自杀，仿佛在汉景帝的意料之中，他没有表现出一点儿惊讶和悲伤。这说明了什么呢？

如果汉景帝不想杀废太子刘荣，他会让时任中尉的郅都审理此案吗？如果汉景帝让郅都审理此案，那么，汉景帝想干什么？

答案只有一个：借郅都之手除掉刘荣。

上废太子，诛栗卿之属。上以为绾长者，不忍，乃赐绾告归，而使郅都治捕栗氏既已，上立胶东王为太子，召绾，拜为太子太傅。——《史记·万石张叔列传》

从刘荣自杀后窦太后与汉景帝的反应及汉景帝任用郅都审理此案这两个方面看，汉景帝确有借郅都之手诛杀废太子刘荣之心。

虎毒食子　相煎何急

我们一路看来，对汉景帝的为人已经心中有数，"文景之治"的明君形象不敌残酷、专制的皇帝形象。唯一让我们可以对他稍有宽恕的是：他在是一个父亲、一个儿子、一个丈夫、一个兄长之前，首先是一位君王。因此，我们不能用单纯的道德标准评判他，在道德尺度之外还有一个权力法则。当道德遭遇权力，无疑是权力胜出，道德败北。即使如此，一位君王设计逼死自己的儿子也很难让人接受。虎毒尚不食子，到底是什么样的理由让这位九五之尊的父亲非要痛下杀手除掉自己的儿子不可呢？

最主要有两个原因：

首先是废太子对新任太子的威胁。

自古以来，废太子的下场都非常惨。原因在于废太子对现任太子的地位都存在着一定的威胁。太子一旦确立，总有一些大臣围绕在太子周围，目的只有一个：投资潜力股。一朝太子登基，拥立太子的有功之臣，就相当于大笔原始股持有者，昔日的投资定获丰厚回报。但是，任何投资都有风险。如果成了一个废太子，其中的盘根错节就成了皇帝和新太子的心腹大患。因为这些人为了挽回自己的投资，随时可能把废太子再次抬出来和新太子抗衡，搅乱时局。这就是刘荣必死之道。他的废太子身份，注定他随时可能被皇帝、新太子视作政敌和隐患。

刘荣太不了解废太子的这种特殊背景，反而因为修建宫室而犯法，说明刘荣对自己岌岌可危的处境太缺乏了解了。

其次是废太子得到两位重臣的拥戴。

废立太子这样关乎国之根本的大事，既是皇帝的家事，又是朝中的大事。当年高祖刘邦怜爱娇妻幼子，想让戚夫人的儿子刘如意继位，把吕后的儿子刘盈换下来，没有擅自做主，而是先和重臣商议，听取他们的意见。结果，易立太子终未成功。

景帝此番废太子、除栗姬完全是另一种风格，一气呵成，势如雷霆，打了群臣一个措手不及！言外之意就是这事儿我说了算，你们把嘴都闭紧得啦！但是事情没这么简单，在废太子这件事上，景帝还是遭遇了强大的阻力，依然有"不畏死"的权臣忍不住要管这桩不是家务事的"家务事"。

反对废掉刘荣的有两位重臣。一位是周亚夫，一位是窦婴。周亚夫此时是太尉，窦婴此时是太子太傅。他们是景帝朝一桩重大事件——吴楚七国之乱的平叛大功臣。

周亚夫任太尉，是平定吴楚叛军的总指挥；窦婴官拜大将军，坐镇荥阳，监督平定齐赵叛军，因为平定吴楚七国之乱而功封魏其侯。难得这两位浴血沙场的黄金组合，在朝堂之上更是意气相投、惺惺相惜。

景帝前元七年 (前150) 废太子刘荣之时，太尉周亚夫、太子太傅窦婴齐力反对，都力主不能废太子，动因是他们都主张维护太子继承、废除的基本原则：太子没有大恶不能立而复废。然而，景帝废太子势在必行，已经是铁板钉钉，即使是两位大功臣反对，也要坚决废掉。

皇上铁腕，做臣子的应当知难而退，这两位重臣偏偏反其道而行之。特别是周亚夫，本来深得景帝的信任，因为力保废太子，被景帝疏远了。

窦婴也是个牛脾气，因废太子之事告病不上朝。后经人规劝回朝，但是，景帝对窦婴的看法由此而大打折扣。所以，桃侯刘舍被免相时，窦太后亲自为窦婴说情请立为相，景帝不听从，坚决不立魏其侯窦婴，立了他一向所倚重的卫绾。

在平定吴楚七国之乱中立下大功的重臣周亚夫和窦婴都站到了废太子刘荣一边，景帝不可能不细想这一问题。

刘荣越是得到朝中重臣的拥戴，景帝越是要除掉废太子刘荣。两位平叛功臣同时为皇长子说话，汉景帝岂能不提防？以他们的作风，凭他们的实力，一旦汉景帝百年后，这二人再打出拥立废太子刘荣的旗号，新太子刘彻能与之抗衡吗？只要刘荣活着，只要两位重臣活着，汉景帝就不能不担心刘荣东山再起，就不能不为新太子刘彻的命运担忧。所以，"逾制"建造宫殿只是个借口，击溃废太子党，灭绝群臣再次拥立废太子的幻想，才是汉景帝谋杀刘荣的根本原因。

汉景帝精心策划的这一切全是为了给新任皇太子刘彻清除障碍。讲了半天，真正的受益者还没有出场。新太子刘彻才是一切恩怨的根源。为了新太子刘彻，为了清除他登基道路上的第一个也是最重要的障碍——废太子刘荣，汉景帝可谓是煞费苦心。汉景帝是偏爱皇十子刘彻吗？非也。换了皇二子、皇三子、皇十一子，谁坐在这个太子的位子上，汉景帝都会为他清障。汉景帝是父亲，可他更在乎的角色是皇帝。这就决定了他的庇佑只能给新太子，给不了废太子。终人一生，谁不曾遭遇这样的两难境地？谁又能坦然作出如此冷静的抉择呢？

刘荣已死，汉景帝是否会就此收手？周亚夫不服，窦婴有怨，他们还会有什么动静？从被立为太子到登基做皇帝，九年的跋涉，刘彻又将遭遇怎样的急流险滩呢？

请看：平安太子。

平安太子

七

汉景帝的长子刘荣非常不幸，他被立为太子仅仅四年就被废掉，后来，又因为侵占宗庙之地而被逼自杀。可以说，刘荣的太子当得很不平安。刘彻被立为太子的过程非常艰难，历经五个女人四年的相互角逐（刘彻三岁至七岁）。但是，刘彻被汉景帝立为太子之后，却是出奇地宁静。整整九年（七岁至十六岁）的太子生涯中没有遇到任何风险。同样的身份却有着截然相反的命运，权力斗争的背后究竟隐藏着怎样的玄机呢？

刘彻当太子的九年非常平静，离不开汉景帝为保证大汉政权平稳过渡而采取的两条措施：

首先，除掉皇长子刘荣。

我们在前面讲到了废太子与朝中势力错综复杂的政治关系，分析了汉景帝除掉废太子刘荣的必然性。假如不除掉废太子，那么无疑是在新太子以后的登基之路上预留了一个最具竞争力的对手；同时，果断除掉刘荣也震慑了其他皇子，使他们不敢觊觎太子之位。

其次，除掉重臣周亚夫。

周亚夫这个人物在前面的故事中出场过多次，我们对他已经相当熟悉了。在周亚夫力保废太子刘荣之前，汉景帝一直非常信任和欣赏周亚夫。后来二人因为废太子和保太子交恶，景帝疏远了周亚夫。但是，我们知道，汉景帝深谋远虑，城府极深，不可能因为一次交恶就下狠手除掉周亚夫。这中间到底又发生了些什么？为什么汉景帝一定要除掉周亚夫呢？

汉景帝和周亚夫的关系变化经历了一个复杂的过程。

突访细柳 文帝相惜

周亚夫是荡平诸吕中立功最大的太尉周勃之子。周勃死后，汉文帝让周勃的长子周胜之继承了周勃的爵位。后来，周胜之因为犯法被废。汉文帝选中了周勃的另一个儿子，即当时担任河内郡守的周亚夫，封周亚夫为条侯，作为绛侯周勃的正统继承人。

汉文帝后元六年 (前158)，匈奴大举入侵，文帝派了三位将军分别驻守在京城附近的霸上 (今陕西西安市东)、棘门 (今陕西咸阳市东)、细柳 (今陕西咸阳市西南渭河北岸) 营，防备匈奴闯入京畿地区。文帝为了鼓舞士气，亲自到这三处军营慰问。到了霸上、棘门，主帅都热情地出门迎接，士兵们个个欢欣鼓舞，看着粮草充足、士气高昂，汉文帝悬着的一颗心也就放进了肚子里。

最后，慰问团来到了周亚夫的细柳营。在这里，汉文帝却没有受到像在霸上、棘门那样的列队欢迎。细柳营的士兵们都穿上铠甲，刀出鞘，箭上弦，文帝的先导来到营门却无法进入。先导对把门的将士说："天子马上就要到营门了。"守营门的都尉说："将军有令，军中只知道将军的命令，没有听说天子的命令。"等了一会儿，文帝亲自来到营门跟前，把守营门的都尉仍旧不买账，不放文帝进军营。

于是，文帝只好让使者拿着天子的符节通告将军说："我要进营门慰劳全军将士。"周亚夫这才传令，打开营门，让文帝进入。但是，营门的守卫告诫文帝的随从，将军有令："军营中不能骑马奔走。"于是，文帝的随从都勒着缰绳，让车马缓步前进。到了大帐，周亚夫一身戎装，对文帝说："身着铠甲，请恕我不能下拜，只能以军礼相见。"文帝看见这个场面，大受感动，表达了慰

子胜之代侯。六岁，尚公主，不相中，坐杀人，国除。绝一岁，文帝乃择绛侯勃子贤者河内守亚夫，封为条侯。——《史记·绛侯周勃世家》

问之意。出了周亚夫的细柳营,文帝手下的人都对周亚夫的行为感到震惊,问文帝为什么不惩治周亚夫的无理。文帝感慨地说:"这才是真将军啊!刚才霸上、棘门的军营,简直就是儿戏。那里的将军一遇到偷袭就会大败,而周亚夫的军营谁敢入侵?"一个月后,匈奴退兵。汉文帝立即任命周亚夫为中尉。

这就是著名的细柳营故事。此后,周亚夫大得汉文帝的赏识。后世文人写作,"细柳营"就成了固若金汤的军营的代名词,成为一个著名典故。随手翻开中国文学史,以细柳营为题材的诗篇众多,如唐代胡曾的《细柳营》:"文帝銮舆劳北征,条侯此地整严兵。辕门不峻将军令,今日争知细柳营。"

由于文帝十分器重周亚夫,临终前特意交代景帝:"如果天下有危急,周亚夫可以带兵。"

景帝前元三年(前154),吴楚七国叛乱,天下危急。汉景帝遵照先皇汉文帝的嘱托,于危难时刻任命周亚夫以太尉身份率兵平叛,周亚夫不负重托,三个月打败吴楚叛军,声名大震。

此时的汉景帝对周亚夫非常信任,景帝前

上自劳军。至霸上及棘门军,直驰入,将以下骑送迎。已而之细柳军,军士吏被甲,锐兵刃,彀弓弩,持满。天子先驱至,不得入。先驱曰:『天子且至!』军门都尉曰:『将军令曰"军中闻将军令,不闻天子之诏"。』居无何,上至,又不得入。于是上乃使使持节诏将军:『吾欲入劳军。』亚夫乃传言开壁门。壁门士吏谓从属车骑曰:『将军约,军中不得驱驰。』于是,天子乃按辔徐行。至营,将军亚夫持兵揖曰:『介胄之士不拜,请以军礼见。』天子为动,改容式车。使人称谢:『皇帝敬劳将军。』成礼而去。既出军门,群臣皆惊。文帝曰:『嗟乎,此真将军矣!曩者霸上、棘门军,若儿戏耳,其将固可袭而虏也。至于亚夫,可得而犯邪!』称善者久之。
——《史记·绛侯周勃世家》

孝文且崩时,诫太子曰:『即有缓急,周亚夫真可任将兵。』
——《史记·绛侯周勃世家》

元五年（前152）周亚夫被任命为丞相。这段时间，汉景帝与周亚夫的关系非常之好。

帝心难测　默契不复

但是，周亚夫与汉景帝之间的友好关系并没有持续多久，因为三个事件周亚夫被逐渐疏远。

第一，周亚夫反对废太子刘荣。

景帝前元七年（前150），汉景帝决定废皇长子刘荣的太子之位，身为丞相的周亚夫坚决反对。

汉景帝对周亚夫的反对十分不满。这件事发生后，汉景帝明显疏远了周亚夫。

第二，周亚夫阻止汉景帝违约封侯。

废皇长子刘荣不久，又发生了一件事。

汉景帝的母亲窦太后建议汉景帝封王皇后之兄王信为侯，汉景帝不同意，但是，又不好驳窦太后的面子，便提出要和丞相周亚夫商议。周亚夫在朝议时郑重提出："当年高祖皇帝和大臣们有'白马盟誓'的约定，不是刘姓王室不能封王，没有功劳不能封侯。如果不遵从这一约定，天下人可以共同讨伐他。如今，王信虽然是皇后之兄，但却无功，不符合'白马盟誓'的规定。"听了周亚夫一番义正词严的意见，汉景帝"默然而止"，没有表示反对。

亚夫曰："高皇帝约'非刘氏不得王，非有功不得侯。不如约，天下共击之'。今信虽皇后兄，无功，侯之，非约也。"景帝默然而止。
——《史记·绛侯周勃世家》

085

其实，汉景帝自废太子刘荣以后已经了解了周亚夫耿直的为人，他料定周亚夫会反对封王信为侯。汉景帝之所以提出要和丞相商议，实际上要借丞相之嘴以封太后之口。汉景帝不仅赞同周亚夫不能封没有任何功劳的大舅哥王信为侯的主张，而且还巧妙地利用了周亚夫的丞相地位和丞相意见拒绝了窦太后的建议。但是，汉景帝对周亚夫的固执也不满意，所谓的"默然而止"，既是利用周亚夫的表现，又是不满意周亚夫的表现。可见帝心深似海，实在难测啊！

第三，周亚夫阻止汉景帝封匈奴降将。

景帝朝出了桩振奋国人的大事件：五位匈奴将领投降大汉！这的确是件让大汉王朝八面威风的事。汉景帝非常得意，想封归降的匈奴王徐卢等五人为侯，以鼓励其他匈奴贵族投降汉朝。但是，周亚夫又跳出来唱反调，他坚决反对，据理力争。周亚夫认为："这五位降将是背叛他们的主子投降的，如果我们封这几位降将为侯，今后我们怎么劝勉臣子守节呢？"

汉景帝的态度也很强硬，说："丞相的意见不可取。"于是，封徐卢等人为列侯。周亚夫不满汉景帝的决定，索性抱病在家休息。这次汉景帝是真生气了：抱病不上朝，好，那你干脆以后都别来了。汉景帝中元三年(前147)，景帝以有病为由，罢免了周亚夫的丞相之职。

其后匈奴王徐卢等五人降，景帝欲侯之以劝后。丞相亚夫曰："彼背其主降陛下，陛下侯之，则何以责人臣不守节者乎？"景帝曰："丞相议不可用。"乃悉封徐卢等为列侯。亚夫因谢病。景帝中三年，以病免相。——《史记·绛侯周勃世家》

这次封匈奴降将和上次封皇后的哥哥王信不同，上一次是窦太后要封，皇后王娡也想封，只是出于策略上的考虑王娡没敢说出口。因此，汉景帝要大臣们讨论是否封王信为侯，只是想借朝臣之议封堵窦太后。所以，周亚夫以"白马盟誓"为由公开反对封王信为侯时，汉景帝听了是正中下怀，因此，他才"默然而止"。

这次汉景帝大封匈奴降将一事，汉景帝和周亚夫却是实实在在有着意见上的分歧。造成这种分歧的根本原因是，汉景帝与丞相周亚夫是从不同的角度思考同一问题的。

汉景帝是从策略上看待封匈奴降将为侯，想通过此事，鼓励更多的匈奴将领投降汉朝。这种出于策略考虑的做法确有它的道理。周亚夫是从道德上看待封匈奴降将为侯，是站在巩固统治者根本地位的立场上立论，当然也有他的正确性。二人所说各有其理，只是着眼点不同，各有自己合理的成分，不存在谁对谁错。这是又一次的道德遭遇权力，道德再一次败北。

汉景帝和周亚夫的关系恶化到这种程度是人们始料不及的。既然周亚夫已被解除丞相之职，在家赋闲，汉景帝和周亚夫的紧张关系已经不会影响到汉景帝的朝政了。按说，此事到此已告了结，汉景帝还会忌恨周亚夫吗？周亚夫和新册封的太子刘彻又有什么关系呢？

木强则折　英雄可叹

周亚夫被免相不久，汉景帝在宫中宴请周亚夫，周亚夫心中暗喜，哪有臣下不想与君上搞好关系的？这可是个重修旧好的好机会。周亚夫欣欣然奔赴酒宴，坐在席间一看，汉景帝只为他准备了大块的肉，但是，肉既没有切开，也不给他筷子。周亚夫面对这么一大块肉，无从下嘴，好心情荡然无存：这是搞哪一出啊？难道要我大老远跑来是为了消遣我吗？心中虽然火气直蹿，但是，当下又不便发作。周亚夫只好转过身向主管安排酒宴的官员（尚席）要筷子。汉景帝看见周亚夫很无奈，便笑着说："这难道还不满你的意吗？"周亚夫赶快摘下帽子赔礼请罪。汉景帝满脸不痛快地站起身来，周亚夫看见皇上生气了，便恭恭敬敬地退出来。汉景帝目送着离去的周亚夫，说："这个心怀不满的家伙，决不是日后可以侍奉幼主的人！"

顷之，景帝居禁中，召条侯，赐食。独置大胾，无切肉，又不置箸。条侯心不平，顾谓尚席取箸。景帝视而笑曰：『此不足君所乎？』条侯免冠谢。上起，条侯因趋出。景帝以目送之，曰：『此怏怏者非少主臣也！』——《史记·绛侯周勃世家》

汉景帝的这句话分量极重，因为，汉景帝已将功高盖世的周亚夫与未来即位的少主刘彻联系起来，认为周亚夫不可能辅佐少主。皇帝有了这种想法，周亚夫能躲过人生一劫吗？

这出戏让我们看得云里雾里。汉景帝宴请周亚夫，让周亚夫吃一个大肉块，既不切开，又不给他筷子。这明摆着是为难周亚夫，要看周亚夫作何反应。周亚夫要双筷子吃肉好像也没犯什么错，汉景帝为什么会那么生气呢？汉景帝这么做到底有何深意？

原来，汉景帝是想要借大肉块来试探和警醒周亚夫。

汉景帝是想让周亚夫知难而退，承认自己无能。因为，没有餐具，周亚夫不可能吃掉整块的肉。这种做法，其实是一种暗示——没有我的帮助，再好的肉送到你嘴边，你也吃不到。汉景帝在用"吃肉"这件事，比附周亚夫的"立功"，你凭什么居功自傲？没有我汉景帝的支持，你不可能立下盖世之功。这样的心思举动让只琢磨事不琢磨人的周亚夫怎么能猜得透呢？

处理皇帝与丞相的不同意见是一个非常敏感的问题，皇帝和丞相必须都要有足够的理智和智慧。但是，汉景帝和周亚夫两个人都不具备这一条件。周亚夫认为自己的正确意见被否决而装病不上朝，是一种暗中对抗，也是一种表达不满的方式；汉景帝因为对周亚夫不满而趁机解除他的丞相之职，也是一种暗中对抗，也是表达自己不满的一种方式。皇帝和丞相都只顾表达自己的不满，对抗的最终结果只能是关系的全面崩盘。

至此，帝相失和发展到了极致，汉景帝心中已经酝酿除掉周亚夫，只是在等待时机。没过多久，周亚夫的儿子就给汉景帝提供了可乘之机。

事情缘于周亚夫的儿子向为皇家制造器物的部门购买了五百套盔甲、盾牌，为将来周亚夫过世之后做殉葬用品。在汉代，私人购买铠甲是绝对违法的。周亚夫的儿子对老爹极有孝心，却不懂得体恤下人。运送这五百套盔甲、盾牌是非常辛苦的活儿，但是，周亚夫的儿子又没有向搬运工人如数支付工钱，搞得搬运工们怨声载道，他们知道周亚夫的儿子是非法购买国家的兵器，气愤之下向政府举报周亚夫之子非法购买兵器，企图谋反。这桩案子又株连到周亚夫。

汉景帝得到报告之后，立即将告发周亚夫的揭发信批转给司法部门查办。司法部门派人拿着文书到周亚夫家询问、核实，周亚夫非常生气，坚决拒绝质询，不予回答。汉景帝得知周亚夫拒绝质询后，狂怒不止，破口大骂："我不要核实了！"史书记载汉景帝破口大骂仅此一次，可见，汉景帝的确是极为愤怒。

周亚夫拒绝质询，在汉景帝看来是对他的极度蔑视。于是，汉景帝下令召周亚夫到廷尉（九卿之一，主管审理全国刑事案件，相当于最高法院院长）府受审。廷尉指责周亚夫说："你想造反吗？"周亚夫回答："我买的是殉葬用品啊！怎么能称作是造反呢？"廷尉狡辩说："你即使不在地上造反，也想在地下造反！"周亚夫越是据理力争，主审官对周亚夫越是肆意污辱。当初，周亚夫刚刚听到逮捕他的消息时就不愿受辱而想自杀，他的夫人阻止了他，因此，他才进了廷尉府大牢。

面对这样的法官，周亚夫还能活吗？

果然，一代名将周亚夫不堪受辱，绝食五天，吐血而死。

居无何，条侯子为父买工官尚方甲楯五百被可以葬者。取庸苦之，不予钱。庸知其盗买县官器，怒而上变告子，事连污条侯。书既闻上，上下吏。吏簿责条侯，条侯不对。景帝骂之曰："吾不用也。"召诣廷尉。廷尉责曰："君侯欲反邪？"亚夫曰："臣所买器，乃葬器也，何谓反邪？"吏曰："君侯纵不反地上，即欲反地下耳。"吏侵之益急。初，吏捕条侯，条侯欲自杀，夫人止之，以故不得死，遂入廷尉。因不食五日，呕血而死。

——《史记·绛侯周勃世家》

帝相矛盾　终成祸首

汉景帝是中国历史上的明君，他在位之时被誉为"文景之治"。其实，所谓明君只是说他对国家的治理有贡献，对历史的发展有贡献；就个人而言，好皇帝同样是极端的独裁者，他们同样非常霸道，非常残忍。汉景帝逼杀周亚夫一事，表面上确有为太子刘彻登基清除障碍的意思。联系到汉景帝借郅都之手杀废太子刘荣，人们可以看到一切有可能妨碍到太子继位、称帝的人，汉景帝都要将其清除。

周亚夫是一代名将，有勇有谋，刚正不阿，为巩固汉室基业立下了汗马功劳，最终落得不堪受辱、绝食而死的悲剧，也让我们对历史有更多的思考。

周亚夫的被杀也使我们知道，从古至今，有本事的人分这么几类：

一、只琢磨事不琢磨人的人，这种人为的是干事业。

二、只琢磨人不琢磨事的人，这种人为的是当官。

三、只琢磨钱不琢磨其他的人，这种人为的是发财。

四、既琢磨人又琢磨事的人，这种人能当一把手。

五、既琢磨事又琢磨人还琢磨钱的人，这种人更不得了。

其中这只琢磨事不琢磨人的人，往往都很悲剧，周亚夫就是这类人中的典型。其实，周亚夫在平定吴楚七国之乱时得罪梁孝王刘武已经显示出他是一个只琢磨事的人。周亚夫的平叛计划就是把梁国甩给吴楚叛军，让梁国拖住叛军，以便自己腾出手来切断叛军的粮道。这一计划必然要让梁孝王承担极大的军事风险，必然要得罪梁孝王。梁孝王向周亚夫要援军，周亚夫不给；梁孝王向景帝要援军，汉景帝也想借吴楚叛军之手削弱梁国的实力。所以，汉景帝表面上要求周亚夫出手相援，是因为他清楚周亚夫会抗旨不遵。周亚夫虽然平叛立了大功，也因此得罪了梁孝王，梁孝王非常怨恨周亚夫坐视不救。这件事已经显示：周亚夫是一个只琢磨事而不琢磨人的人，他只顾平叛的大局，至于这样做会引发梁孝王的不满，甚至有可能得罪窦太后，周亚夫一概不管。

周亚夫为了平叛不惜得罪梁孝王刘武和窦太后；为了遵守刘邦的"白马盟誓"，敢于反对窦太后的意见；为了坚持道德上的忠君，反对封匈奴五降将。但是，周亚夫最终被汉景帝所杀。

虽然史书记载了汉景帝为了幼主而逼杀重臣周亚夫，但是，汉景帝逼杀周亚夫的真实原因并不仅仅是为了清除幼主登基道路上的障碍。

其实，这只是汉景帝除掉周亚夫的一个表面原因，根本原因是周亚夫的相权与汉景帝的皇权发生了尖锐冲突。特别是阻止废太子刘荣和阻止封匈奴五降将这两件事，使汉景帝感到非常不痛快。周亚夫的存在让汉景帝不能按照自己的意志去办事。他想废太子，不行；他想封降将，也不行。其实，周亚夫对太子刘彻没有任何威胁！周亚夫的"三阻"（一次阻废、两次阻封）表明他是一位恪守臣道之人。他在位不会威胁少主，何况在景帝朝末期他已经不再任职，他怎么可能再威胁到少主刘彻呢？汉景帝逼杀周亚夫的真正原因是极端独裁的皇权与不肯示弱的相权发生了尖锐的冲突，汉景帝当然不愿让周亚夫继续担任丞相，解除周亚夫的相权正是这一冲突的逻辑归宿。

吕后之时，丞相王陵也曾以"白马盟誓"阻止吕后封诸吕，但是，吕后调王陵为帝太傅削去王陵的相权，并未杀王陵。汉景帝竟以此为杀周亚夫的理由之一，可见，汉景帝为人至少在对待功臣之事上还不如吕后宽容。

经过五个女人的长期角逐，皇十子刘彘终于当上了皇太子。而且，汉景帝在选定了皇太子之后，又借郅都之手除掉了废太子刘荣，借故除掉了功臣周亚夫，为太子刘彻的平安即位奠定了坚实的基础。

卫绾佐之　平安太子

刘彻成为一位平安太子自然少不了汉景帝的支持和长公主、王娡的扶持，但是，有一个人的辅佐功不可没。这个人是谁？他有何德何能保护太子平平安安呢？

他就是刘彻即太子位之后，汉景帝任命的太子太傅（教导太子的官）卫绾。按说能被选为教导太子的老师，怎么说也该是学富五车的读书人吧，可卫绾是什么山身呢？卫绾的起家是因为他驾车的技术一流，被选入宫中。说白了他就是一个高级司机。

汉代宫廷中需要各种人才，卫绾因为车技一流而成为汉文帝的侍从。侍从基本不算个官，但是好就好在整天有机会跟在皇帝的屁股后面，只要有眼色、会办事、会说话就能够得到皇帝的赏识。在封建专制的社会里，能够得到皇帝的赏识，就什么机会都有。

中国历史上不乏通过非正常渠道进身的人，后来做了大官，比如清朝乾隆年间的和珅。和珅是什么出身？和珅不也是通过当乾隆皇帝的侍从火起来的吗？

经过一段时间的升迁，卫绾逐步被汉文帝提拔为中郎将。

卫绾虽然没有什么学问，但是，他的为人很有特点。

首先是谨慎而有城府。

汉景帝当太子的时候，曾经有一次专门邀请文帝身边的人到太子府喝酒，接到邀请的人都去了，只有卫绾称自己有病而没去。去的人也许不会被太子刘启（汉景帝）记起，但是，不去的人肯定会被太子惦记上，因为，毕竟不给面子这件事给太子留下的印象太深刻了。

汉景帝即位之后，一年多对卫绾不闻不问，以示不满。但是，卫绾好像不知道汉景帝的不满，反而更加勤勉地工作。一次汉景帝到皇家林苑去打猎，特意召中郎将卫绾陪坐（参乘）。和皇帝同坐一辆车，在当时是莫大的荣誉。汉景帝问卫绾："你知道为什么让你同乘一车吗？"卫绾回答："我是一个从车夫提拔的中郎将，我确实不知道陛下为什么让我同乘一辆车。"景帝又说："我做太子时曾经有一次请你来喝酒，你为什么不来？"原来汉景帝一直惦记着这事儿呢！卫绉回答:"死罪死罪!那一天我确实病了。"其实,卫绉当年不来喝酒,是害怕汉文帝说他为了自己的前途提前结交太子。汉景帝当然非常明白这一点,现在再次问到这件事,卫绉仍然不说破。但是,汉景帝和卫绉两个人对这件事情彼此都心照不宣。

卫绉这种只猜心事而不说破的处事方式,汉景帝非常欣赏,因为,汉景帝也喜欢用这种处事方式。比如,前文讲到汉景帝请周亚夫吃肉,却既不切开又不给他筷子,目的就是要暗示周亚夫服输。但是,周亚夫偏偏不服输,还要找筷子破解困境,因此,汉景帝大为光火。汉景帝正是以行代言,从不说破。再比如,汉景帝对卫绉不接受邀请耿耿于怀,但是,他又不说破,只是以不理卫绉的方式表达自己的不满。卫绉非常清楚汉景帝为什么这样对待自己,但是,他也不说破,反而更加勤勉地工作。

因此,这一次汉景帝与卫绉在车上的谈话是两个聪明人的一番对话,也可以说是两个处事方式非常接近的人的一种相互欣赏。所以,汉景帝听了卫绉的回答,非常满意,决定赏他一把剑。卫绉回答:"先帝已经赏我六把剑了,我不敢再接受这样的礼物!"汉景帝惊讶地说:"剑很贵重,人们都不断地拿它去交换他物,难道先帝的赐剑你还保存到现在?"卫绉回答:"先皇赐给我的六把剑都在。"于是汉景帝

孝景为太子时,召上左右饮,而绉称病不行。文帝且崩时,属孝景曰:『绉长者,善遇之。』及文帝崩,景帝立,岁余不嚆呵绉,绉自以为谨。景帝幸上林,诏中郎将参乘,还而问曰:『君知所以得参乘乎?』绉曰:『臣从车士幸得以功次迁为中郎将,不自知也。』上问曰:『吾为太子时召君,君不肯来,何也?』对曰:『死罪,实病!』——《史记·万石张叔列传》

派人去卫绾家中察看，发现卫绾家中果然有汉文帝赏赐的六把剑，而且都是从未佩带过的新剑。卫绾这样做当然是对先帝的极大尊敬，汉景帝知道后心里非常高兴，但是，汉景帝什么也没说，对卫绾更加欣赏——又一个只做不说的人。

只做不说是一种处事方式，这种方式的特点是互猜心事。喜欢这种处事方式的人，从不说破。做事、为人，只让对方从自己的言语、行动中去领悟，而不直白地说透。

其次是善待他人。

卫绾手下的郎官有了过错，卫绾大都替他们掩盖起来，而且，卫绾从不和同僚争功。景帝前元三年（前154）平定吴楚七国之乱时，卫绾已经立了功，但是，没有被封侯，不知是汉景帝考验他，还是真的忘了封他。卫绾并没有因为有功没有封侯而闹情绪，一直到汉景帝前元六年（前151），他才被补封为建陵侯。虽然卫绾的封侯比其他功臣晚了三年，但是，因为卫绾的这种不争不抢的处事方式，汉景帝更加欣赏卫绾的忠厚。卫绾的这种做派，使他在下级、同级的官员中具有了良好的口碑声誉，大家都认为卫绾是一位忠厚的长者。

所以，在废太子刘荣、杀栗姬在朝中的亲属时，汉景帝认为卫绾可能不忍心制造这场冤案，就让当

上赐之剑，绾曰：『先帝赐臣剑凡六，剑不敢奉诏。』上曰：『剑，人之所施易，独至今乎？』绾曰：『具在。』上使取六剑，剑尚盛，未尝服也。——《史记·万石张叔列传》

吴楚反，诏绾为将，将河间兵击吴楚有功，拜为中尉。三岁，以军功，孝景前六年中封绾为建陵侯。——《史记·万石张叔列传》

时担任中尉的卫绾回家休假，让酷吏郅都代他任中尉，捕杀栗姬的亲属。等事情了结之后，景帝才召卫绾回来任职。

汉景帝立刘彻为太子后，任命卫绾为太子太傅，负责培养七岁的太子刘彻。后来，卫绾又做了汉景帝在位最后三年的丞相。

如此有城府又处事十分谨慎的卫绾做了太子太傅，刘彻自然少了许多麻烦。由于有卫绾的全力辅佐，刘彻平平安安地度过了九年的太子生涯。

作为太子，刘彻是幸运而平安的。

汉景帝后元三年 ^(前141) 正月，汉景帝病故。二月，太子刘彻即位，他就是汉武帝。这一年，刘彻刚刚十六岁。一朝天子一朝臣，少年天子刘彻如何"不拘一格降人才"？新皇帝上任的"三把火"又是怎么烧起来的呢？

请看：董生对策。

在汉武帝一生的文治武功中。"罢黜百家，独尊儒术"是他最为重要也是对后世影响最大的事件之一。其间的核心人物——董仲舒也因此成为儒家上承孔子、下启朱熹的里程碑式的人物。汉武帝是怎么发现董仲舒的呢？又是什么原因让汉武帝下定决心在千姿百态的诸家学说中采纳董仲舒"罢黜百家，独尊儒术"的主张呢？

董生对策

不鸣则已　一鸣惊人

让我们先从一则小故事说起。董仲舒，广川（今河北枣强县）人。他以研究《春秋》为业，也因为研究《春秋》闻名于世，因而在汉景帝朝就被任命为博士（皇帝的学术顾问）。董仲舒读书非常努力，终日在书房里诵读圣贤书、研究儒学，连续三年不进自己家的后花园一步，故有"三年不窥园"之誉。"三年不窥园"这个典故也被称作"目不窥园"，后来就用它形容一个人专心苦读，心无旁骛。

从这个故事中我们可以看出，董仲舒有着读书人安邦定国的理想追求。《春秋》是中国古代第一部编年体史书，是儒家尊崇的"五经"之一。董仲舒学习的是《公羊春秋》，亦称《春秋公羊传》。《春秋公羊传》以问答形式解经，着重阐释《春秋》的"微言大义"，发挥其中的政治观念和社会理想。

董仲舒是个人才。但是，比人才更重要的是发现人才。汉武帝对于董仲舒来说是伯乐，那么，汉武帝这个伯乐是怎么发现董仲舒的呢？

汉武帝发现董仲舒缘于建元元年（前140）的举贤良方正。

建元元年冬十月，汉武帝即位已进入第二年（实际上汉武帝登基才刚刚九个月），便下诏要求丞相、御史、列侯及其他高级官吏推举贤良方正。

建元元年冬十月，诏丞相、御史、列侯、中二千石、二千石，诸侯相举贤良方正直言极谏之士。——《汉书·武帝纪》

什么叫"贤良方正"？历史上有过推举贤良方正的事例吗？

"贤良方正"，也叫作"贤良文学""贤良"，全称应该叫作"贤良方正直言极谏之士"，简单来说就是敢于对国家的政治得失讲真话、说实话的有才之士。这里特别要注意"直言极谏"四个字，它强调"贤良方正"要敢于对时政提出建议、批评，这是"贤良方正"与其他人才相区别的最主要的标志。

董仲舒在汉景帝朝并没有得到重用，只是一个备顾问的博士。真正让董仲舒一鸣惊人的是汉武帝建元元年的贤良对策。（关于董仲舒贤良对策的时间，《汉书》与《资治通鉴》的记载不同，学界所论多达五说，本文取《资治通鉴》说。）

所谓"贤良对策"是由地方郡县推荐当地学识广博且有贤德之人，由皇帝就当下的国事进行考问对策，从中选拔人才。这项重要举措始于汉文帝，但动静弄大却是在汉武帝一朝。

"贤良对策"要求所有应诏来参加贤良方正选拔的人都要写一份策文，应对皇帝的策问。董仲舒写了著名的"天人三策"，成为中国历史上上继孔子、下启宋代朱熹的儒家大师。所谓"天人"，就是讲"天"与"人"的关系，也就是天道与社会的关系；所谓"三策"，就是指写了三篇应对汉武帝询问的策文。此外要说明的一点是，"对策"不同于现在"办法"的意思，在古代指的是由皇帝提问，考生回答的过程：皇帝一连三次提问，叫作"策问"；考生针对策问作出三次回答，叫作"策文"。并不是每一个考生都有获得皇帝策问的机会，只有最拔尖出色的考生，即"举首"（第一名），才有资格获得皇帝的"特别关注"。

中国古代历史上第一次推举贤良方正是在汉文帝前元二年（前

178)。这一年十一月二十九日、十二月十六日两次出现了日食。

十几天之内出现两次日食，非但是古代，就是现在也是非常罕见的天文现象。

日食在中国古代是一件非常严重的事情。古人认为：太阳主宰着万物生长，是君主的象征，如果君主的行为有过失，上天就会表露出某些征兆对他进行警示。尤其是发生日食，它意味着君主面临亡国的危险，至少君主将要受到伤害。因此，凡是食分较大的日食发生时，就要组织各种仪式进行救助。比如：皇帝要穿上素色衣服，避免去正殿；大臣则要举行各种救助太阳的仪式。救日的目的是救君，或者帮助君主免除灾难，或者帮助君主改过自新。与日食相比，月食的发生虽没有日食那样受重视，但是月亮在古代是皇后的象征，它所发生的变化也不能忽略《晋书·天文志》。

《尚书·胤征》记载了这样一个故事：夏朝仲康时代，负责观察天象的羲和沉湎于喝酒，把自己观测天象的职责抛在了脑后，结果日食发生时，他没有能够及时预报，造成了很大的社会混乱，结果羲和遭到征讨，并因此送了命。可见，观测日食，预报日食，及时采取救助行动，对中国古人来说，太重要了！

因此，汉文帝前元二年（前178）发生第一次日食时，在位的汉文帝就说："天生百姓，所以要设置人君治理百姓。人君治理达不到德政，上天就要降灾示警。如今十一月底出现日食，这是上天的惩罚。我的职责是保护宗庙社稷，天下治理得好与坏，完全在我一人。你们几位重臣是我的左膀右臂，请你们想想我的过失，立即告诉我。同时举荐'贤良方正直言极谏之士'，弥补我的过失。"

汉文帝把发生日食的原因归咎于自己，表现了一种自责精神。这种做法，开启了后世帝王发生重大灾异时下"罪己诏"的先河。

汉文帝第二次举贤良是在文帝前元十五年（前165）。

我们从汉文帝时两次举贤良方正可以知道：汉文帝举贤良方正的目的是消灾避祸。如果贤良方正不能讲真话、讲实话，那就失去了举贤良方正的目的了。

从汉文帝朝开始，推荐贤良方正就成为汉代选拔人才的一种科目，汉文帝朝的推荐贤良方正带有非常明显的临时性，汉文帝首倡此举是为了应对天灾，是一种临时性的举措。但是，这种制度从一开始就具有选拔人才的优势，汉景帝朝极力主张削藩的晁错即是汉文帝第一次举贤良时走进权力中枢的。

董仲舒通过这次选拔，以"举首"的身份走进了汉武帝的视野。

庙堂之策　一拍即合

董仲舒的"天人三策"着实吸引住了正处于

朕闻之：『天生民，为之置君以养治之。人主不德，布政不均，则天示之灾以戒不治。乃十一月晦，日有食之，适见于天，灾孰大焉！朕获保宗庙，以微眇之身托于士民君王之上，天下治乱，在予一人，唯二三执政，犹吾股肱也。朕下不能治育群生，上以累三光之明，其不德大矣。令至，其悉思朕之过失，及知见之所不及，丐以启告朕。及举贤良方正能直言极谏者，以匡朕之不逮。』——《汉书·文帝纪》

诏诸侯王、公卿、郡守举贤良能直言极谏者，上亲策之，傅纳以言，语在《晁错传》。——《汉书·文帝纪》

风华正茂之时的汉武帝的眼球，这套理论究竟包含了哪些内容呢？

第一，新王朝，改旧制。

所谓"新王改制"，就是新建王朝的皇帝即位之后要改变一套仪式。

董仲舒在"天人三策"的第三策中明确提出："改正(zhēng)朔，易服色，以顺天命而已。"《汉书·董仲舒传》

根据董仲舒的讲法，新王改制最重要的内容是"改正朔"和"易服色"。

"改正朔"的"改"是改变，"正朔"指皇帝颁布的新历法。"正"，指正月，它是一年之首；"朔"，指初一，它是一月之初。如中国古六历中夏历以一年的正月(寅)为正，商历以十二月(丑)为正，周历又以十一月(子)为正。

"易服色"，即改变服装、车马和祭牲的颜色。夏朝尚黑，商朝尚白，周朝尚赤，一个朝代有一个朝代崇尚的颜色，新朝建立往往要改变前朝崇尚的颜色。

上述两条从表面上看，都是一种形式。"改正朔"，是改变前朝的历法；"易服色"，是改变前朝崇尚的颜色。

历法和服色的改变和人们的生活有很大关系吗？今天不当星期一过，就当星期二过，反正日子都是过。昨天大家都穿黑色衣服，今天换成白色衣服，反正衣服还是衣服。为什么董仲舒要在这些形式上大做文章呢？

因为董仲舒认为：汉朝代替秦朝这种异姓取代前朝的重大事件，必须在新王即位之后用改正朔、易服色等措施告知天下的百姓，让天下人都知道政权已经更替，让新的君王面对天下百姓。所以，这些看起来是形式的东西实际上非要不可。这些形式的核心是：新朝夺取前朝政权是天意，不是任何人凭借武力和计谋就可以办得到的，因此，新政权是合法的。这套仪式的核心是强调君权神授，非人力所为。这就是董仲舒非常重视的政治原因。

刘邦作为一个基层小官，通过七年的折腾，夺了前朝的政权，建立了自己的新王朝。作为这一重大事件当事人的汉高祖刘邦当初也许不会想那么多，因为他当了皇帝后事多得忙不完，当然顾不上去想。但是，这件大事存在着两大问题：

一、新政权的合法性在哪儿？

二、大家都可以这样做吗？

这两点非常重要。因为夺了别人的天下自己做皇帝，首先有一个合法性的问题。你建立的这个新政权合法吗？天下苍生凭什么要承认你？天下苍生为什么要接受你的统治？这是一个很大的问题。开国皇帝不去想，一是顾不上，二是想不到。老子夺了天下，老子就要坐天下。但是，天下苍生会怎么想呢？特别是天下的文化人会怎么想呢？你怎么才能让人家相信你应该坐天下？所以，新政权的合法性问题非常重要。自己得给自己一个说法，也得给天下苍生一个说法。

其次，你夺了前朝的天下，你当皇帝，我们是不是也可以夺你的天下，我们来当皇帝？这个问题就更大了。这个问题不讲清楚，谁都可以当皇帝，谁都可以造反夺人家的天下，那还了得？所以，第二个问题更重要。

而且，这两个问题还息息相关。

如果你不解决新政权的合法性问题，那么，别人也可以夺你的天下，反正谁夺到手了就是谁的，谁的拳头硬谁就当皇帝。那样一来，天下拼的就是拳头了。这种认识一旦风行，成为社会共识，天下将永无宁日！只有解决了新政权的合法性，你的天下才是天命所授，谁也不敢随便抢夺了。

只有天命所授之人，才能推翻前朝，建立新朝。所以，从这个角度看，董仲舒是借新王改制，给新王朝政权提供一个合法性的依据。

因此，董仲舒强调的这一套是"君权神授"。

君权神授，是为了巩固新生的大汉王朝，防止他人夺权。这当然是汉武帝乐于接受的理论。但是，正如事情都有正反两面一样，强调君权神授也含有另一层意义，就是国君要想保证自己的皇位不被他人所夺，必须遵从天意。否则，一旦违反天意，比如像秦始皇那样实行苛法暴政，胡作非为，上天就会发出警示。如果发出警示后国君仍不思悔过，那么，上天就不再会支持你！这就是董仲舒想利用洪涝、旱灾、地震、日食等灾异变化（上天的警示）来约束国君。承认君权与约束君权是董仲舒"君权神授说"的两个方面。或许董仲舒不会想到，他的这套理论不仅迎合了少年天子刘彻的心意，更是不自觉地构建了中国封建社会治统和道统分立的格局。董仲舒之前，皇帝的权力是大而无边，不受任何约束的。自董仲舒始，皇帝的权力有了"天道"的限制，皇帝的行为也有了"天道"的约束。这就在理论上使得整个社会不再失衡，而处于相对和谐稳定的局面之中。

任何国君对"承认君权"都非常高兴，这是为他自己的统治寻找理论根据！国君没有这个理论水平，董仲舒有这个理论水平，他可以为大汉王朝的正统找到理论根据。

当然，任何国君也都不希望"约束君权"，因为，所有的国君无一不是独裁者。要一个专制独裁者接受约束，自然非常困难，好在董仲舒在"天人三策"写作之时还没有利用"君权神授"约束君权的条件和机会，汉武帝还不知道"君权神授"是一把双刃剑，没有尝到"君权神授"约束国君的滋味！

因此，汉武帝对董仲舒这一套"君权神授"的理论非常感兴趣。这是少年天子刘彻对董仲舒非常欣赏的第一个原因。

第二，大一统，立中国。

公羊派《春秋》最推崇的是"大一统"。所谓"大一统"，就是把"一统"（统一）看得非常重，意味着高度重视天下的统一。刘彻不是一个贪图安逸、一味苟安的皇帝，他有着自己宏大的政治理想和抱负，而董仲舒在这恰当的时候搬出"大一统"理论，这对于在吴楚七国之乱平定后，正着手完善高度专制的中央集权的汉武帝来说同样非常重要。

《春秋》大一统者，天地之常经，古今之通谊也。——《汉书·董仲舒传》

汉武帝一生追求的都是最大限度地完善中央集权，而且，他一生都是在高度的中央集权的体制下完成了北击匈奴、统一中国的大业。

董仲舒是公羊派《春秋》的大师，公羊派《春秋》提倡的"大一统"是汉武帝非常欣赏的理论之一。这也是董仲舒得到汉武帝高度欣赏的原因之一。

第三，立太学，举贤良。

夺取天下，最大的问题是人才；治理天下，最大的问题也是人才。人才在任何时候都是稀缺资源，但是比人才更稀缺的是人才的培养与发现，所以才会有"千里马常有，而伯乐不常有"（韩愈《马说》）的说法。但是，究竟要从哪里发现人才呢？董仲舒提出：中央应当设立国家级的太学来培养人才，地方设立乡学培育人才。

> 古之王者明于此，是故南面而治天下，莫不以教化为大务。立太学以教于国，设庠序以化于邑。
> ——《汉书·董仲舒传》

如果平时不培养人才而光说寻找贤才，那就好像玉不经雕琢而希望它呈现光彩，而培养人才的最高机构应当是太学。太学是贤士聚集的地方，也是实行教化的根本场所。

> 夫不素养士而欲求贤，譬犹不琢玉而求文采也。故养士之大者，莫大乎太学；太学者，贤士之所关也，教化之本原也。
> ——《汉书·董仲舒传》

董仲舒建议设立的太学是中国历史上第一所国立中央大学，对后世产生了极其重要的影响。到了隋代又成立了国子监，既是最高学府，又是教育事业的最高管理机构。

武帝时期，太学只设"五经"（《诗》《书》《易》《礼》《春秋》）博士，并设置博士弟子五十人，西汉末年博士弟子增加到了三千人。可见，太学为汉代培养了大批人才，这是汉代经学繁荣的重要原因。

更为重要的是"设庠序以化于邑"《汉书·董仲舒传》，民间开办了很多学校，也培养了大批人才。

同时，董仲舒建议诸侯、郡守、二千石的高官，每年必须向国家推荐两名人才，并且以此考察大臣的识别能力。如果推举的人才恰当，则要赏；如果推举的人才不当，则要处罚推荐者。这样，天下的诸侯、高官都会尽心尽力地寻求人才。而且这还是杜绝朋党勾结、腐败贪污的有效方法，对推举不当的处罚也使得官员在选贤时有了一定对偏私的顾忌。如果天下的诸侯、高官都能尽心尽力推荐贤才，天下的人才都可以为国家服务，得到如此多的人才，三王的盛世可期，尧舜的美名可得。

臣愚以为使诸列侯、郡守、二千石各择其吏民之贤者，岁贡各二人以给宿卫；且以观大臣之能，所贡贤者有赏，所贡不肖者有罚。夫如是，诸侯、吏二千石皆尽心于求贤，天下之士可得而官使也。遍得天下之贤人，则三王之盛易为，而尧舜之名可及也。——《汉书·董仲舒传》

董仲舒将举贤制度化（岁贡各两人）是又一个重大创举。汉文帝是举贤制的创始人，但是，他一生只搞了两次举贤，根本谈不上制度化。因为只有举贤制度化才能使人才辈出，人才频出。

这种举贤制实际上就是汉代的察举制。

中国古代的人才选拔大体经历了五个阶段：远古社会的选贤任能制，春秋战国时期的世卿世禄制，汉代的察举征辟制，魏晋南北朝的九品中正制，隋代以来实行了一千三百多年的科举制。

董仲舒建议成为定制的举贤制就是汉代的察

举征辟制的主要内容之一。

创建太学、乡学和建立举贤制度，实际上解决的就是人才的培养和选拔问题。

第四，尊儒术，正思想。

董仲舒在"天人三策"的第三策中有一段被今人广泛称为"罢黜百家，独尊儒术"的名言：现在做老师的各持不同的学说，普通人各有各的见解，百家各有各的要旨，互相抵牾，因此国君无法将思想完整地统一起来。如果总是变更法令制度，百姓将不知道要守什么。因此，我认为，凡是不在六经之内，不属于孔子学说的言论，都要杜绝其兴起的根源，不要让它们与儒家争位。这样，奇谈怪论便会熄灭，然后天下便有统一的法令，人们便知道所从了。

统一思想，历来受到统治者的重视，只有思想统一了，百姓才容易管理。秦始皇焚书坑儒的行为，实则是统一思想的一种过激手段。而与之相比，"罢黜百家，独尊儒术"就显得尤为温和，而且更具可操作性。

但是，董仲舒在"天人三策"中并没有将这一意思直接明白地表述为"罢黜百家，独尊儒术"，仅仅是说"诸不在六艺之科、孔子之术者，皆绝其道，勿使并进"。后来班固在《汉书·武帝纪》的赞

今师异道，人异论，百家殊方，指意不同，是以上亡以持一统；法制数变，下不知所守。臣愚以为诸不在六艺之科孔子之术者，皆绝其道，勿使并进。邪辟之说灭息，然后统纪可一而法度可明，民知所从矣。——《汉书·董仲舒传》

语中提出"孝武初立，卓然罢黜百家，表章六经"，但是，班固也只是表彰汉武帝尊儒，而不是称赞董仲舒。到了今人之论，才用"罢黜百家，独尊儒术"概括了汉武帝的尊儒，并将这一政策归功于董仲舒。因此，董仲舒在"天人三策"中"诸不在六艺之科、孔子之术者，皆绝其道，勿使并进"二十个字才被概括为"罢黜百家，独尊儒术"八个字。

董仲舒擅长的是《公羊春秋》，他所推崇的儒学并不是先秦儒学，而是他吸收了道家、阴阳五行家、法家的成分改造成的新儒学。

董仲舒是一个懂得与时俱进的学者，先秦儒学经过他的一番改造，更符合汉代社会的现实需要。因此，董仲舒的新儒学得到了汉武帝的赞赏。

第五，主更化，求发展。

董仲舒在"天人三策"中还提出了一个非常有名而敏感的话题：主张变革。他认为：汉朝得天下后，一直想把国家治理好，但是，却没有治理好，原因在于该变革之时没有变革。这番话汉武帝更是非常喜欢听。之前提到过，汉武帝不是贪图安逸的皇帝，他有着很强的进取心，所以，汉武帝即位以来，最关切的就是变革图强。董仲舒的"天人三策"恰恰在理论上阐明了为什么要变革（更化）和具体实践中该从哪里变革两大问题。这对于变革图强的汉武帝来说无疑是一个巨大的鼓舞。

故汉得天下以来，常欲善治而至今不可善治者，失之于当更化而不更化也。——《汉书·董仲舒传》

上述五条，解决了汉武帝最关心的汉王朝合法性、中央集权、人才培养与选拔、尊儒、变革等五大问题，既迎合了汉武帝的心意，又给汉武帝提供了现成的办法，听着好听，用着好使，汉武帝怎能不对这位"举首"另眼相看呢？

文安天下　儒定乾坤

汉初一直奉行黄老之学，董仲舒却主张"诸不在六艺之科、孔子之术者，皆绝其道，勿使并进"，明确提出要尊儒，这当然要把黄老之学也排除在外了。那么，汉武帝为什么要听命于董仲舒选择的儒家呢？想要颠覆传统需要十足的智慧和过人的胆识，汉武帝和董仲舒都具备这样的素质，那么儒家学说究竟有什么奥妙让这两位能人尊奉推崇呢？

这里主要有两个问题：

首先，法家学说有利有弊。

从客观上看。商鞅变法，李斯兴法，中央集权下的"法治"代替"人治"，使秦朝迅速强大，吞并六国，一统天下。但是，也正是在法家思想的统治下，庞大的秦帝国短短十五年就土崩瓦解，这对汉朝统治者来讲是一件不得了的大事。秦朝太强大了，但是，崩溃得也太快了。历史证明法家治国行不通。

从主观上看。从秦始皇到汉武帝，哪一个皇帝不是独裁专制者？独裁专制者主观上喜欢的都是法家那一套，因为它可以最大限度地满足独裁者的愿望。所以，对历代帝王来说，法家学说是既离不开，又不能独用。离开了它，自己不痛快；独用法家，又会重蹈秦朝灭亡的覆辙——两难！

其次，儒家学说的双重作用。

政治是最现实的需求，汉武帝需要的也是最现实的政治学说。儒家学说对于汉武帝的现实需求来说具有双重作用，它恰好解决了法家的两难问题和汉武帝想用而不敢用法家的尴尬心理。

儒家学说的第一重作用是为汉武帝穷兵黩武披上了一件漂亮的外衣。

汉武帝从元光二年（前133）发动马邑之谋开始，进行了长达四十余年的对匈奴作战。因此，汉武帝在位五十四年中的大多数时间是在对匈奴作战，国家处于战时体制。对维护战时体制最奏效的是法家学说，秦国就是在战时体制下使用法家学说成功地统一了天下。所以，汉武帝最关心的是以高度中央集权的法家思想进行战争动员的同时，采用温和的儒家学说作为一种掩饰，毕竟沿用法家的思想会带来巨大的政治风险，时刻威胁着汉武帝。因此，汉武帝真正关心的是在儒家外衣下进行的对外战争和对内集权。儒家恰恰能够给汉武帝一件漂亮的外衣。

于是，太初四年（前101），汉武帝在颁发的讨伐匈奴的诏书中明确引用了齐襄公复九世之仇的名言。

乃下诏曰：『高皇帝遗朕平城之忧，高后时单于书绝悖逆。昔齐襄公复九世之仇，《春秋》大之。』——《汉书·匈奴传》

《春秋》记载了齐襄公的九世祖因纪侯进谗言被

杀，鲁庄公四年（前690），齐襄公为了报九世之仇而消灭了纪侯。汉武帝的诏书引用了刘邦平城之难和吕后受冒顿（mò dú）单于羞辱的故事，说明他对匈奴作战也是为了复仇。

汉武帝一生中最大的事功就是对匈奴作战。他在对匈奴作战的诏书中明确表达了要报仇的愿望。可见，《春秋》给了汉武帝对匈奴作战一件漂亮的外衣——复仇。汉武帝太需要董仲舒改造的新儒学了！

儒家学说的第二重作用是统一了思想。

汉武帝一生的所作所为不外乎两点：对内追求高度的中央集权，对外追求匈奴的臣服。这两个追求都离不开政治的高度统一，而政治的高度统一又要求思想的高度统一。

那么，用什么思想去统一思想界呢？

秦朝尊奉的法家思想已经随同秦帝国的崩溃不可能成为统一思想界的主导思想；黄老思想是道家思想和法家思想的融合，也不适合作为统一思想界的主导思想。董仲舒的新儒学吸收了阴阳五行家、法家、道家等诸家思想，具有很强的包容性。这种新儒学适应时代的变化，迎合帝王的需求，最适合作为统一思想界的主导思想。因此，董仲舒的新儒学成为汉武帝统一思想界的首选。

董仲舒实现了他安邦定国的人生理想，也实现了他"为天子师"的政治追求，儒学与皇权的联姻，到底给我们带来了什么呢？

一是确立官方思想，强化国家意识。

秦始皇消灭了六国，统一了中国，但是，秦始皇并没有完成统一中国思想的工作。汉武帝采纳了董仲舒独尊儒术的建议，统一了中国的思想。这对于中国这么一个幅员辽阔、民族众多的国家的稳定，发挥了很大的作用。因为自董仲舒尊儒之后，儒家学说就成为中华民族传统文化的核心。不论中华民族在历史的进程中受到何种挫折，以儒家学说为核心的汉文化始终是中华民族的主流文化。正是这个主流文化的存在，使中华民族始终具有巨大的凝聚力，特别是在关乎中华民族的兴亡之时，以儒家思想为核心的中华文化发挥了巨大的作用。

二是提高儒生地位，保障政局安定。

董仲舒建议兴建太学，设立五经博士，传授儒家经典，使儒家思想逐渐成为汉代社会的主流意识；然后通过举贤制度推选精通儒家经典的士人入朝为官，使儒家思想和读经为官相结合，产生了中国封建社会以儒家思想为信仰的文官集团，这对于巩固封建统治作用极大。

中国古代的政治舞台上大致有四种人：一是文官，二是武将，三是外戚，四是宦官。这四种人中，用儒家思想作为信仰的文官执政，政治大多比较清明。因为，这些以儒家思想为信仰的文官，有为人处世的原则，有判断是非的价值体系，他们一般不会把政治搞得一塌糊涂。武将掌权，必然产生藩镇割据，比如唐代的中后期。外戚和宦官是中国古代政治舞台上最黑暗的两股势力，不论谁掌权，大多数情况下，国家政局都会混乱不堪。

从这个意义上来说，董仲舒首倡尊儒、兴办太学，培养了中国一代又一代以儒家思想为信念的文官集团，对中国古代封建政治的影响极为深远。

可是，独尊儒术也带来了很大的负面影响。因为，儒家之外的其他各家在儒家独尊的局面下生存空间相对缩小。独尊儒术成为文化专制主义，禁锢了思想的多元发展，特别是个性的发展。

由于汉武帝对董仲舒的"天人三策"十分满意，便采纳了他兴太学、尊儒术等一系列建议。但是，汉武帝并没有任命董仲舒在中央政府任职，而是任命董仲舒做了汉武帝的哥哥江都王刘非的国相。江都国国都在今江苏省扬州市，这是一个远离政治中心的诸侯国。

至于汉武帝为什么没有任命董仲舒在中央政府任职，我们将在以后的讲述中讨论这个问题，这里暂时不谈。

汉武帝既然要尊儒，就不可能在中央政府的人事安排上一无反映，他将会在中央政府的人事上做出怎样的安排呢？

请看：窦婴为相。

新帝登基，重大的人事变动是少不了的，汉武帝一即位，就迫不及待地起用了两位重量级人物：窦婴为相，田蚡为太尉。窦婴是窦太后的亲侄子，担任过废太子刘荣的太子太傅，曾一度和权臣周亚夫合力反对汉景帝废太子刘荣，可谓是名副其实的反对党。这位景帝朝出了名的"问题功臣"，何以能得到汉武帝如此信任重用，当上汉武帝朝的第二任丞相呢？

〈九〉

窦婴为相

建元元年 (前140) 夏六月，汉武帝朝的第一任丞相卫绾因病被免职。汉武帝起用了魏其侯窦婴接替卫绾担任丞相，武安侯田蚡担任太尉。

窦婴这个景帝朝出了名的"刺儿头"，到底有什么能耐，居然能"秒杀"汉武帝的老师卫绾，一举登上丞相的宝座？

阴差阳错 平步青云

其实，窦婴之所以能得到汉武帝如此的青睐，出任皇帝钦定的丞相，既有偶然的推力也有时势的造就，是由主客观两方面的复杂因素决定的。

第一，田蚡运作。

田蚡是王太后 (王姑) 的母亲臧儿在前夫王仲死后嫁到田家所生的两个儿子之一，因此，他是王太后同母异父的弟弟。武帝即位后，田蚡被封为武安侯。

当年窦婴平定吴楚七国之乱功封魏其侯时，田蚡还只是个普通的皇宫侍从。那时的田蚡对待窦婴像对待长辈一样。汉景帝晚年，由于姐姐王皇后 (王姑) 权势日炽，田蚡的身份也一天天尊贵起来。

田蚡非常有口才，而且还认识一些古文字，因此，他的姐姐王太后非常欣赏他，认为他很有才干。景帝去世、武帝即位之时，协助王太后与刚刚

魏其已为大将军后，方盛，蚡为诸郎，未贵，往来侍酒魏其，跪起如子姓。——《史记·魏其武安侯列传》

蚡辩有口，学《槃盂》诸书，王太后贤之。——《史记·魏其武安侯列传》

登基的武帝控制局面的许多安排都出自田蚡和他手下的幕僚。所以，田蚡深得王太后信任。

武帝即位之后，田蚡便想代替窦婴成为新一代外戚的首领。因此，他极力推荐在家闲居的一些名士，让他们担任要职，培养自己的一派势力。

建元元年^(前140)，丞相卫绾因病免职。据《史记·万石张叔列传》载，建元初，武帝因卫绾没有尽到丞相的责任谴责卫绾，卫绾于是称病被免职。其实，拉下卫绾，为的是腾出丞相之位好任用新人，正所谓一朝天子一朝臣。

田蚡对丞相之位垂涎已久，这次卫绾被免职，他更是摩拳擦掌，跃跃欲试。此时，田蚡手下有一位叫籍福的门客给他发热的脑门儿浇了一盆冷水，他对田蚡说："将军刚刚出道，没有魏其侯那样的名声和威望。假如皇上让你当丞相，你一定要让给魏其侯窦婴；魏其侯窦婴当了丞相，你一定可以当太尉。太尉和丞相的地位相等，你还可以落一个让贤的美名。"田蚡听后，觉得籍福讲得很有道理，自己虽然很希望能在武帝面前一枝独秀，但是这个时候意气用事，可能会坏了大事。经过激烈的思想斗争，田蚡决定采纳籍福的建议。

于是，田蚡向姐姐王太后吐露了心事，聪明过人的王太后立刻将田蚡的想法当作自己的意见告诉了

武安侯新欲用事为相，卑下宾客，进名士家居者贵之，欲以倾魏其诸将相。

——《史记·魏其武安侯列传》

籍福说武安侯曰："魏其贵久矣，天下士素归之。今将军初兴，未如魏其，即上以将军为丞相，必让魏其。魏其为丞相，将军必为太尉。太尉、丞相尊等耳，又有让贤名。"

——《史记·魏其武安侯列传》

汉武帝。汉武帝于是任命窦婴为丞相，田蚡为太尉。

可见，窦婴这次能当上丞相，不全是因为窦婴自己的威望和才干，也是田蚡想当丞相而感到时机不成熟，推举窦婴为相是田蚡自己为相的一个过渡。田蚡的运作是窦婴当上汉武帝任命的第二任丞相的首要因素。

第二，武帝尊儒。

西汉建国之初，刘邦不懂治国，也无暇治国。他当了八年皇帝，直至去世前一年还在平定黥布叛乱。惠帝被"人彘事件"弄得疯疯癫癫，无心治国。吕后至多只有半个心在治国，而且还不懂治国。汉文帝倾向黄老，他的皇后窦猗房更是黄老之学的吹鼓手。到了汉景帝时，思想就已经开始转向了，汉景帝对儒家学说心向往之，只是碍于他的母亲窦太后而不能公开提倡儒学。

儒家是尊奉孔子学说的学派。崇尚"礼乐""仁义"，提倡"忠恕""中庸"，主张"德治""仁政"，重视伦常关系。

黄老，指黄帝与老子，黄老之学是战国时期形成的一种融合道家与法家的学派。

黄老之学，强调君主无为（不兴事功），这对汉初经济的恢复与发展是有利的。对于一个以农业为主的社会来说，君主不兴事功，经济就可能自然而然地得到恢复。但是，经济发展到一定程度之后，君主就不可能再无所作为。因此，黄老之学不适合有野心、有抱负、想要大有作为的汉武帝的需求，显然儒家学说比黄老之学更适合汉武帝的追求。

窦婴和田蚡都是儒家学说的支持者，这一点非常合汉武帝的心意。天子与重臣有共同的信仰追求，协力打造帝国巨轮，于国家的强盛非常有利。这是汉武帝任用窦婴为丞相、田蚡为太尉的重要原因之一。

第三，相才匮乏。

丞相在秦汉两朝位高权重，是中央政府中最重要的官员。良相难觅，谁堪任帝国股肱？

高祖刘邦临终之际，吕后什么也不问，唯独询问丞相的人选，可见丞相的地位有多重要。

汉初丞相由萧何、曹参、王陵、陈平、审食其、周勃、灌婴等相继担任。其中，除了审食其是吕后的幸臣，其余都是汉初的功臣。可见，拜功臣为丞相是西汉建国就开始的传统，也由此产生了一系列问题。所幸的是汉初功臣并不都是一个年龄段的，有长有少，可以顺次相承。但是，随着时间的推移，功臣一个接着一个地下世。萧何死于惠帝二年（前193），曹参死于惠帝六年（前189），王陵死于高后七年（前181），陈平死于文帝前元二年（前179）十月（当时沿用秦历，十月为一年之首），灌婴死于文帝前元四年（前176），周勃死于文帝前元十一年（前169）。这些功臣相继去世后，终于到了青黄不接的时候。谁来继任丞相成了一个非常现实的问题。

灌婴是汉初著名功臣中最后一位当丞相的人。汉文帝前元四年丞相灌婴去世，汉初著名功臣出任丞相已经成为历史。虽然此时周勃还健在，但是，文帝早已对他存有戒心，不可能再起用他。有名的大功臣都死光了，但是，还有一些参加过消灭项羽、平定汉初异姓诸侯王叛乱的小功臣，如张苍、申屠嘉。

张苍在楚汉战争中跟随韩信，立过战功，也参加过汉初平定异姓诸侯王的战争，担任过诸侯国的国相，后来逐渐得到提拔，才成为文帝朝的丞相。

申屠嘉曾追随刘邦消灭项羽，也曾参加过平定黥布叛乱。但是，他的军功太小，地位太低，谈不上是汉初功臣，只是在众多功臣相继过世的情况下，才显出他来了，让他当丞相实在也是人才接不上茬儿下皇帝的权宜之策。

而高帝时大臣又皆多死，余见无可者，乃以御史大夫嘉为丞相。——《史记·张丞相列传》

按这样排队，大汉的丞相岂不是成了"九斤老太"口中的"一代不如一代"？

到了景帝朝，连小功臣也几乎没有了，只有文帝朝延续下来的丞相申屠嘉。汉景帝自己任命的四任丞相陶青、周亚夫、刘舍、卫绾，周亚夫是功臣周勃之子，刘舍是功臣刘襄之子，他们两人是功臣之后。可见，汉初功臣出任丞相是几任皇帝的共识；功臣去世之后，功臣之子也成了丞相人选。但是，陶青和卫绾，他们既和灭秦、灭项战争毫无关系，又不是功臣的后代。

由此可见，在开国功臣时代过去之后，汉朝中央政府面临着一个选谁当丞相的大课题。这个课题的出现并不是偶然的，它有着诸多的历史因素。

高祖刘邦在位八年就忙着两件事：一是平定异姓

诸侯王的叛乱，二是安抚他的后宫。吕后与戚夫人争风吃醋，连带着刘盈与刘如意的争储夺嫡，国事家事搅得刘邦焦头烂额，根本无暇治国。高祖过世后，吕后开始疯狂地报复，搞出"人彘事件"。惠帝刘盈本就个性懦弱，被他老娘这么一吓几乎精神崩溃，根本不理朝政。吕后只顾削弱刘氏，壮大吕氏，防范功臣派、皇族派夺权，不可能再专心治国。文帝"白捡"了一个皇帝，经历了吕氏的腥风血雨，想让百姓跟着自己过几天舒坦日子，至多是宽刑薄赋，废除苛法，也无甚雄心拟定人才选拔方案。景帝抱负倒是不小，倒霉的是碰上了吴楚七国叛乱，被折腾得根本顾不上选贤任能。可以说，在武帝即位前，囿于主客观条件的制约，汉初几任皇帝还没有来得及为这个庞大而高度集权的帝国安装一个治国的"软件"。

秦朝暴虐无道，二世而亡，只建立了一个统一的中央集权制的国家，并没有一整套行之有效的管理方略。汉初六十余年，只是建立了一个类似于秦朝的中央集权的国家，也没有摸索出一整套管理国家的模式。汉武帝接受的正是这么一份政治遗产——一个只有硬件而无软件的帝国。

武帝时期是继高祖时代之后又一个人才辈出的时期，然而，武帝即位之初，还没有开辟出宽广的选拔人才之路，他所面对的仍然是百废待兴而人才匮乏的现状。因此，在罢黜卫绾之后，汉武帝只能在他熟知的外戚之中去选择丞相人选。窦婴和田蚡正好符合此时汉武帝身边的人才选拔现状，所以，窦婴为相正是这一背景下的必然选择。

耿直任性　谁与评说

如此看来，窦婴能坐上武帝朝第二任丞相的位置，完全是沾了他外戚身份的光。窦婴在景帝和武帝两朝历经起落，是不是说明他没有真才实学，全靠他姑姑窦太后这棵大树混了个一官半职呢？汉武帝任用窦婴做丞相到底是选贤任能还是任人唯亲？我们来看一看窦婴其人。

窦婴成为汉武帝即位之后的第二任丞相，除了上述三点客观原因，还有他自身的主观因素。

那么，窦婴到底是一个什么样的人呢？我们在前文中已经三次提到窦婴。

第一次，谏止汉景帝传位梁孝王。

我们前面详细地讲过在景帝前元三年 (前154) 窦太后举行的家宴上，窦婴直言劝谏汉景帝的"失言"。窦婴是窦太后的侄子，他能参加这次小型而高规格的家宴，说明他在窦太后、汉景帝的心目中是有地位、有身份的一位外戚。但是，窦婴的直言进谏，大大得罪了窦太后。汉景帝并没有处罚窦婴，处罚窦婴的恰恰是他的姑姑窦太后。

这次事件最能体现窦婴的性格特征：

第一，耿直。窦婴生性耿直，虽然他的外戚身份靠的是窦太后，但是他并不为了保住自己的官位而逢迎窦太后，他说话做事自有他的一套价值标准，即必须符合朝廷的祖制。因此，窦婴完全不顾窦太后的喜怒，该纠正汉景帝的"失言"时就纠正。他也应当属于我们前面讲过的那种只琢磨事不琢磨人的人。

第二，任性。窦婴敢于纠正汉景帝的"失言"表现了他的正直，但是，他对窦太后恼怒自己、对自己官位较低十分不满，以有病为由辞官，则表现了他任性而为的一面。这对于一个在封建帝制之下任职的人来说，显然是大忌。封建专制政体下最通行、最正常的是下级官员对上级官员的毕恭毕敬，唯上是从；最忌下级官员任性而为，这会被上级看作是不听话、不成熟。

第三，不懂权术。汉景帝传位梁孝王的"失言"纯粹是戏言，完全是言不由衷，充其量只是一种政治权术。汉景帝听完窦婴的责备丝毫没有恼怒，也没有处罚窦婴。这从反面说明汉景帝的确是一时戏言，可惜窦婴并不懂得汉景帝的戏言，反以为是汉景帝"失言"。误以"戏言"为"失言"恰恰说明了窦婴完全不懂政治权术，他远没有汉景帝那么深的城府。汉景帝是该哄的时候哄，该骗的时候骗，该办的时候一切按既定方针办。这样既让自己过得舒坦，又把大权揽在怀里，这是汉景帝为人处世的艺术。耿直的窦婴不懂这么多弯弯绕。

第二次，平定吴楚七国之乱。

家宴风波过了没有几个月，汉景帝前元三年 (前154) 春，吴楚七国叛乱爆发。

吴楚七国叛乱爆发之初，汉景帝非常恐慌，开始他企图以杀晁错来平息叛乱，结果杀了晁错也没有平息叛乱，这才促使他决定武力平叛。

面对吴楚叛军咄咄逼人的气势，汉景帝任用其父汉文帝临终特意交代的周亚夫为太尉，主持平定吴楚叛军。同时，他考察了刘姓宗室和窦氏外戚中所有的人，没有一个人能够赶得上窦婴的才华。所以，他紧急召见窦婴，希望窦婴出山帮助朝廷平叛。

窦婴被窦太后剥夺了出入宫门的资格之后，一直耿耿于怀：平时连宫门都不让我进，现在出事了，又想到我了，我不干。由于窦婴心理不平衡，便以有病为由，坚决拒绝带兵平叛。窦太后得知窦婴拒绝出山平叛，也感到自己不让窦婴出入宫门这件事做得太过分，也非常惭愧。

汉景帝知道窦婴的心思，便对窦婴说："天下正处在危难关头，你是皇亲国戚，怎么能袖手旁观呢？"窦婴这才答应挂帅平叛。汉景帝任命他为大将军，驻守荥阳，负责监督攻打齐、赵等国的叛军。

窦婴得到任命后，做了两件事：

一是推荐了袁盎、栾布等在家赋闲的名士名将。

二是将汉景帝赏给他的千金全部放在大将军府的廊檐之下，任凭接受军令的将军们根据需要取用，没有一金中饱私囊。

这是窦婴一生中最值得大书特书的一件事。这件事说明：

第一，窦婴是景帝朝刘姓宗室和窦氏外戚中的杰出人才。

汉景帝面临吴楚七国咄咄逼人的叛军，除了重

吴楚反，上察宗室诸窦毋如窦婴贤，乃召婴。婴入见，固辞谢病不足任。太后亦惭。于是上曰："天下方有急，王孙宁可以让邪？"

——《史记·魏其武安侯列传》

所赐金，陈之廊庑下，军吏过，辄令财取为用，金无入家者。

——《史记·魏其武安侯列传》

用周亚夫，他还需要刘姓宗室和窦氏外戚中有人出来为国分忧。但是，平时围在汉景帝身边的宗室外戚，关键时刻都派不上用场，只有窦婴堪当大任。而且，窦婴接受任命之后，全身心扑在军国大事上，不负朝廷重托，出色地完成平叛重任。看来，窦婴绝不是依附他姑姑窦太后上位的酒囊饭袋，而当真是堪当大任的可造之材，是外戚中的"战斗机"。

第二，窦婴廉洁奉公。

窦婴因接受汉景帝任命坐镇荥阳指挥攻打齐、赵叛军的重任，受到汉景帝的重赏。非常难能可贵的是窦婴竟然将所有赏赐他的金子全部用于军费，没有一丝一毫中饱私囊。这说明汉景帝没有看错人，窦婴的确是一位廉洁奉公的将领。

第三，窦婴任性。

唯一令人遗憾的是这件事再次暴露了窦婴性格中一个致命的弱点——任性。吴楚七国叛乱爆发时，国家需要窦婴担当重任。窦婴一开始拒绝为国出力，再次暴露了他任性而为的性格弱点。

第三次，坚决反对废栗太子。

景帝前元四年 (前153) 立皇长子刘荣为太子时，特意挑选在平定吴楚七国之乱立下殊功的窦婴为太子太傅，这说明汉景帝对窦婴十分器重。汉景帝废皇长子刘荣是五个女人共同作用的结果，也是他自己多番考察深思熟虑之后的结果。但是，这个结果遭到了窦婴的极力反对。窦婴身为太子太傅，在太子被废之时极力反对是正常的，如果此时太子太傅窦婴保持沉默，反倒不正常。但是，刘荣被废之后，窦婴又以有病为由几个月不上朝，以示不满。这同样表现了窦婴的任性。

皇长子被废，窦婴不能不反对，但是，反对无效之后窦婴应当无条件地接受这一现实，面对这一现实。毕竟在中央集权的帝国政治中，皇帝废立太子是大臣无法阻止的事。可是，窦婴却因为汉景帝不采纳他的意见而和汉景帝斗气不上朝——窦婴在政治上的幼稚暴露无遗。废立太子岂能是一位太子太傅决定得了的事？历代封建帝王都是家天下的统治者，他们认为传位给哪个儿子是他们自家的事，大臣们岂能左右这个局面？

窦婴手下的门客看见窦婴又赌气不上朝，都劝他不该这样做，但是，怎么劝窦婴都不肯听。后来，一位叫高遂的门客劝窦婴说："谁能够让你富贵？是皇上。谁与将军感情最亲？是太后。如今太子被废，将军没能保护好太子。劝谏失败，你又不能死节。自称有病不上朝，拥美女而闲居。如果把皇上废太子和你赌气不上朝放在一起来看，那等于是你在向世人表白你做得对、皇上做得不对。假如皇上、太后因为这件事都对你不满，恐怕你们全家都难以保全啊！"

高遂一番分析，如醍醐灌顶，窦婴大为清醒，他赶快离开隐居地回朝。汉景帝对此没有任何明显反应，似乎一切都过去了。其实，汉景帝心中对窦婴以有病为由不上朝非常不满。但是，汉景帝是一个只做不说、极有城府的人，他没有做出任何明显的反应，而内心里已经留下了极为不满的种子。

不久，发生了日食。中国古人一向敬畏天，日食也一直被看成是上天的一种警示，而且，这种警示是冲着皇帝来的。但是，皇帝不能因为上天的警示而辞职，那么，需要有人代替皇帝受罚，这个人一般都是丞相。

所以，此时担任丞相的桃侯刘舍成了替罪羊，被免了丞相之职。

丞相之位是人臣之极，百官之中没有比丞相更高的官了。既然刘舍因为日食被免职，那么谁来接替桃侯就成了一件引人关注的事。此时窦太后极力推荐窦婴担任丞相，但是，汉景帝却认为窦婴为人不稳重，喜欢意气用事，不用窦婴而任用了建陵侯卫绾担任丞相。

窦太后数言魏其侯。孝景帝曰：『太后岂以为臣有爱，不相魏其？魏其者，沾沾自喜耳，多易。难以为相，持重。』遂不用。——《史记·魏其武安侯列传》

从上述三件事可以看出，窦婴的官声很好，而且很有才干，这是窦婴能够胜任丞相之职的两个基本条件。

在汉景帝朝平定吴楚七国之乱中立下大功却没有被任用为丞相的窦婴，在汉武帝即位的当年就当上了丞相。虽然这是主客观因素共同作用的结果，但是，毕竟窦婴位居人臣之极，登上了权力的巅峰，走上他人生的最高点。

窦婴是窦太后的侄子，田蚡是王太后的弟弟，窦太后与王太后又是婆媳，因此，窦婴和田蚡是两代外戚，而且田蚡时时刻刻都想取窦婴而代之。但是，窦婴与田蚡还有一个共同点，就是尊奉儒家。两代外戚都是儒家学说的拥护者，两人分别当上了武帝朝的丞相和太尉，手握重权，自然一上台就开始大展拳脚，协力推尊儒家。

他们推荐赵绾担任御史大夫 (副丞相)、王臧任郎中令 (侍卫总长，九卿之一)。王臧、赵绾又是同学，他俩都是鲁地《诗》学大师申公的学生。于是，王臧、赵绾又推荐了自己的恩师申公，汉武帝亲自派人带着礼品专车前往迎接申公。此时申公已经八十多岁，汉武帝见到申公就问天下的"治乱之事"：天下为什么会"乱"？怎样才能达到天下大"治"？可见，汉武帝尊儒有着非常明确的现实目的，就是要实现天下大治。可惜的是，这位名声极大的申公竟然回答说："治理天下不在于说什么，而在于你做什么。"汉武帝没有得到他所期待的回答，而人又是自己请来的，只好任命申公担任太中大夫 (顾问官)，安顿在鲁国设于京城的官邸之中。

在以窦婴为首的诸位尊儒大臣的协助下，汉武帝积极准备改革制度，大张旗鼓地推行儒家的治国方略。

但是，我们知道，汉初以来一直以黄老治国，汉武帝一即位就大张旗鼓地高举儒家大旗，窦婴积极追随汉武帝推行新政，如此大刀阔斧地改革，会不会遇到什么阻力？他们又该如何应对呢？

请看：太后干政。

天子使使束帛加璧安车驷马迎申公。——《史记·儒林列传》

对曰："为治者不在多言，顾力行何如耳。"是时天子方好文词。见申公对，默然。然已招致，则以为太中大夫，舍鲁邸，议明堂事。——《史记·儒林列传》

西汉中期，汉武帝刘彻采用董仲舒"罢黜百家，独尊儒术"的主张，大兴儒学，力图在政治领域和思想领域来一次"彻"头"彻"尾的大改革。然而以窦太后为代表的宫廷旧贵族，长久以来信奉黄老之学，"无为而治"的政治思想在老一代宫廷权贵心里根深蒂固。于是新朝局和旧贵族，少年天子和资深太后，上演了一出轰轰烈烈的儒道之争。在这场宫廷大战中，是谁春风得意，又会是谁黯然神伤呢？

十

太后干政

　　意气风发的汉武帝为了实现强国之梦，一登基就开始大刀阔斧地改革弊政，推行新政，史学家称这段时间的改革为"建元新政"。正当汉武帝夙兴夜寐地描绘他宏伟蓝图的时候，东宫的窦太后已经愤怒到了极点。太后生气了，后果很严重。汉武帝的建元新政究竟有些什么内容？为什么汉武帝的建元新政会引起窦太后的强烈不满呢？这场祖孙之间的"战斗"最终结果如何呢？

新政之火　旧宠燃眉

　　汉武帝推行的新政主要包括两个方面的内容：

　　第一，兴儒学。

　　第二，除弊政。

　　兴儒学，笔者在"董生对策"已讲过。

　　除弊政。汉武帝即位之初的革除弊政，包括三项主要内容：

　　一是令列侯就国。汉代封侯一般是将一个县封给一个人（县侯），并以县名来命名爵名。比如：皇帝把昌平封给你，你就是昌平侯；把顺义封给你，你就是顺义侯。按理说既然得了爵位，拿了封地，就要赶紧地谢主隆恩，然后到各自的那一亩三分地上去走马上任，镇守一方。但是，汉武帝时期的封侯之人都愿意待在京城而不愿到自己的封国去。大有一种皇帝你该封封，我该谢恩谢恩，办事员你该宣旨宣旨，程序过场一完，我该干吗干吗的态势。要我走？不管你走不走，我反正是不走了。列侯恋京，这是为什么呢？

原因有三个：第一，待遇差别。封国与京城的经济发展有较大差距，生活水平差别实在是太大了。第二，陪伴娇妻。汉武帝时期的诸侯大多娶公主为妻（尚主），公主都不愿意到偏远的封国去而愿意留在京城，这样至少可以长期见到亲人。第三，奔走前途。京城是政治中心，留在政治中心有助于列侯进入权力中枢。西汉的丞相多以列侯充当，封了侯，就具备了当丞相的资格。如果远离京城这个政治中心，到偏远的封国去，山高皇帝远，谁还能记起你来？

二是除关。所谓除关，就是废除通过函谷关的关禁。汉初沿用秦法，出入函谷关要有专用的文书，目的是防止自由出入函谷关可能给京城带来的治安问题。新朝气象，政通人和，天子圣明，国泰民安，哪里还会有治安问题呢？所以，除去关禁，为的是显示天下太平，出入函谷关不须严加防范。

三是整顿宗亲。汉武帝要发扬"宗亲犯法，与百姓同罪"的精神，彻查宗亲的违法行为。"举适诸窦、宗室毋节行者，除其属籍。"《史记·魏其武安侯列传》"诸窦"是指窦太后的亲属，"宗室"是指刘姓宗亲，查处皇亲国戚中利用自己的特殊身份为非作歹者，除去他们的身份。

我们看看汉武帝即位之初革除弊政的三条内容，只有第二条"除关"没有明显触及权贵的利益，目的是彰显天下太平。第一条"列侯就国"和第三条"整顿宗亲"，矛头都是直指皇亲国戚这一既得利益集团。

因此，汉武帝建元新政的除弊政，主要内容都触犯了皇亲国戚的利益。列侯们的好日子过到头了，政治投机的愿望也破灭了，狐假虎威的皇室宗亲们也不能大摇大摆地招摇过市了。新政让他们这些习惯安逸享乐的纨绔子弟以后的日子怎么过呢？世界上最痛苦的事不是让人一无所有，而是先给你锦衣玉食，再让你眼睁睁地看着被夺走这一切。"痛苦的"皇亲国戚们，开始着急了。

太后震怒　新政夭亡

反对汉武帝新政的皇亲国戚，天天跑到窦太后处去告状。窦太后纵然是很喜欢自己的孙子，也很希望看到自己的孙子有一番作为，但再好的脾气也禁不住每天宗亲们走马灯似的跑到她身边发牢骚，更何况窦太后不光疼孙子，也亲女儿女婿，护外甥侄子，手心手背都是肉，于是，她对汉武帝的新政也一天天感到不耐烦。也就在此时，急于帮武帝集权的御史大夫赵绾向皇帝建议："今后朝中大事是不是不用再向东宫汇报了？"东宫指的就是窦太后。正是赵绾的这次建议，将汉武帝的新政之火引向了堆满火药桶的东宫，终于点燃了窦太后之怒。

窦太后的愤怒主要有两点：

一是黄老与儒学之争。

二是掌权与交权之争。

先谈第一点。

窦太后是汉初尊奉黄老之学的旗手，因为她尊奉黄老之学，连汉景帝、太子刘彻、窦氏宗族都不得不读黄老之书。

早在汉景帝朝就曾经因为黄老之学与儒学之争，窦太后差一点杀了齐国儒生辕固生。辕固生是齐国人，汉景帝时因精通《诗》（《诗经》）被任命为诗博士。有一次，辕固生和一位黄生在汉景帝面前争论"汤武革命"（商汤消灭夏桀和周武王取代商纣王）是受命于天（秉承天的意旨）还是以臣弑君。这场争论的核心是汤武革命到底是不是具有合法性。

黄生认为："商汤取代夏桀、周武王取代商纣王不是受命于天，而是以臣弑君。"

辕固生认为："夏桀和商纣暴虐，扰乱天下，天下人都归心商汤和周武王。因此，商汤和周武王是顺应天下民心而诛杀桀、纣这两个暴君的。桀、纣手下的百姓不愿为桀、纣出力而归心于商汤和周武王，商汤和周武王是不得已而做了天子，这不是受命于天是什么呢？"

黄生反驳说："帽子即使旧了，也一定要戴在头上；鞋子再新，也一定要穿在脚上；如果把鞋子当帽子，就会闹出笑话。这是为什么呢？这是因为帽子与鞋子有上下之分。如今夏桀与商纣王虽然是失道之君，但是，他们毕竟还是在上位的君王！商汤与周武王即使是圣人，也是在下位的臣子。身

窦太后好黄帝、老子言，帝及太子诸窦不得不读黄帝、老子，尊其术。——《史记·外戚世家》

黄生曰："汤武非受命，乃弑也。"——《史记·儒林列传》

夫桀纣虐乱，天下之心皆归汤武，汤武与天下之心而诛桀纣，桀纣之民不为之使而归汤武，汤武不得已而立，非受命为何？——《史记·儒林列传》

为臣子，不能匡正君王的过失而尊奉天子，反而因为君王有过失而诛杀君王，代替君王面南为君，这不是以臣弑君是什么？"

黄生的陈词看似合情合理、无懈可击，但是他忽略了最不该忽略的一点：权力斗争中理论往往是脱离实际的。辕固生果然抓住要害，掉转话锋，直击黄生命门，将理论探讨与现实政治结合起来，质问黄生："如果照你这么说，高祖皇帝代替秦王登上天子之位，是对还是错呢？"辕固生一语中的，刘邦当年只是"鞋子"，秦二世和秦王子婴才是"帽子"，那不也是摘下了帽子，把鞋子顶头上去了吗？如果说汤武是大逆不道的以臣弑君，那么刘邦坐上龙椅，同样难逃"大逆不道"的罪名了。

汉景帝一看辕固生将单纯的学术争论转到了现实政治，而且，这个问题令黄生很难自圆其说，赶快打断两个人的争论，说："吃马肉不吃马肝不算没有吃过好东西，学者们讨论问题不要再辩论商汤和周武王是不是受命为王。"

从此之后，汉景帝朝的文人们没有人再敢讨论汤武称王是受命于天，还是以臣弑君。

为什么黄生和辕固生的分歧如此之大呢？

黄生否认汤武革命的合法性，是为了反对臣子篡位，维护政权不被臣下篡夺。因此，从黄生的

冠虽敝，必加于首；履虽新，必关于足。何者，上下之分也。今桀纣虽失道，然君上也；汤武虽圣，臣下也。夫主有失行，臣下不能正言匡过以尊天子，反因过而诛之，代立践南面，非弑而何也？——《史记·儒林列传》

必若所云，是高帝代秦即天子之位，非邪？——《史记·儒林列传》

出发点来看，是为了维护汉朝政权不再受到颠覆。所以，黄生举例说，帽子、鞋子各有分工，帽子再旧也得戴在头上，鞋子再新也得穿在脚上；君主再有过错也是君主，臣子再有才干也是臣子，君臣之位绝对不能互易。从这一论点出发，黄生坚持认为：商汤取代夏桀和周武王取代商纣都是以臣弑君，是不合法的。

黄生的出发点虽然在于维护汉朝的封建统治，但是，黄生的结论忽略了一个重要问题：新君取代旧朝的合法性，因为汉高祖刘邦就是在取代秦朝的基础上建立起新王朝的。

黄生的这一疏忽刚好被主张汤武革命应天顺人的辕固生抓住了。辕固生以传授《诗经》出名，他是汉初著名的儒家学者。商汤和周武王都是儒家推崇的圣人，汤武革命，建立新朝，历来被视为是天命所授。在以辕固生为代表的儒家看来，汤武革命，取代前朝的合法性就在于他们顺应了民心，民心所向就是新政权的合法性所在。

辕固生抓住黄生君臣绝对不能换位的观点，提出汉高祖取代秦王是不是合法这一问题。辕固生的这一反击非常有力，因为，他抓住了黄生观点的一大漏洞，并将理论探讨与现实政治相联系。黄生显然无法自圆其说，汉景帝也不想让这场理论探讨闹得更大，便以搁置争议的办法，借助于皇权的政治力量中止了这场讨论。

汉景帝中止争论是保护谁呢？有人说，保护黄生；有人说，保护辕固生。其实，汉景帝因为深知窦太后信奉黄老之学，生怕黄生和辕固生卷入黄老与儒学的冲突，阻止这场辩论更多地是为了保护辕固生。学术争鸣一旦涉及政治，就显得尤为敏感。再加上争论过程中动辄引经据典，请出祖辈事迹作论据，搞不好就会有中伤先帝、诋毁宗庙的嫌疑，那时恐怕脑袋就要和脖子道一声再见了。类似的事，史不绝书。

但是，汉景帝搁置争议的做法并没有保护得了辕固生，因为，辕固生对儒学的称颂不遗余力，影响非常大，不可能不传到窦太后那儿。

果然，没多久，窦太后召见辕固生，问他《老子》是一部什么书。辕固生毫不犹豫地回答："这是老百姓爱读的书。"窦太后一听，勃然大怒，反问辕固生："这书怎能比得上法官管制囚犯的书呢？"窦太后这实际上是说儒家经典是囚犯读的书（黄老之学主张无为而治，认为儒家学说过于严苛，像刑法一样不近人情）。

此是家人言耳。
——《史记·儒林列传》

安得司空城旦书乎？
——《史记·儒林列传》

窦太后的大怒有两个重要原因：

一是窦太后认为辕固生在诋毁《老子》。

二是窦太后认为辕固生讽刺她出身低微（窦太后出身低微，她的弟弟窦少君因家贫而被卖掉，前后辗转卖了十几家，后来才和窦太后相认）。

盛怒之下的窦太后立即做了一件足以让同时代欧洲人汗颜的事，她将辕固生扔进野猪圈，让辕固生客串角斗士捕杀野猪。当罗马贵族还天真地以为是他们独创了人兽竞技的时候，却不知道他们玩的竟是早于他们二百多年的汉朝玩剩下的把戏。汉景帝知道窦太后大怒，但也知道辕固生直言回答并没有过错，于是，他给了在野猪圈中的辕固生一把锋利的兵器，辕固生挥手一剑，刚好刺中野猪的心脏，于是，野猪应声倒地。窦太后虽然知道汉景帝帮助辕固生杀了野猪，但是，也不好再加罪辕固生，只好作罢。

从这件事可以看出，窦太后是多么霸道而顽固地坚守黄老之学。思想斗争也是权力斗争的一部分，为了维护思想的统治，刀光剑影在所难免，必要时甚至还能借"猪"杀人。

当然，辕固生没有因为排斥黄老之学而被杀，主要是有汉景帝的保护。汉景帝认为辕固生为人正直，这件事后，任命他担任了清河王的太傅(教导诸侯王的官)。实际上是让他离开京城，免得再遭遇什么意外事件。

再谈第二点。

窦太后不喜欢汉武帝新政的第二个重要原因是为了维护自己的统治地位，即对皇权的控制。

窦太后作为汉武帝的祖母，本来就有着很强的权力欲，建元二年冬十月，御史大夫赵绾向汉武帝建议："今后朝政不要再向太皇太后报告。"实质上是要剥夺窦太后对皇权的控制。

赵绾为什么要提出这一建议呢？主要有两点：

一是想让汉武帝独掌皇权，以便放开手脚大干一场。

二是低估了窦太后的能量，误以为窦太后不会出手干政。

乃使入圈刺豕。景帝知太后怒而固直言无罪，乃假固利兵，下圈刺豕，正中其心，一刺，豕应手而倒。太后默然。无以复罪，罢之。——《史记·儒林列传》

建元元年以来，兴儒学，除弊政，做了大量工作。虽然窦太后非常不满，但是，窦太后还没有直接出手打击新政，这就使得赵绾等人错误地估计了窦太后的能量。所以，建元二年，赵绾直接建议全面剥夺窦太后的干政权。

汉武帝对赵绾的建议有何反应，史书无载，但是，我们可以想象得出，汉武帝应当是赞成这一建议的。因为，兴儒学，除弊政，正是年轻的汉武帝最想大展拳脚的事。现在，由赵绾提出来，汉武帝也想趁这个机会看看老祖母会不会放弃权力。年轻就是年轻，单纯就是单纯，年少的汉武帝和老实的赵绾不明白，之前窦太后是因为疼爱孙子才不打击新政，但疼爱不等于放纵。窦太后的资历和权势，那不是一朝一夕熬出来的。窦太后是何许人？是历经文、景、武三朝，长期身处高位的太皇太后，位高权重，不到闭眼之日她怎么可能放弃权力呢？皇帝还没敢张口，一个御史大夫就想让她交权，难道不知道皇帝在窦太后那里，也就是个孙子吗？

所以，本来就对汉武帝兴儒学、除弊政十分不满的窦太后在得知御史大夫赵绾建议今后朝政不需要奏请她的消息后，勃然大怒。因为，对窦太后来说，尊儒与尊黄老还关乎她自己是掌权还是交权。

于是盛怒之下窦太后立即行动，先罢免赵绾、王臧等人的官，再调查赵绾等人的过错，偏偏赵绾不争气，还真有作奸犯科的事，窦太后抓住把柄之后重拳出手，将御史大夫赵绾、郎中令王臧一举投入监狱。

窦太后不愧是长期生活在皇宫中真正懂得最高权力运行法则的铁腕人物，她打击汉武帝新政的做法极为高明，而且对权力的运用又极具艺术观赏性。

第一，窦太后深知自己手中拥有的权力。

窦太后在汉武帝即位初年拥有巨大的权力，这种权力是窦太后和汉武帝两种现实力量相互对比的结果。

一是太皇太后的力量：窦太后是汉文帝的皇后，历经文、景、武三朝，这种历史现实使她在汉武帝即位之初拥有很大的权力，甚至可以说，在某种程度上她拥有废立皇帝的权力。她是一个在皇权中心生活了三代的太皇太后。

二是汉武帝的力量：汉武帝即位之时年仅十六岁，虽然他是皇位的合法继承人，但是，比起历经三朝的老祖母，年轻的汉武帝显然不具备与窦太后抗衡的力量。因为孙子到哪里都要听奶奶的话，不听话就要被打屁股，敢反抗那就是不孝顺。

因此，窦太后PK汉武帝，只能是窦太后取胜。

第二，窦太后知道如何运用手中的权力。

一是抓住把柄。窦太后既拥有巨大的政治权力，但是，她没有赤裸裸地以势压人，而是在抓住了赵绾、王臧二人的把柄之后，将他们按照罪名投入监狱。表面上

使人微得赵绾等奸利事，召案绾、臧。——《史记·孝武本纪》

看，窦太后是在清理朝臣，实际上借此推翻汉武帝的建元新政。

二是区别对待。窦太后对汉武帝建元新政的处理极有分寸。再严厉的奶奶也疼爱自己的孙子，因此对汉武帝，她并没有处罚，只是打击汉武帝任用的大臣。对窦婴、田蚡两个外戚，分别罢免了他们的丞相、太尉的职务，以示惩罚。对毫无政治背景的赵绾、王臧，投入狱中，迫使他们自杀。

三是调整班子。窦太后在将赵绾、王臧投入狱中，窦婴、田蚡撤职后，立即调整了朝中的领导班子，任用了自己信任的人担任最为重要的丞相、御史大夫两个职位。

窦太后以迅雷不及掩耳之势，果断地处理并全面推翻了汉武帝即位第一年中施行的全部新政举措。

儒生之悲 任重道远

窦太后如此干脆利索地处理汉武帝建元新政的原因，上面我们讲了两点：一是黄老之学与儒学之争，二是交权与掌权之争。除此之外，还有没有其他原因呢？

应当说，还有一个重要原因，就是西汉开国以来不但没有公开倡导儒学，而且，排斥儒学、儒生的现象和宫廷内外"抑儒"的政治气候是一个传统。

以柏至侯许昌为丞相，武强侯庄青翟为御史大夫。——《史记·魏其武安侯列传》

诸所兴为者皆废。——《史记·孝武本纪》

儒生的悲惨命运实在是让人不堪回首，春秋战国时期，跟着自己的老师居无定所、颠沛流离，好不容易熬到了大一统的时代，等到的却是一份秦始皇焚书坑儒的"邀请函"。秦亡以后，儒生的悲惨生活依然没有得到改善：刘邦非常排斥儒生，凡是有戴着儒生帽子的人来见刘邦，他都直接尿到人家的帽子里以示侮辱。所以，来见刘邦的人都不敢说自己是儒生。史书常常把秦始皇焚书和汉高祖溺儒冠相提并论，可见，刘邦溺儒冠一事对后世影响非常之大。

虽然儒生在政治生活中步履维艰，但是，这并不等于说刘邦身边一个儒生也没有。刘邦的确讨厌儒生，因此，来到刘邦身边的儒生要生存下去，就必须得有存身之道。

第一个来到西汉开国皇帝身边的儒生是叔孙通。叔孙通是秦始皇时的待诏博士（候补博士，博士官是因博闻多识而任皇帝的顾问），此人虽然是一介儒生，但叔孙通的最大特点是善于逢迎。

叔孙通一生侍奉过六个主子：第一个主子是秦始皇，第二个主子是秦二世，第三个主子是项梁，第四个主子是楚怀王芈心，第五个主子是项羽，第六个主子是刘邦。汉二年（前205）四月，刘邦攻入彭城，叔孙通降汉王，从此叔孙通一直跟着刘邦（叔孙通还真有政治眼光）。

刚刚投靠刘邦的叔孙通，穿着一身儒生衣服，刘邦

沛公不好儒，诸客冠儒冠来者，沛公辄解其冠，溲溺其中。——《史记·郦生陆贾列传》

秦皇焚旧典，汉祖溺儒冠。——王禹偁《四皓庙》

叔孙通儒服，汉王憎之；乃变其服，服短衣，楚制，汉王喜。
——《史记·刘敬叔孙通列传》

一见就很不喜欢。叔孙通为了赢得刘邦的欢心，将自己穿的儒生服装，剪成短制的楚地服装，刘邦一见大为高兴。

叔孙通虽然靠改变衣服样式赢得了刘邦的欢心，但是，叔孙通本人并没有受到刘邦的重用。叔孙通对追随他的一百多个弟子一个也不推荐，只向刘邦推荐能征善战的壮士。叔孙通的弟子因此频繁抱怨叔孙通，但是，叔孙通明白：此时正是刘邦和项羽争夺天下之际，自己手下的这批儒生，在刘邦和项羽争夺天下的战斗中根本发挥不了作用。因此，整个楚汉战争期间我们看不到叔孙通干了什么。真正让叔孙通一展身手的是高祖五年（前202）二月刘邦当了皇帝之后。

叔孙通之降汉，从儒生弟子百余人，然通无所言进，专言诸故群盗壮士进之。
——《史记·刘敬叔孙通列传》

刘邦对付秦朝苛法有一个最简单的办法，就是删繁就简。这种做法的目的是争取民心，也简单易行，但是，这种做法操作性不强。因为秦朝法典虽然太烦琐，但是，"约法三章"并不能解决现实中所有的犯罪问题。所以，西汉建国之后大多沿用的还是秦朝的法典。和"约法三章"一样，刘邦对秦朝的宫廷礼仪也予以删繁就简。叔孙通曾经为刘邦的登基大典设计了一套仪式，但是，刘邦却认为这套仪式太烦琐，于是，对这套仪式大加删减。

结果，登基大典之时，群臣在朝堂之上，一边喝酒，一边争功，喝醉酒的人甚至大呼小叫，拔剑击柱，整个场面混乱不堪，这让刘邦非常不满。叔孙通抓住刘邦的这种心理，建议他制定朝仪。开始刘邦担心叔孙通办不成，叔孙通却认为取古礼与秦仪相结合，完全可以编制出一套新的仪法。刘邦答应了叔孙通制定朝仪的要求，但是，要求叔孙通不要搞得太复杂（刘邦是一个不喜欢繁文缛节的人），让他能用得方便。叔孙通到鲁地招募了三十个儒生，加上他的一百多个弟子和刘邦身边的学者，在郊外演习朝仪。

一个多月后，朝仪演习成功。叔孙通向刘邦报告：可以观看了。刘邦亲自观看了这套朝仪，然后下令朝臣操练。并决定，高祖七年十月诸侯王进京朝见他时演用这套朝仪。

高祖七年长乐宫（高祖九年改为皇太后寝宫）落成，诸侯十月进京，大臣朝贺，叔孙通亲自指挥了这场等级森严、场面宏大的朝觐大典。昔日乱七八糟的场面被秩序井然的朝仪代替，文武百官个个战战兢兢地站在自己的位置上朝见皇帝，整整齐齐跪成一片，高呼"万岁、万岁、万万岁"。饮酒中，一旦违犯朝规，马上就有人将他拉出去。直到朝觐结束，没有一个人敢大声喧哗。刘邦看见这秩序井然的场面，非常兴奋，感慨地说："我今天才知道当皇帝的威风啊！"于是任命叔孙通当了主管宗庙祭祀的太常，并赏了他五百金。而跟随叔孙通的弟子统统封为郎。

群臣饮酒争功，醉或妄呼，拔剑击柱，高帝患之。——《史记·刘敬叔孙通列传》

上曰："可试为之，令易知，度吾所能行为之。"——《史记·刘敬叔孙通列传》

于是高帝曰："吾乃今日知为皇帝之贵也。"乃拜叔孙通为太常，赐金五百斤。——《史记·刘敬叔孙通列传》

叔孙通是得到刘邦信任和重用的唯一一位儒生，他的贡献仅仅是为刘邦制定了朝仪。朝仪的实质是尊君卑臣。对于刚刚从一位平民布衣当了皇帝的刘邦，叔孙通的这套朝仪满足了他对皇帝权势的享受。所以，叔孙通是汉初儒生中的一个例外，并没有改善汉初儒生的整体地位，刘邦轻视儒生、不用儒家的基本态度并没有因为叔孙通而改变。因此，儒生的悲惨命运还在继续。痛苦、卑微、惨烈、悲痛，不堪回首的岁月，磨炼着他们的心志，诚如他们自己常常诵读的："故天将降大任于是人也，必先苦其心志，劳其筋骨，饿其体肤，空乏其身，行拂乱其所为，所以动心忍性，曾益其所不能。"《孟子·告子下》历史一次次给他们最为严酷的考验，也必将在不久的将来，给予他们最为强大的力量。就像那浴火重生的凤凰一样，只有经过烈焰的洗礼，才能焕发出闪耀天地的光辉，成为万人尊奉的神鸟。

西汉开国以来轻视儒家的传统对窦太后是一个很大的支持，同时，起决定作用的还是窦太后不愿交出对皇权的控制。

窦太后的干政全面瓦解了汉武帝的新政，面对自己苦心经营的新政遭到失败，汉武帝会怎么样呢？而且，被罢免了丞相之职的窦婴后来也被汉武帝处死，这究竟是怎么回事呢？

请看：田窦交恶。

建元六年（前135），权倾朝野的窦太后去世了。韬光养晦的汉武帝终于可以擘画未完成的理想蓝图，曾经的新政班底也都在摩拳擦掌，准备再一次大展身手。有道是，等闲变却故人心，却道故人心易变。昔日同为新政重臣、互为战友的窦婴和田蚡，却日益情转凉薄，进而势不两立。这到底是为什么呢？

田窦交恶

窦婴罢相　灌夫卸甲

面对窦太后的干政，汉武帝没有任何盲目之举，而是坦然地接受了这一现实。这是一个非常聪明的举动——不和窦太后争一日之高低。窦太后此时拥有的最大资本是权势，汉武帝拥有的最大资本是年龄 (此时汉武帝十七岁)。汉武帝有足够的时间等待，等待历史赋予他的机会。少年天子所表现出来的冷静、理智、淡定令人惊讶！人们常说，机会有时比才干更重要。上哪儿去寻找机会呢？有时候，机会是等出来的而不是天下掉下来的。汉武帝注定是历史的宠儿，历史也不会让他等待太久。

当然，在等待中汉武帝亦并非一无所为。建元五年 (前136)，历经三朝的窦太后进入了生命倒计时阶段，此时的她再无心力去干涉政事，于是汉武帝此时果断地在中央设立五经博士，为日后重振儒学做足了准备。

"五经"，是指《诗经》《尚书》《仪礼》《周易》《春秋》五部书。汉文帝时已经把《尚书》和《诗经》两书定为官学，设立了博士。汉景帝时又将《春秋》定为官学，设立《春秋》博士。汉武帝建元五年，又在文、景两朝的基础之上增加《周易》和《仪礼》，合为五经。每经都设立学官传授，五经均立博士，合称为五经博士。虽然五经并非儒家的专用品，但是，儒家一向尊重五经，以致后人都将五经与儒学相联系。

中国古代的博士是学官，和我们今天所说的作为学位的博士大不一样。

汉武帝设立五经博士是中国文化史上的一件大事，这实际上是汉武帝在为窦太后百年之后重振儒学做准备。由于汉武帝设立五经博士一事没有牵涉中央的人事变革，也没直接威胁到窦太后的权势，因此，窦太后对此事没有进行干预。这说明年轻的汉武帝正在悄悄地为"后窦太后时代"重新尊崇儒学做准备。

建元六年（前135）五月，历经文、景、武三朝的窦太后去世。历史终于将汉朝的指挥棒完完全全地交给了汉武帝。刘彻，你的终究会是你的。

窦太后之死对汉武帝而言，具有实质性的意义：

首先，黄老思想在西汉中央政府中的最后支撑点消失了，也意味着汉武帝尊儒的最后一道障碍被清除了。

其次，汉武帝基本上可以自由地行使皇帝的权力了，任命自己喜爱和信任的大臣。

在思想领域和权力分配上，汉武帝都掌握了绝对的控制力，是他大施拳脚的时候了。果然，窦太后去世后的第二年（元光元年，前134），汉武帝以办理窦太后丧事不力为由撤了窦太后任命的丞相许昌、御史大夫庄青翟的职务，任命武安侯田蚡为丞相、韩安国为御史大夫。

田蚡是在建元二年（前139）与窦婴同时被窦太后撤职的，但是，这一次田蚡出任丞相，窦婴却不在汉武帝任命的朝中重臣之列，这是为什么呢？

窦太后于建元二年强行改组朝廷中央政府的班子之时，丞相窦婴和太尉田蚡同时被撤职，在家赋闲。但是，田蚡有他姐姐王太后支撑，实际上仍然说话算数，因为他可以通过他姐姐王太后继续对汉武帝施加影响。

窦太后是窦婴的政治靠山，窦太后亲自撤了窦婴的丞相之职，因此，窦太后在世之日是不可能再起用窦婴了。窦太后去世之后，窦婴的政治靠山不存在了，窦婴在政坛上复出的机会就更渺茫了。

田蚡之所以能够在窦太后去世之后在政坛复出，主要得力于汉武帝的母亲王太后王娡。王娡这个女人非常不简单，太皇太后窦太后在世之日，她不显山不露水。太皇太后窦太后一去世，王娡成了后宫的掌门人，就立即向她的儿子汉武帝施加影响，田蚡的复出有其必然性。

而此时的窦婴，只能是在叫天天不应、叫地地不灵的郁闷中，赋闲在家了。

现在看来，建元二年窦婴被窦太后撤除丞相之职是他一生政治生命的终结。

第一，窦婴站错了队。窦婴看组织路线应当属于窦太后一派，而窦婴的政治倾向却是窦太后坚决反对的儒家。这样，窦婴从某种意义上讲是站队站错了。窦婴如果是一位政治投机商，他就理应站在窦太后一边支持黄老之学以博取窦太后的支持。但是，窦婴却偏偏站在了汉武帝和田蚡所提倡的儒家一边。窦婴在政治上站错了队，自然得不到窦太后的支持。所以，建元二年窦婴被窦太后撤职实属必然。

第二，窦太后能够给予窦婴的支撑时间非常有限。历经文帝、景帝、武帝三朝的窦太后尽管当时炙手可热，一言九鼎，但是，迟暮之年的窦太后给予窦婴的支撑时间是非常有限的。

因此，作为上一代外戚代表的窦婴的政治生命因建元二年的被撤职而走到了尽头，因为他的政治靠山即将不存在，而作为下一代外戚代表的田蚡却处在蓄势待发的阶段，因为他的政治靠山王太后正如日中天。

窦婴作为老一代外戚的代表人物，虽然不能在政坛上复出了，但是，因为皇亲国戚的身份，他晚年的生活也应当过得平平安安，无忧无虑。可是，窦婴却在元光四年(前131)十二月被杀。这是为什么呢？

窦婴之死牵涉一个非常重要的人物，这个人就是灌夫。因此，要了解窦婴之死，必须了解灌夫。那么，灌夫是一个什么样的人呢？

灌夫的父亲原为刘邦手下骑兵司令灌婴的门客，灌婴是楚汉战争最后率五千骑兵追杀项羽的将军，也是在吕后死后奉吕产之命讨伐齐王刘襄却和齐王刘襄联手对吕禄、吕产形成重大威胁的将军，正是由于灌婴受命吕产讨伐齐王刘襄却在荥阳临阵倒戈，才造成周勃、陈平敢于在京城诛除诸吕。因此，灌婴也是平定诸吕的大功臣。

灌夫的父亲灌孟原本叫张孟，是灌婴手下的一位门客，因为在灌婴手下得到提拔、重用，才改张姓为灌姓。吴楚七国叛乱时，灌孟和灌夫同时参战，灌孟当时已经到了退休年龄，军队对"大龄武将"出战是有很多限制的，这种限制其实是对灌孟的一种爱护。但是，灌孟却偏偏不服老，打起仗来专门往最危险的地方冲。结果，灌孟战死疆场。

汉朝军法规定，父子两人同时从军，一人战死疆场，另一人可以扶丧回家。但是，灌夫却继承了他父亲强烈的冒险精神和不屈意志，不愿扶丧回家而坚持要留下来参加平叛，并且扬言非要取吴王刘濞或者吴国将军的头来为其父报仇。于是，灌夫招募了几十位敢于冒险的壮士去闯吴军大营，等到冲出汉军军营大门时，只有两位壮士愿意跟随他，还有十几位家里跟来的奴仆，其余的壮士都胆怯了。灌夫冲进吴军大营，杀了几十名吴军士兵，再也冲不进去了，只好退回来。等回到营中，跟随灌夫的十几位家奴全部战死，两位壮士只剩下一位，灌夫自己身受十几处重伤。幸亏军营有非常好的刀伤药，灌夫才得以保全了性命。但是，伤势一好，灌夫又想去闯吴军大营，并且说自己去过一次吴军大营，非常熟悉吴军大营的道路，结果灌夫第二次闯吴楚叛军大营一事被太尉周亚夫坚决阻止了。

虽然灌夫没有再闯吴军大营，但是，灌夫打仗不怕死的名声却传开了。

吴楚七国之乱结束之后，灌夫因为作战勇猛（其实是鲁莽），名声大噪，被汉景帝封为中郎将（皇帝侍卫武官），但是，仅仅过了几个月，灌夫就因为违法而被撤职。

这说明灌夫只是一介武夫，打起仗来因为不怕死所以博得了巨大的名气。但是，个人的自控能力太差，情商极低。和平年代一做官，立即就露出了马脚——他不是一个奉公循法的公务员。

汉武帝即位的当年，认为淮阳（今河南周口市淮阳区）是一个四通八达的交通枢纽，任命以勇猛著称的灌夫

军法，父子俱从军，有死事，得与丧归。灌夫不肯随丧归，奋曰：『愿取吴王若将军头，以报父之仇。』——《史记·魏其武安侯列传》

夫身中大创十余，适有万金良药，故得无死。夫创少瘳，又复请将军曰：『吾益知吴壁中曲折，请复往。』将军壮义之，恐亡夫，乃言太尉，太尉乃固止之。吴已破，灌夫以此名闻天下。颍阴侯言之上，上以夫为中郎将。数月，坐法去。——《史记·魏其武安侯列传》

任淮阳太守。第二年（建元元年），又调灌夫到中央政府任太仆。太仆是皇帝专用车队的队长，属于九卿之一，只有皇帝非常信任的人才能担任此职。汉武帝任命灌夫担任淮阳太守、太仆，说明年轻的汉武帝非常信任灌夫。

但是，灌夫的本性却不能改变。好勇斗狠、争强好胜的人在打仗时会是一个好手，但在和平年代里，一旦卸甲，就不是一个很好相处的人了，甚至还会是社会的不安定因素。建元二年，灌夫和窦太后寝宫（长乐宫）的卫尉窦甫两个人喝酒时闹了矛盾，结果，灌夫一怒之下把长乐宫卫尉窦甫痛打了一顿。

一位皇帝的太仆竟然因为喝酒打人，而且打的又是窦太后的娘家弟弟、太后寝宫长乐宫的卫队长。太过分了！汉武帝一看灌夫闯了大祸，担心窦太后知道之后要杀死灌夫，赶快将灌夫调到燕国去做国相。但是灌夫在燕国国相的位置上也只干了几年，又因为触犯法律被撤职。从此，灌夫便闲居在家。

可见，灌夫虽然打仗勇敢，但是，控制自己情绪的情商太差，他并不是一个循规蹈矩的官员。

通过灌夫的行为，可以看出灌夫这个人有三大特点：

一是贪图虚名。

灌夫特别不喜欢比自己位高的人。见了这些人，他不但不以礼相待，还常常要在大庭广众之下羞辱他们。

今上初即位，以为淮阳天下交，劲兵处，故徙夫为淮阳太守。——《史记·魏其武安侯列传》

夫与长乐卫尉窦甫饮，轻重不得，夫醉，搏甫。——《史记·魏其武安侯列传》

上恐太后诛夫，徙为燕相。数岁，坐法去官，家居长安。——《史记·魏其武安侯列传》

反过来，对待那些比自己地位低的人，他反倒非常客气，非常有礼貌。越是在大庭广众之下，灌夫越要提携这些地位低的人。

灌夫欺强却不凌弱的做法非常反常。人们往往看重比自己位高的人，至少敬重比自己位高的人，对他们敬而远之。灌夫恰恰相反，他专找有权有势的人开刀，目的只能有一个：为自己博一个不巴结权贵的好名声。灌夫的这种做派，很容易为自己招来不必要的麻烦。

二是贪杯闹事。

灌夫为人刚直，爱喝酒，喝多了就借着酒劲耍酒疯（为人刚直使酒）。本来人在喝酒之后就容易失言、失态，灌夫又特别贪杯，所以，灌夫的这种性格对他非常不利。灌夫因为酒后不和痛打窦甫就是一个典型的例子。

三是乡里豪强。

灌夫平时交往的人多是老奸巨猾（诸所与交通，无非豪杰大猾）。他本人是家乡颍阴的豪强，他的宗族依仗着灌夫的势力在颍阴一带为非作歹。当地百姓对他恨之入骨，甚至流传着这样的民谣："颍水清清，灌氏安宁；颍水混浊，灌氏灭族。"灌夫的这种家族背景同样是一大祸根。汉代开国以来，一直对豪强采取打击的政策，汉武帝更是如此。原因有两点：一是地方豪强势力威胁中央集权，二是地方豪强势力欺凌百姓。所谓地方豪强，说白了就是黑社会势力。灌夫的这种家族背景有可能给他

不好面谀。贵戚诸有势在己之右，不欲加礼，必陵之；诸士在己之左，愈贫贱，尤益敬，与钧。稠人广众，荐宠下辈。士亦以此多之。——《史记·魏其武安侯列传》

颍水清，灌氏宁；颍水浊，灌氏族。——《史记·魏其武安侯列传》

带来灭顶之灾。

无论灌夫是不是黑社会的，本来都与窦婴不相干，窦婴怎么会结交上这么一位惹是生非的人呢？

这件事缘于窦婴的一个爱好——爱养门客。窦婴的做派很像战国时期的信陵君。窦婴得势之日，他的家门庭若市，热闹非凡。但是，先是被窦太后罢相，然后又伴随着窦太后的下世，窦婴的政治生命结束了，越来越不受重用，"墙倒众人推，鼓破万人捶"在政治场面上屡见不鲜，那些奔着荣华富贵到窦婴家来的门客，眼见着前途黯淡，一个个借故离开了已经失势的窦婴，甚至有些门客对窦婴的态度也变得傲慢起来。

魏其失窦太后，益疏不用，无势，诸客稍稍自引而怠傲。——《史记·魏其武安侯列传》

从极为尊敬到傲慢无礼，反差的确太大。但是，这是一个客观现实。清醒理智地接受这一现实，平静坦然地面对这一现实，可以使窦婴平平安安地度过晚年。非要为此争一个高下，将会给自己带来意想不到的灾难。窦婴将会做出什么样的人生选择呢？

窦婴对门客离他而去极为不满。他常常在灌夫面前痛骂那些自己有权时极力讨好他，现在却离开他、冷落他甚至怠慢他的那些门客。他对仍然坚持来家中看望他的灌夫非常高看，视为生死之交，想借助灌夫打击那些过去围绕在他身边现在却又弃他而去的人。

亦欲倚灌夫引绳批根生平慕之后弃之者。——《史记·魏其武安侯列传》

灌夫与窦婴不同。灌夫家中富有，每天家中的食客近百人。但是，灌夫家中门客虽多，有身份有地位的列侯、高官却非常稀少。灌夫看中了窦婴的外戚身份和魏其侯的地位，因此灌夫主动交往窦婴，不甘寂寞的窦婴也非常喜欢灌夫。两个人相互借重，越走越近，甚至相知恨晚。

本来，罢相失势的窦婴和卸甲落职的灌夫相交也罢，相好也罢，并不干他人之事，尤其和炙手可热的丞相田蚡不相干。但是，窦婴、灌夫和丞相田蚡却结下了大怨，这是怎么一回事呢？

家宴索田　田窦积怨

窦婴的性格是使气任性，灌夫的性格是好勇斗狠。窦婴自大，灌夫无谋。这两个人越走越近，最终惹出了麻烦事。灌夫虽然失势家居，但是，他并不甘寂寞。有一次，灌夫在姐姐去世的服丧期间，身穿着为姐姐服丧的丧服拜访当朝丞相田蚡。田蚡看见灌夫丧服在身，就随口说了一句话："我想和你一块儿去拜访魏其侯，不巧，你刚好丧服在身没法儿去。"

田蚡说这话，其实是卖个顺水人情。按照当时的礼制，丧服在身是不能喝酒的。所以，田蚡看见灌夫丧服在身无法赴宴，才说了这句漂亮话，并没有真打算去拜访失势的魏其侯。但是，灌夫却误以为这是一个结交丞相的机会，马上回答："将军既然愿意去拜访窦婴，我怎么敢以丧服在身而推辞呢？希望将军明天一早就去窦婴家。"

田蚡真是哭笑不得。本来一句人情话，没想到灌夫却拿着棒槌缝衣服——当真。要不怎么说是灌夫无谋呢？于是，田蚡只好极不情愿地勉强应允。

灌夫一看交往当朝丞相的机会来了，马上把这个消息告诉了魏其侯窦婴。因为这个丞相不是一般的丞相，他是王太后的弟弟，当今皇上的亲舅舅。

窦婴听说丞相田蚡第二天一早要来，也大喜过望。赶快打扫房子，准备酒菜，第二天一早就在自家大门口准备迎接。可是，窦婴望穿秋水，一等再等，等到正午，丞相田蚡也没来。窦婴便问灌夫："丞相难道忘了吗？"灌夫一看这个尴尬的场面，心里立即升腾起对田蚡的一股怒火，便亲自到丞相家来问个究竟。此时，田蚡正在睡觉，原来昨天答应去魏其侯窦婴家喝酒只是一句戏言，内心根本没有打算去。灌夫来到田蚡家，就责备田蚡失言，说窦婴夫妇亲自张罗家宴，从一大早到现在，一粒米都没敢沾，只等着丞相。田蚡听灌夫这么一说，便推说自己昨晚喝多了，忘了这件事，便起身往窦婴家去。去的路上，田蚡又有意走得很慢，灌夫心里这火就燃烧得更厉害了。灌夫这个人本来就喜爱贪杯耍酒疯，现在憋了两股火，便在窦婴举行

将军乃肯幸临况魏其侯，夫安敢以服为解。请语魏其侯帐具，将军旦日蚤临。"——《史记·魏其武安侯列传》

魏其与其夫人益市牛酒，夜洒扫，早帐具至旦。平明，令门下候伺。至日中，丞相不来。魏其谓灌夫曰："丞相岂忘之哉？"——《史记·魏其武安侯列传》

丞相特前戏许灌夫，殊无意往。及夫至门，丞相尚卧。——《史记·魏其武安侯列传》

武安鄂谢曰："吾昨日醉，忽忘与仲孺言。"乃驾往，又徐行，灌夫愈益怒。——《史记·魏其武安侯列传》

的家宴上用难听话刺激田蚡，田蚡听了灌夫的讽刺话，反倒十分冷静，并不发作。窦婴担心灌夫再说下去会惹出什么麻烦，赶快把灌夫给扶了出去，回来又向田蚡反复解释，田蚡竟然喝得酩酊大醉，非常开心地回去了。

其实，田蚡对灌夫的话已经非常反感了，只是没有发作罢了。

窦婴家宴以结交田蚡开始，却以得罪田蚡结束，真是得不偿失。这件事反映了什么呢？

第一，反映了窦婴与灌夫虽然失势但仍不甘寂寞的心态(可悲)。

第二，反映了一代新贵田蚡的骄横(可叹)。

第三，反映了灌夫的极不理智(可哀)。

田蚡是丞相，是一代新贵。他本来就没有把现在已经失势的窦婴放在眼中，提出去窦婴家也只是一句客套话。灌夫本来就不该接这话，接了这话，就把自己和窦婴置于一种极为尴尬的境地：不准备家宴不行，因为你已经邀请了田蚡，万一田蚡来了你怎么办？准备了家宴也不行，因为田蚡根本就没打算来，准备也是白准备。好好招待不行，因为灌夫不知道会搞出个什么事来；不好好招待也不行，你邀请田蚡又不好好招待，明摆着是引火烧身。所以，窦婴无论如何做都不可能改变窦太后下世后自己完全失势的局面。

如果窦婴看清窦太后去世后的政局，了解自己政治上的失势已经成为定局，完全没有必要再结交当朝新贵田蚡。毕竟自己在朝的靠山窦太后已经下世，田蚡的政治靠山王太后正日益显贵。新一代外戚取代老一代外戚是大势所趋。在一个人情社会、背景政治的国度里，看清、摆正自己的位置比什么都重要。

窦婴在自己政治失势的情况下交往田蚡无非有两个目的：一是东山再起，二是结交新贵。东山再起可能吗？上一次窦婴出任丞相就是因为田蚡刚刚出道，声望、资历上还比不过窦婴而主动将丞相之位让给窦婴的。这一次田蚡觉得窦婴已无政治后台，不可能再出任高官要职，因此，根本不再顾忌窦婴了。窦婴东山再起无望，何必再自寻烦恼呢？

结交新贵，有那个必要吗？能结交得上吗？田蚡岂是一顿饭就能结交上的人呢？

所以，这次家宴对窦婴来说，是多余而非必要，是祸端而非福祉。

果然，窦婴家宴不久，发生了一件事，让窦婴再次陷入困境。

原来，田蚡也敏锐地察觉到窦婴在有意讨好自己，于是，在窦婴家宴之后派门客籍福到窦婴处索要窦婴在京城城南的一片土地。这片土地非常好，窦婴实在不愿意把这块好地赠给田蚡，气愤地说："我虽然无用了，但是，丞相怎么能仗势夺我的地呢？"灌夫听说这件事之后，大骂籍福。

丞相尝使籍福请魏其城南田。魏其大望曰："老仆虽弃，将军虽贵，宁可以势夺乎！"不许。灌夫闻，怒，骂籍福。——《史记·魏其武安侯列传》

田蚡派去要窦婴城南之地的门客籍福,担心实话实说引发田蚡和窦婴之间更大的矛盾,便哄田蚡说,窦婴年龄大了,能活几天,不如等他死了再要他这块城南之地也不迟。但是,田蚡不久后就听说是窦婴不愿意将城南之地送给他,而且还知道灌夫也掺和到这件事中来了。因此,田蚡勃然大怒:"你窦婴的儿子杀人犯法,是我田蚡救了你窦婴的儿子,现在,我想要你一块城南之地,你怎么这么吝啬?再说,这事不关灌夫的事,你灌夫往里面掺和什么。"

城南索田这件事在窦婴、灌夫和田蚡之间结下了大怨。田蚡由此十分恼怒窦婴和灌夫。这是田蚡和窦婴、灌夫结怨的开始。

窦婴在田蚡城南索田这件事上确实办得不漂亮。

第一,田蚡之所以敢于公开向窦婴索要城南之田,是看准了窦婴想交好他这个当朝丞相。田蚡之所以看准了窦婴想交好他,缘于窦婴家宴。你不摆家宴,你不让灌夫亲自到田蚡家邀请田蚡,田蚡未必看得出来你窦婴想交好他;你既然摆家宴想结交他这个当朝丞相,就应当不吝啬钱财。既想结交田蚡这种新贵,又不愿付出代价,舍不得献出一块好地,怎么可能结交成功呢?

第二,田蚡确实帮过魏其侯窦婴的大忙——救了窦婴杀人的儿子。窦婴之子犯法受过田蚡的实惠。受人之惠,必然应以相报。你不报恩,必然会招致他人之怨。天下很难找到帮人而不求回报的人!

魏其子尝杀人,蚡活之。蚡事魏其无所不可,何爱数顷田?且灌夫何与也?吾不敢复求田。——《史记·魏其武安侯列传》

第三，田蚡既然开了口，如果你再不给他，肯定会使田蚡非常没面子。田蚡丢了面子，又没有里子（城南之地），岂能不和窦婴结下大仇？

田蚡确实是个小人！他与窦婴、灌夫结怨之后，首先就拿灌夫开刀。因为田蚡虽然很恼窦婴，但是，窦婴并没有什么把柄可抓；倒是灌夫的家族在颍阴横行不法，属于应当打击的豪强之列。好吧，灌夫，谁让你强出头呢？一时找不到窦婴的把柄，就拿你先开刀吧。

图穷匕见　厮杀在即

元光四年（前131）春，田蚡率先把灌夫家族在颍阴横行不法之事上报汉武帝，请求查处。汉武帝认为这是丞相分内的事，不必向他请示。

汉初汉武帝设立内外两朝之前，丞相的权力非常大。当年吕后那么有权势，没有右丞相王陵的同意都不能封诸吕。处理灌夫这类退职将军的事，确实只需要丞相处理就可以了。田蚡把自己职权范围之内的案子上报给汉武帝，目的是为自己日后处理灌夫案件遭遇麻烦时先伏下一笔。毕竟，田蚡的主要目的是除掉有皇亲国戚身份和侯爵爵位的老丞相窦婴，不得到皇帝的支持是不行的。至于灌夫，只是一个引子而已，尽管他与窦婴交厚，但他的死活还是在田蚡一念之间。请示汉武帝，得到汉武帝授权，

上曰：『此丞相事，何请。』——《史记·魏其武安侯列传》

田蚡实际上是为自己请到了一把尚方宝剑，同时也巧妙地将汉武帝引入自己设下的窦、灌棋局中，用皇帝的手，堂而皇之地除掉自己的眼中钉——窦婴。

灌夫好勇斗狠惯了，知道田蚡要以家族横行不法这件事处理他以后，也不示弱，扬言田蚡只要敢下手，他就将自己握有的田蚡的重大把柄公之于世。灌夫手中的这个把柄也不是一般的把柄，而是一个可以置田蚡于死地的大规模杀伤性武器。田蚡当年对淮南王刘安说了几句事关皇位继承的话，接受了淮南王的重金。灌夫只是鱼肉乡里，而田蚡可是妄言废立，这可是杀头的死罪。

由于田蚡知道灌夫手中握有置自己于死地的"核武器"，所以，田蚡尽管有汉武帝允许他单独处理灌夫家族在颍阴横行不法之事的上谕，还是不敢轻举妄动。此时，又有人在田蚡和灌夫之间进行调解，田蚡便和灌夫达成了互不伤害的默契。

不过，田蚡这一次之所以手下留情，完全是一种策略，他绝不会放过灌夫，只是他要找到一个能够不危及自己的机缘，找到一个合适的借口！

田蚡与窦婴这两代外戚因为窦府家宴和城南索田之事结下大怨，但是，和丞相结怨并不致死，为什么窦婴最终会被杀呢？

请看：窦婴之死。

灌夫亦持丞相阴事，为奸利，受淮南王金与语言。宾客居间，遂止，俱解。
——《史记·魏其武安侯列传》

一心要交好权相田蚡的窦婴，最终却因为京城之南的一块好地而得罪了田蚡，结下了仇怨。田、窦之间的仇怨率先在田蚡和灌夫之间展开，这场一触即发的冲突因灌夫手中握有可以毁灭田蚡的"核武器"而暂时平息了。田蚡会轻易地放过灌夫吗？三朝元老，生死关头，窦婴还有什么秘密武器？究竟是谁最终杀害了窦婴呢？

窦婴之死

前文讲到，窦婴与田蚡的交恶已成定局。田蚡欲拿灌夫开刀，没想到灌夫却握有田蚡的一个大把柄，搞得田蚡不敢轻举妄动。但是大家想想，田蚡发现了这么一个死穴握在灌夫手里，以田蚡的阴毒，那灌夫还能活得了吗？此刻的田蚡就是一头隐藏在草丛中的豹子，眼睛盯紧了猎物，就等着机会一击置对方于死地。而灌夫是个头脑简单、四肢发达的莽夫，他还为握有田蚡的把柄得意扬扬呢！不知道危险正在一步步逼近他。

引火烧身　大势已去

元光四年 (前131) 的夏天，丞相田蚡大婚，王太后下诏让京城的列侯、刘姓宗室、外戚都前去参加婚宴。

由于有王太后的诏令，魏其侯窦婴自然要参加这场婚宴，而且窦婴想让灌夫和自己一块儿去。灌夫认为自己屡屡因为酒后失言而冒犯田蚡，这次又是田蚡的酒宴，便告诉窦婴说自己实在不想去。但是，魏其侯窦婴力劝灌夫："事情已经说开了，不必再往心里去。"非要灌夫和自己一块儿去参加田蚡的婚宴。

窦婴做这事儿也实在是脑袋少根筋，你明明知

夏，丞相取燕王女为夫人，有太后诏，召列侯宗室皆往贺。魏其侯过灌夫，欲与俱。夫谢曰：『夫数以酒失得过丞相，丞相今者又与夫有隙。』魏其曰：『事已解。』强与俱。——《史记·魏其武安侯列传》

道灌夫的个性莽撞，又爱贪杯误事，你非拉他去，万一
捅出什么娄子来那不是没事找事吗？！

结果，到了田蚡大婚的婚宴上，灌夫果然出了
大事！

原来，婚宴之上，田蚡起身敬酒之时，所有的宾客
都"避席"表示尊敬。田蚡是王太后的弟弟，当朝天子
的舅舅，现任宰相，此时正炙手可热，宾客避席，那也
是理所应当的；等到窦婴敬酒时，只有一半和窦婴有过
交往的老人避席表示敬意，其余的人都是膝席，只是略
微欠欠身，做个表示罢了。"避席"，就是离开自己的座
位，表示不敢接受敬酒，这是对敬酒人的一种礼节。"膝
席"，就是没有离开自己的座位，仅仅是欠欠身，形成
一种跪姿。汉代人席地而坐，臀部放在脚后跟上，当臀
部离开脚后跟时就形成了今天的跪姿。这对敬酒人显
然是一种不太礼貌的举动。鸿门宴中樊哙闯帐时，由于
樊哙外貌威武，而且杀气十足，正在喝酒的项羽一面一
手按剑，一面挺直上身，准备起身格斗，此时，项羽的
臀部已经离开脚后跟，形成跪姿，这种跪姿就和膝席是
同一动作。

这次前来祝贺丞相田蚡大婚的人都是冲着田蚡的
地位、权势来的，因此，田蚡敬酒谁敢不避席？至于窦
婴，人人都知道他已经失势，都知道他失去了窦太后这
座靠山，再也不可能在政治上有所作为，谁还会把一个

武安起为寿，坐皆避席伏。已魏其侯为寿，独故人
避席耳，余半膝席。——《史记·魏其武安侯列传》

项王按剑而跽。
——《史记·项羽本纪》

失势的列侯放在眼里？

窦婴遇到这种不恭，满肚子不快，但他毕竟有些涵养，所以没有发作。

灌夫看到客人对田蚡和窦婴的不同态度，心里非常不快，憋了一肚子火（灌夫不悦）。这是灌夫在田蚡婚宴上心中的第一把怒火。

窦婴敬完酒，轮到灌夫敬酒，敬到田蚡跟前。田蚡只是欠了欠身，既没有避席，又没有把灌夫敬的酒喝完，而且说："我喝不了一杯。"灌夫非常恼火，勉强装出笑脸说："将军是贵人，喝干了吧。"田蚡硬是不喝，灌夫一肚子火没处发作。这是灌夫在田蚡婚宴上心中被点燃的第二把怒火。

灌夫敬到临汝侯灌贤（灌婴的孙子）的座位旁，灌贤正好在和王太后长乐宫的卫尉程不识说话，没有看到灌夫敬酒，因此也没有避席。本来，灌夫和灌贤是本家兄弟，但是因为灌夫刚才已经两次被激怒，肚子里燃烧着两把火，所以，他看到灌贤也不避席，这心中的第三把火也熊熊燃烧起来。

灌夫对宾客们怠慢窦婴而点燃的第一把火无法发作，因为那毕竟不是冲着自己来的；因田蚡傲慢而点燃的第二把火不是发不出来，而是不敢发作；到了灌贤惹恼灌夫之时，灌夫心中的怒火再也憋不住了。

他指着灌贤就骂起来："平日里你总说程不识不值

一文钱，今天我来敬酒，你竟然像个小丫头一样咬着耳朵叽叽咕咕。"灌夫的这场发作，其实是指桑骂槐，他不敢骂田蚡，又无法发泄心中的怒火，便逮着灌贤撒气。

挨骂的灌贤知道灌夫是自己的长辈，来给自己敬酒自己理应避席表示谦卑，自己理亏在先，只得乖乖杵在那儿。但是，没有挨骂的田蚡却反应极快，马上接过灌夫的话说："程不识将军和李广将军是太后与皇帝寝宫的卫队长，今天你当众羞辱程将军，你难道不为李广将军留点面子？"田蚡这话非常恶毒！灌夫在筵席上骂灌贤本来与李广毫不相干，但是，田蚡偏偏跳过灌贤（因为帮灌贤捞不出什么油水），然后，由程不识拈出李广，意在告诉大家：打狗还得看主人的面！程不识、李广分别是王太后和汉武帝的卫队长。骂这两个人，置他们的主子（太后与皇上）于何地呢？

田蚡把话说到这个份儿上，要借题发挥往灌夫身上泼脏水的意图已经很明显了。况且，他往灌夫身上泼的不是普通的脏水，他准备给灌夫扣个"大不敬"的帽子。这罪名谁担待得起啊？！灌夫这时候要是识相一点儿最好赶紧闭嘴，走为上计，然而怎么说灌夫是莽夫呢？他此时傻得可爱！田蚡已经露出了杀机，将他在筵席上骂人上纲上线了，他却还

临汝侯方与程不识耳语，又不避席。夫无所发怒，乃骂临汝侯曰："生平毁程不识不直一钱，今日长者为寿，乃效女儿呫嗫耳语！"——《史记·魏其武安侯列传》

武安谓灌夫曰："程李俱东西宫卫尉，今众辱程将军，仲孺独不为李将军地乎？"——《史记·魏其武安侯列传》

在赌气说："今日斩头陷胸，何知程李乎！"《史记·魏其武安侯列传》

参加酒宴的众人一看这个架势，知道下面肯定没有好果子，要出大事，一个一个脚下抹油，借口上卫生间溜之大吉。

窦婴也看出大事不妙，赶快劝灌夫走。可是，田蚡这时却发了话："灌夫今天这么放肆，都是我平时太骄纵他了！"于是，下令手下的卫士拘捕灌夫——灌夫此时想走已经走不了了。这时，有人来当和事佬了，那位曾替田蚡索要城南之田的籍福赶快按着灌夫的脖子让他向田蚡低头认错道歉，想化解这场冲突。但是，籍福越按灌夫的脖子，灌夫越是挺直了脖子，死活不向田蚡低头。

田蚡于是召来丞相府的长史 (秘书长) 说："今天的婚宴，是太后下诏书举办的。"灌夫在筵席上骂人，是对太后的大不敬，将他关押监狱。并立即派人分头抓捕灌氏家族的人，全部定为死罪。极力劝灌夫参加婚宴的窦婴此时真是肠子都悔青了！本来，灌夫因为和丞相田蚡有矛盾，很不愿意去喝这个喜酒，害怕再惹出什么麻烦来，是窦婴死劝活劝强行拉他去的。现在倒好，灌夫这一去，闹了个灭族罪。窦婴赶快派人用钱去活动这个事，但是，田蚡怎么能放过这个杀灌夫的机会呢 (不愿放)？再说，

坐乃起更衣，稍稍去。
——《史记·魏其武安侯列传》

武安遂怒曰：『此吾骄灌夫罪。』乃令骑留灌夫，灌夫欲出不得。籍福起为谢，案灌夫项令谢。夫愈怒，不肯谢。
——《史记·魏其武安侯列传》

召长史曰：『今日召宗室，有诏。』劾灌夫骂坐不敬，系居室。遂按其前事，遣吏分曹逐捕诸灌氏支属，皆得弃市罪。
——《史记·魏其武安侯列传》

田蚡也害怕灌夫被放出来后会利用他的把柄置自己于死地（不敢放）。所以，窦婴想私下了断这件事根本不可能。因为到处都是田蚡的耳目，灌夫全族被逮捕，这样，灌夫掌握的足以置田蚡于死地的"核武器"也用不上了。

窦婴一看无法私了这件事，打算挺身而出，营救灌夫。魏其侯的夫人对窦婴说："灌将军得罪的是太后家，怎么能救得了呢？"窦婴说："我这个侯是凭军功得的，即使从我手里丢了，我也没有什么遗憾。何况我总不能让灌夫一个人去死而我却活在这个世上。"这里我们看到了窦婴个性中的义气和洒脱，为了知己可以丢官弃爵，两肋插刀。于是窦婴便瞒着家人，上书汉武帝。说灌夫是喝醉了酒，说错了话，罪不至死。汉武帝也这样认为，并请窦婴吃饭，最后提出了一个方案：到东宫太后那儿当众辩论一下此事。既然说灌夫对王太后"大不敬"，自然要获得王太后谅解。但是，王太后是谁？王太后是田蚡的亲姐姐，用脚趾头想也知道王太后会帮着谁。所以这场辩论还没有开始，结局就已经注定了。

到了王太后的东宫，魏其侯窦婴作为灌夫的辩护人，提出了三点为灌夫脱罪：一是灌夫立过大功，二是灌夫酒后失言，三是丞相借机拿其他的事

魏其侯大愧，为资使宾客请，莫能解。武安吏皆为耳目，诸灌氏皆亡匿，夫系，遂不得告言武安阴事。——《史记·魏其武安侯列传》

魏其锐身为救灌夫。夫人谏魏其曰："灌将军得罪丞相，与太后家忤，宁可救邪？"魏其侯曰："侯自我得，自我捐之，无所恨。且终不令灌仲孺独死，婴独生。"——《史记·魏其武安侯列传》

上然之，赐魏其食，曰："东朝廷辩之。"——《史记·魏其武安侯列传》

来整灌夫。凭着三点想为灌夫翻案，估计窦婴自己都没信心。整个发言，魏其侯都在为灌夫辩护，并未对田蚡痛下杀手。

等到田蚡发言时，他极力诋毁灌夫在家乡横行不法。这可是灌夫的一个大把柄，因为汉朝一直对地方豪强打击力度很大。窦婴看田蚡死咬着灌夫不松口，只好揭了丞相田蚡的一些短处。此时的窦婴，也不知是碍于王太后的面子还是情急之下脑袋发昏，他竟然没有扔出灌夫手里的"重磅炸弹"。要知道，这个"核武器"一出，绝对能一招制胜。窦婴说来说去只说些鸡毛蒜皮的小事，田蚡一看窦婴揭他的短，干脆自己承认了："我不过是喜爱女人、土地、房子，不像窦婴、灌夫，日日夜夜招集一些天下豪杰，诽谤朝廷，不是仰观天象就是俯画地理，就盼着太后和皇帝出点什么问题，总希望天下闹出乱子好实现他们的大事业，我实在不知道窦婴他们想干什么。"田蚡这番莫须有的话实质上是告窦婴、灌夫谋反！这下窦婴可是赔了夫人又折兵，没给灌夫平了反，自己反倒被扣了个"谋反"的罪名。

汉武帝一看苗头不对，赶紧制止住二人的辩论，让大臣们发表看法。

御史大夫韩安国说："窦婴说灌夫在父亲死于

魏其之东朝，盛推灌夫之善，言其醉饱得过，乃丞相以他事诬罪之。——《史记·魏其武安侯列传》

魏其度不可奈何，因言丞相短。——《史记·魏其武安侯列传》

所好音乐狗马田宅。蚡所爱倡优巧匠之属，不如魏其、灌夫日夜招聚天下豪杰壮士与论议，腹诽而心谤，不仰视天而俯画地，辟倪两宫间，幸天下有变，而欲有大功。臣乃不知魏其等所为。——《史记·魏其武安侯列传》

国难的情况下坚持平叛，亲自闯入吴军大营，身受十几处伤，勇冠三军，这样的壮士，如果没有更大的罪恶，只是喝酒失言，不应当以其他罪名进行处罚。所以，窦婴说得有道理。丞相说灌夫交往豪强，家产巨大，侵犯百姓，欺凌皇亲，这就是平常所说的树枝大于树干，小腿粗于大腿，不处理迟早会出事。所以，丞相说得也有道理。还是请圣明的君主裁决吧！"

韩安国这番话，表面看来是两不得罪，非常圆滑。其实，韩安国没有重复田蚡诬蔑窦婴、灌夫谋反之言，在圆滑的表象之下，韩安国还是支持窦婴、灌夫的。不过，韩安国的发言使汉武帝非常恼火。汉武帝本想把球踢给大臣，让大臣"射门"，谁知韩安国又把球踢还给汉武帝，让汉武帝自己"射门"。

东宫的公开辩论，只有韩安国一人正式发了言，其他大臣都不敢表态。整个朝堂竟然失语！其他朝臣不敢讲话，确实是情有可原。汉武帝一朝，最为耿直的两位大臣是汲黯和郑当时。特别是汲黯，汉武帝最惧怕这位耿直的大臣，汉武帝可以一边上卫生间一边接待大将军卫青，但是，汲黯求见，汉武帝非得穿好衣服才敢接见他。这两个人开始认为窦婴说得有道理，但是后来，田蚡极力将这起普通的酒后厮争上纲上线，连这两个人都不敢坚持自己的意见了。这说明在王太后的东宫辩论立场上，确实让大臣们非常难办。因为，此时此地稍不留神就可能得罪太后，谁会傻到做这种得罪王太后的事儿？

汉武帝一看大臣们个个畏首畏尾，不敢表态，气得大骂内史(首都市长)郑当时："平时你老是在我面前说窦婴如何如何，田蚡如何如何，今天当众辩论这件事，你一句话都不敢说，我真想杀了你！"说完之后，拂袖而去。

汉武帝之所以大骂郑当时，是因为他力主的东宫当众辩论并没有达到他以朝臣之嘴封堵太后之口的目的。他想利用大臣对付太后，大臣们深知太后偏袒田蚡所以来了个集体失语。这使得汉武帝的愿望完全落空，才气得他在朝堂上大骂一通。

田蚡一番穿针引线，挑灯拨火，把火烧向王太后，整个事件的性质一下子变了。原本一场酒后厮争，被上纲为对太后大不敬。大臣们人人缄口，东宫廷辩不了了之。

本来，窦婴与田蚡并没有公开冲突，城南索田也只是私下结怨。但是，灌夫被捕，窦婴当众揭田蚡之短，这就闹到他和田蚡公开对立的份儿上，最后一张薄薄的脸皮抓破了。中国人最讲面子，即使有点个人矛盾，只要最后一张脸皮不抓破，事情还有挽回的余地，如果连最后一点脸皮都抓破了，那就彻底闹翻了。

至此，窦婴和田蚡的关系已经到了水火不容、你死我亡的地步。

汉武帝退朝入宫，伺候太后吃饭。东宫当众辩论一事，早已有人报告给了王太后。王太后气得不吃饭，当着汉武帝的面说："现在我活着，就有人欺侮我弟弟。如果我百年之后，那不是把我弟弟当成任人宰割的鱼肉了吗？再说，皇帝是个没有知觉的石头人？

一句话也不讲，任人污蔑你舅舅！这些大臣们个个没有主见，哪个还可以信赖？"

汉武帝一看母亲动怒，只好解释说："窦婴和田蚡都是外戚，所以才搞了个当众辩论。如果两位不是外戚，一个小小的司法官就可以处理了。"

迫于王太后的压力，汉武帝派人审查窦婴为灌夫辩解所说的话，结果是多不属实，于是窦婴以欺骗皇上之罪被拘押入狱。

遗诏催命　千古疑案

这下窦婴可笑不出来了，没救出灌夫，反而把自己也搭了进去。此时的窦婴命悬一线，但是他并没有绝望，因为他手中还有最后一张王牌：汉景帝的遗诏。

看来汉景帝虽然看不惯窦婴的任性，心中还是爱惜他这个人才，临死之前还留给窦婴一份庇护。这道遗诏很简单："日后遇到人生极其不利的情况，可以直接向皇帝报告。"遗诏上并没有指明"死罪可免"，但是此时灌夫已经被拘捕，定为灭族罪。窦婴也被下狱，其他大臣都不敢再替窦婴说

太后怒，不食，曰："今我在也，而人皆藉吾弟，令我百岁后，皆鱼肉之矣。且帝宁能为石人邪！"——《史记·魏其武安侯列传》

俱宗室外家，故廷辩之。不然，此一狱吏所决耳。——《史记·魏其武安侯列传》

孝景时，魏其尝受遗诏，曰："事有不便，以便宜论上。"——《史记·魏其武安侯列传》

话。窦婴自己也因被捕而无法面见汉武帝，只能动用这道遗诏。俗话说"见面三分情"，只要能见到汉武帝，事情就可能有转机，毕竟，窦婴知道，皇上心中是向着自己的。窦婴让自己的侄子向汉武帝上书，说家中藏有先帝遗诏。

窦婴抓住这最后一根救命稻草，满心希望遗诏能成为他的"免死金牌"。但接下来发生的事情完全打破了窦婴的幻想，"免死金牌"居然成了"催命符"，这到底是怎么回事呢？

汉武帝听说窦婴有先帝的遗诏，喜不自胜，有文件就好办事了，他立即派人去窦婴家取来遗诏。于是，悲剧发生了。原来查验尚书（国家档案局）的存档里面，并没有汉景帝给窦婴的遗诏。这封遗诏只有窦婴家的家丞（总管家）盖印封存。这下可麻烦了，没有副本的遗诏，不就是冒牌货吗？！

这样一来，窦婴家的汉景帝遗诏不但没有救了窦婴，反而还让他落了个伪造诏书罪。

结果，窦婴因为伪造先帝遗诏罪被判处死刑。

这里有一个非常重要的问题，也是汉武帝朝一大疑案，就是汉景帝遗诏一事。皇宫里面没有查到汉景帝给窦婴那道遗诏的存档，窦婴最终以伪造先帝遗诏罪被处死。那么，到底为什么皇宫里会没有遗诏的存档呢？

及系，灌夫罪至族，事日急，诸公莫敢复明言于上。魏其乃使昆弟子上书言之，幸得复召见。书奏上，而案尚书大行无遗诏。——《史记·魏其武安侯列传》

关于这个问题，当代学者已经有过很多论述，列举了种种可能性：

第一，窦婴伪造。第二，没有存档。第三，存档被毁。没有存档又有两种可能：一是汉景帝忘存档，二是汉景帝故意不存档。被毁也有两种可能：一是王太后和田蚡毁诏，二是汉武帝毁诏。

关于窦婴伪造诏书，从逻辑上看：第一，不可能。根据史书的记载，窦婴虽然有意气用事的性格弱点，但是，窦婴是汉景帝朝的直臣、重臣，他敢于当面顶撞窦太后，驳斥汉景帝传位梁孝王的说法有悖汉代祖制。可见，窦婴处事有一个严格的价值标准——祖制。平定吴楚七国之乱时，他坐守荥阳，汉景帝赏给他的金钱全用于平叛，无一文钱用于自家。这么一位耿直的大臣，岂能伪造先帝诏书？第二，不敢。窦婴是自己被关在监狱时企图以先帝遗诏自救。如果他出示伪诏，岂不是救不了自己，还会置自己于死地吗？所以从逻辑上讲，窦婴伪造诏书说绝无可能。

关于不存档，逻辑上讲也不可能。

皇帝诏书，历来都是一正一副，必须存档。这么重大的诏书，如果说没有存档，很难令人相信。至于汉景帝有意不存档，绝无可能。窦婴在汉景帝朝做了三件大事，一是纠正汉景帝传位梁孝王的"失言"，二是平定吴楚七国之乱，三是谏止汉景帝废立太子。

第一件是窦婴误以汉景帝"戏言"为"失言"，传位其弟梁孝王根本不是景帝的真心话。汉景帝不过是逢场作戏，哄着窦太后高兴。窦婴的纠正给了景帝一个很好的理由：大臣不同意传位梁孝王。这对景帝来说是正中下怀，既可以不传位梁孝王，又没有得罪其母窦太后。恐怕汉景帝此时反倒非常感激窦婴的直言了！这件事只能增加汉景帝对窦婴的喜爱，不可能让汉景帝恼恨窦婴。

第二件是景帝求着窦婴，窦婴也确实在平定吴楚七国之乱中立下大功，因功封魏其侯。此事景帝也得感激窦婴。

只有第三件事，汉景帝废太子刘荣立皇十子刘彻，窦婴和汉景帝意见相左。但是，窦婴是皇太子刘荣的太子太傅，保护太子刘荣是他的职责。他极力反对废掉太子刘荣，虽然与汉景帝意见对立，也属正常，并无大错！唯一不妥的是他在反对废太子刘荣失败后跑到山里告病假，不上班，这让汉景帝很恼火。但是，这还不至于汉景帝给窦婴留下遗诏而又故意不存档，有意制造窦婴伪造诏书的事件。汉景帝恐怕没有必要算计一个大臣到如此程度！更何况汉景帝怎么会预知窦婴将来一定会用上这份遗诏？

关于存档被毁，笔者不相信。

谁这么大胆，敢于毁掉先帝遗诏？

王太后、田蚡固然位高权重，但是有两个原因使他们不可能毁档：一是窦婴家中的遗诏对田蚡没有任何威胁；二是毁诏非常不易。

至于汉武帝毁诏，更不可能。

一是窦婴手中的遗诏对汉武帝没有任何威胁。汉武帝应当是第一个看到窦婴家中存放的汉景帝遗诏的人，他看到的汉景帝遗诏仅仅是"事有不便，以便宜论上"，无非是发生意外之时向他报告。窦婴所拥有的仅仅是一个面见汉武帝的特权，没有其他任何实质内容。这对汉武帝有何威胁？没有任何威胁，何必亲自毁诏？

二是汉武帝一直是同情窦婴的，他没有理由用毁诏来加害窦婴。汉武帝将窦婴下狱完全是迫于其母王太后的强大压力。汉武帝固然要加强中央集权，但是，汉武帝从来没有把打击外戚作为加强皇权的一种策略。汉武帝重用卫青、霍去病、李广利三人对匈奴作战，这三个人都是外戚。汉武帝临终之际托孤于霍光，霍光也是外戚！窦婴的死绝对不是因为他是个外戚！一个同情魏其侯窦婴的人怎么可能以毁诏的方式陷害他呢？

三是窦婴下狱以后汉武帝仍然不想处死窦婴。《史记·魏其武安侯列传》中记载：窦婴关在狱中，特别是处死灌夫之后，汉武帝已经商定好了不杀窦婴 (议定不死矣)。但是，在这个关键时刻又出现了意外事件：有人散布流言蜚语，传到了汉武帝的耳中，汉武帝受这股流言的影响才下决心处死窦婴 (乃有蜚语为恶言闻上)。

四是田蚡死后汉武帝的反应。

田蚡死后，淮南王刘安谋反一事被发现，此事牵涉到田蚡。原来，建元二年 (前139) 刘安入朝时，田蚡曾经对刘安说，假如皇帝突然下世，你是高皇帝的孙子，又有贤德，你不当皇帝还有谁能当皇帝？淮南王听了后，非常高兴，重重地贿赂了田蚡。

有关皇位继承之事历来是不许大臣在事前私下作出什么安排的，如果谁涉足这个领域，谁就犯谋反罪！灌夫手中的"核武器"正是指这件事！田蚡之所以不敢先对灌夫下手，也是因为灌夫掌握了他参与谋反的罪证。婚宴之上他之所以在逮捕灌夫的同时立即抓捕灌氏家族之人，就是担心这个足以置他于死地的"核武器"会引爆。

《史记·魏其武安侯列传》中有汉武帝知道这件事之后的一段记载：皇上从魏其侯那个时候就不倾向武安侯，只是因为王太后的缘故。等到听说淮南王送金给武安侯，皇上说："假如武安侯活到今天，那就要灭族了。"

汉武帝对田蚡的态度一目了然，他怎么可能毁掉遗诏呢？

上述假设都被我们否定了，但是还有一种可能性没有算到其中，那就是主管国家档案的官员受王太后、田蚡的影响没有据实报告汉武帝有关汉景帝遗诏的存档情况。清人沈钦韩说："唐故事，中书舍人掌诏诰，皆写两本，一为底，一为宣……大行遗诏岂无副而独藏私家者？此主者畏蚡，助成其罪也。"

这种可能性有没有呢？难说！

第一，主管国家档案的官员有这么大的胆子吗？欺骗皇上可是欺君之罪！

第二，王太后、田蚡的权势有这么大吗？

总之，窦婴伪造诏书一事，现有的史料很难说清其中的真相。

因为，我们所有的判断都是基于逻辑的推理，历史往往存在着许多非逻辑因素。我们不知道在我们上述种种推理的哪个环节出现了非逻辑因素，造成了历史上的这一不解之谜。

死生有因　公理在心

窦婴的人生走到了尽头，这个人物还是可叹、可敬、可悲、可爱的。他的死是性格的悲剧，也是命运的悲剧。

窦婴之死的原因非常复杂：

第一，政治幼稚。

窦婴自身确有取死之道，窦婴的政治幼稚是导致他最终被杀的最重要的原因。如果窦婴对汉武帝的冷酷自私、王太后的霸道、田蚡的恶毒、大臣的畏首畏尾，特别是对自己的政治靠山窦太后去世后自己失势的世情有充分的了解，他不可能拉灌夫去参加田蚡的婚宴，也不可能在王太后的东宫朝堂上公开辩论时不替灌夫甩出"核武器"——说出田蚡勾结淮南王谋反一事。这是最能置田蚡于死地的大规模杀伤性武器，窦婴竟然全然不用，反倒让田蚡倒打一耙，说他和灌夫谋反，最终在东宫辩论败得一塌糊涂。窦婴的政治幼稚集中体现在两件事上：

一是受灌夫拖累。

灌夫其人虽然热心肠，但是身上有许多致命的缺陷，例如莽撞、冲动、贪杯、逞凶斗狠，特别是他的家族鱼肉乡里，为一方豪强，早就是汉武帝"打黑"的对象。这些致命的缺陷不仅让他自己时刻处在危险当中，还会拖累和他交好的人。窦婴应该看清这一点，他自己的状况已经不容乐观，还仅凭一腔热情结交灌夫这样的朋友，最终引火上身表现出窦婴缺乏政治头脑和危机意识。

二是对事态的严重性估计不足。

　　窦婴挺身营救灌夫时他的夫人坚决反对。但是，窦婴认为自己救灌夫最坏的结果是免了侯，"自我得之，自我捐之，无所恨"。《史记·魏其武安侯列传》这是窦婴在政治上幼稚的又一体现：他严重低估了事情的严重性，完全没有料到事情会发展到杀头的地步。

　　第二，田蚡陷害。

　　田蚡是个真小人！他连个伪君子也够不上。他因为索要窦婴城南之田一事与窦婴结怨，却首先拿灌夫开刀，因为灌夫握有他的把柄，他更加要伺机而动除掉灌夫。他利用灌夫事件在东宫辩论时陷害窦婴、灌夫谋反，完全是无中生有。田蚡有恃无恐，竟敢在东宫朝堂上诬陷大臣！

　　即使发生了所谓的"矫诏"事件，汉武帝最终还是决定不处死窦婴。但是，紧跟着就有人散布流言蜚语。非常奇怪的是，最后使汉武帝决心杀掉窦婴的流言蜚语是什么内容，不知道！谁散布的，不知道！但是，它的威力之大我们都亲眼看到，让我们真正见识到了人言可畏。根据历史情况，散布流言，促使汉武帝最终杀掉窦婴，田蚡的嫌疑最大。因为，此时只有田蚡最希望窦婴死。

　　第三，大臣失语。

　　东宫辩论时，汉武帝看见窦婴和田蚡互相揭短，便问大臣们窦婴和田蚡两个人谁对谁错。汉武帝并不相信田蚡的窦婴、灌夫谋反之说，他亲自主持在东宫辩论这件事的目的就是想借朝臣之力，堵住王太后的嘴。所以，他想让朝臣为窦婴、灌夫说句公道话。

　　但是，朝臣们并不愿自己被皇帝当作对付太后的枪。皇帝尚且不愿得罪太后，大臣们当然更不愿得罪太后。因此，汉武帝想利用朝臣对付太后的做法太幼稚了，谁会当这个出头橡子呢？

第四，太后蛮横。

王太后在窦婴被杀这件事上的确是责任最大。有了她的诏书，田蚡才敢以大不敬之名拘捕灌夫。有了她的支持，田蚡才敢在东宫朝堂之上诬陷窦婴、灌夫谋反。有了她的威严，大臣们才噤若寒蝉，不敢发表个人意见，集体失语。

太后王娡这个人非常蛮横，明明是她弟弟田蚡网罗罪名，陷害灌夫、窦婴，她还不满足，非说是大臣们欺侮田蚡，还要以绝食相要挟，迫使汉武帝最终处死了窦婴。

第五，汉武帝冷酷自私。

无论王太后如何施加影响，窦婴命运的最终裁决权仍然在汉武帝的手中。如果说汉武帝对窦婴之死没有责任，实在是说不过去。

汉武帝开始的确同情窦婴，他同意窦婴的意见。但是，汉武帝之所以要提出到王太后的寝宫（东宫）去当众辩论这件事，是因为这件事牵连到王太后的弟弟、自己的亲舅舅田蚡。

汉武帝在窦婴事件中表现得非常自私（注意：不是软弱！汉武帝怎么可能是个软弱之人），汉武帝其实是想借朝臣之嘴以封堵太后之口，免得其母王太后抱怨自己，但是，他利用朝臣封堵王太后完全是为了保自己！自己贵为皇帝还不愿顶住太后的压力，何况是处于弱势地位的大臣？

其实，汉武帝自己就可以定这个案，完全不必借助朝臣。只是因为他的自私，才将这件事弄到东宫朝堂上公开辩论。

至于最终处死窦婴，汉武帝也有责任。我们实在不知道是什么流言蜚语让汉武帝改变主意，处死窦婴。

从田蚡死后淮南王谋反案发生后汉武帝的反应来看，汉武帝对田蚡非常反感。他同情窦婴，却杀了窦婴；他厌恶田蚡，却委以丞相重任。这固然有王太后干政的原因，但是，汉武帝的冷酷同样表现得淋漓尽致。

建元元年（前140）他起用赵绾、王臧，大搞尊儒，建元二年（前139）窦太后用特务手段搜集赵绾、王臧的罪证将他俩投入监狱，汉武帝并没有施以援手。元光四年（前131），窦婴被杀时，他明明知道窦婴冤枉，还是杀了窦婴。汉武帝对待自己的臣下，相当冷酷。

窦婴是汉武帝在位五十四年中的第二任丞相，也是第一位被汉武帝处死的丞相。

从司马迁《史记》的记载来看，人们同情窦婴、灌夫，相信窦婴确有汉景帝的遗诏。但是，现实中窦婴却是以伪造诏书罪被杀的。田蚡的专横、阴险，有目共睹。我们虽然无法解释历史为什么会造成这一悲剧，但是，我们相信，司马迁已经用他的笔完成了历史的宣判。

元光四年十月，灌夫以大不敬罪被处死。十二月二十九日，窦婴以伪造诏书罪被处死。元光四年三月，田蚡得了一种怪病，嘴中一个劲喊着"认罪""认罪"，结果，非常离奇地死去 (汉武帝启用太初历之前用的是秦朝历法，以每年十月为岁首，即以十月为每年的第一个月。下面依次是十一月、十二月、一月、二月、三月、四月等。所以，十二月在前，三月在后，这两个月属于同一年，田蚡死于窦婴之后)。

这场两代外戚的较量最终以窦婴、田蚡之死告终。

窦婴之死是令人惋惜的，它暴露了王太后对汉武帝的掣肘，但是，汉武帝绝不会因此而放弃他的志向。对于汉武帝来说，窦太后去世之后，正是他一展身手的良机，王太后的掣肘只能在个别事件上发挥作用，汉武帝注定要完成历史留给他的那份责任。那么，汉武帝的目光会首先投向哪里呢？

请看：汉匈交兵。

汉匈交兵

十三

汉武帝一生最有争议的，是他当了五十四年的皇帝，却对匈奴进行了长达四十四年的战争。究竟是什么原因促使汉武帝如此坚定不移地把匈奴民族当成了毕生的宿敌？为什么汉武帝不沿袭其祖其父的和亲政策？

和亲大计　宦官作奸

从刘邦开始，西汉王朝一直实行和亲政策以换取和平，也就是选派翁主 (汉朝诸侯王之女) 充当公主嫁给匈奴单于，以维持两大民族的和睦相处。

每次"公主" (实为翁主) 和亲之时，都有大批的工匠、奴婢等随行，并带去大量汉朝制造的各种器物。每年还奉送给匈奴一定数量的棉絮、缯、酒、米和食物，物质需求是匈奴发动战争的目的，因此，和亲在一定程度上遏止了匈奴对汉朝的侵扰。

汉文帝即位之后继承高祖、吕后对匈奴的和亲策略。但是，文帝前元三年 (前177) 五月，匈奴右贤王进入河南地 (河套以南)，屠杀抢掠。汉文帝下令丞相灌婴出动八万五千骑兵，前往高奴，攻打右贤王，右贤王逃到塞外。事后，匈奴单于写信给汉朝，诬陷这场战事是汉朝挑起的，匈奴只是误听了右贤王的谗言。汉文帝明明知道匈奴在歪曲事实，但还是卑辞厚礼答应了他们的和亲之请。

不久，冒顿单于去世，其子稽粥 (jī yù) 继位，号曰"老上单于"。

老上单于继位之后，汉文帝决定选派刘姓翁主和亲，但是，这次和亲却给汉文帝带来了一个意想不到的大麻烦！

汉边吏侵每右贤王，右贤王不请。
——《史记·匈奴列传》

和以往一样，这次和亲要有宦官陪伴"公主"同行。但是，这一次选派的宦官是燕地人中行（háng）说（yuè）。中行说可不一般，他是一个非常有能力的人。就是他这么一个宦官，拉开了汉匈之间长达四十四年不休征战的序幕。

中行说起初死活不愿去匈奴，因为作为陪伴翁主和亲的宦官，一旦陪同"公主"和亲，一生注定不可能再回来了。因此，中行说不愿去办这个差。但是，主管此事的官员非要中行说去。无奈之下，中行说愤恨地说："你们一定要我去，我一定会成为大汉的灾星。"

中行说说到做到，到了匈奴，立即就投降了单于。

中行说是那种极容易记仇而且报复心极强的人。汉廷拒绝了他不出使匈奴的要求，使他永远不可能再回到中原，这使他感到非常痛苦。作为一个宦官，中行说的一生已经非常不幸了，但是，他还可以生活在中原，生活在大汉王朝的国土之上，沐浴着温暖的阳光，享受着祥和的气氛，过着农耕民族安定舒适的日子，何况他又在宫中。一旦去了匈奴，终生都不可能再回来，这就意味着他将从此告别大汉舒适安逸的生活，终生与匈奴一起，在塞外开始游牧民族的生活。

其实，比他痛苦的还有和亲的"公主"，她们远嫁异域，远离父母、家庭，以个人之力承受着民族和睦的重担，她们所受的苦一点不比中行说少。

使宦者燕人中行说傅公主。说不欲行，汉强使之。说曰：『必我行也，为汉患者。』——《史记·匈奴列传》

但是，这些"公主"必须担当起民族和解的使者，个人的恩恩怨怨都不能凌驾在民族利益之上。可以说，汉代每一个以牺牲个人幸福的代价来换取民族和平的和亲公主，和守卫国家、血洒塞外的将士一样，都是值得颂扬的英雄。有英雄伟人，就会有无耻懦夫，中行说就是这样的无耻懦夫，中行说把个人的痛苦看得比民族的利益还大、还重要，因此，他要报复自己的民族，报复让他出使异域的汉朝政府。

中行说投降匈奴后，老上单于非常信任他。

中行说怎么报复大汉王朝，又给大汉王朝制造了什么麻烦呢？

第一，破除依赖。

中行说到达匈奴以后，发现匈奴人非常喜欢汉朝送来的丝绵。汉朝送给匈奴人的丝绵和匈奴人原有的皮革相比，既轻又暖。匈奴人生活在蒙古高原上，气候寒冷，他们只能以大草原提供的皮革保暖。皮革虽然保暖性好，但是，和丝绵相比，有一个很大的缺点——太重。丝绵的轻暖是皮革无法相比的，因此，中原的丝绵深得匈奴人的喜爱。但是，丝绵又不是匈奴人生活的蒙古高原生产的，所以，匈奴人在生活上依赖汉朝的丝绵。

中行说认为：匈奴人如果酷爱汉朝人的产品，就会产生对汉朝的依赖，而匈奴对汉朝的依赖最终会葬送掉草原民族自身。所以，中行说到处游说，宣传匈奴必须打破对汉朝物品的依赖。

中行说对老上单于说："匈奴的人口只相当于汉朝的一个郡，但是，却比汉朝强大，原因就在于匈奴的衣服、食物和汉朝不同，不需要依赖汉朝。如果匈奴人改变了自己的风俗，喜爱汉朝出产的东西，那么，汉朝只要拿出自己全部物品的五分之一，就可完全满足匈奴人的物质需求，到了那个时候，匈奴就完全归属于汉朝了。"这对匈奴来说太危险了，因为它关乎匈奴能否独立生存。虽然中行说是一个小人，但我们不得不承认他是一个非常有头脑、有能力的小人，一眼便看出了汉朝和亲纳礼的意图。汉朝地大物博、物产丰富，不缺日用的丝锦帛缎。而匈奴生产单一，日用品匮乏，对又轻又暖的丝绵依赖很大。在核心资源上形成对他人的依赖，必将永远受制于人。

那么，怎么破除匈奴人对汉朝丝绵的喜爱呢？

中行说对匈奴单于说："你把汉朝送来的丝绵做成衣裤，让人穿上它在大草原的杂草荆棘中骑马奔驰，结果，丝绵制成的衣裤都会被刮烂，这证明丝绵不适合匈奴人用，它没有匈奴人的皮衣皮裤结实耐用。"

对于汉朝的食品，中行说建议：全都扔掉，匈奴的牲畜乳汁和乳制品远远胜过大汉的食品。

其实，民族之间互通有无本是一件好事，但是，中行说却刻意地要匈奴民族拒绝汉民族的产品，刻意地在两大民族之间制造对立，导致两大民族长期陷入战争状态。

第二，传授文字。

中行说还向单于身边的人传授用文字记事，以便统计人口和牲畜的数目。

中行说曰：『匈奴人众不能当汉之一郡，然所以强者，以衣食异，无仰于汉也。今单于变俗好汉物，汉物不过什二，则匈奴尽归于汉矣。』——《史记·匈奴列传》

其得汉缯絮，以驰草棘中，衣袴皆裂敝，以示不如旃裘之完善也。——《史记·匈奴列传》

于是说教单于左右疏记，以计课其人众畜物。——《史记·匈奴列传》

中行说传授文字虽有传授汉民族文明的客观效果，但是，中行说的主观动机却是想借此使处于相对落后状态的匈奴更强大起来，以便和汉族政权对抗。

第三，教唆傲慢。

当时汉匈交往，汉朝送给单于的信简（竹简），一根竹简的长度是一尺一寸，中行说教匈奴单于写竹简都是一尺二寸长。而且，中行说还教匈奴单于在信的开头加上"天地所生，日月所置"八个字。于是，汉文帝的信简开头仍是"皇帝敬问匈奴大单于无恙"，匈奴单于的信简开头却变成"天地所生，日月所置，匈奴大单于敬问汉皇帝无恙"。"无恙"，就是无病，这是客气话。中行说教唆匈奴单于加长竹简，表示派头比汉朝大，加上"天地所生，日月所置"八个字，培养匈奴单于的傲慢，借此羞辱汉朝皇帝，制造事端，唯恐天下不乱。

第四，助纣为虐。

本来，匈奴已经是汉朝的心腹大患了。但是，中行说因为熟悉汉朝的地理和军情，还要帮助匈奴单于寻找进攻汉朝的突破口。中行说的这种行为对汉朝政权的威胁很大。

汉文帝朝年轻的政治家贾谊在文章中将中行说和匈奴单于并列，扬言要制服单于，鞭打中行说。可见，在贾谊的眼里，中行说非常可恶。史笔如铁，有人千古流芳，有人遗臭万年。中行说不仅在当时让人痛恨，也

请必系单于之颈而制其命，伏中行说而笞其背。——《汉书·贾谊传》

为后世所唾骂。

汉文帝前元十四年冬，在中行说的教唆下，匈奴单于率领十四万骑兵攻入朝那、萧关，杀死了北地都尉孙卬，抢劫了很多百姓和牲畜，到达彭阳（今甘肃镇原县），并派突击队攻入回中宫（秦汉时的离宫，在今陕西陇县），把它烧毁。匈奴侦察骑兵甚至到达了雍地的甘泉宫（秦汉离宫，在今陕西淳化县甘泉山上）。

匈奴这次入侵，对汉文帝震动很大。他亲自慰问军队，并打算亲征匈奴，大臣们都劝不住，最后还是薄太后下令，汉文帝才停止亲征。但是，汉文帝仍然派了一千辆兵车、十万骑兵，驻守在长安旁边防御匈奴的侵扰。同时又派了五位将军，带领大量兵车和骑兵去攻打匈奴。匈奴单于待在汉朝边塞以内一个多月就离开了，汉兵追出塞外就返回了，没能斩杀敌军。

此后匈奴每年都闯入汉朝边境内，杀害和掠夺许多百姓和牲畜，云中郡和辽东郡受害最严重。

汉朝的和亲国策没有给汉朝带来预期的和平，反而带来了麻烦。中行说虽然只是一个个案，但是，他的从中作梗，确确实实是对和亲国策的极大嘲讽。

新仇旧恨　剑拔弩张

老上稽粥单于去世，他的儿子军臣继立为单于。

帝亲自劳军，勒兵申教令，赐军吏卒。帝欲自将击匈奴，群臣谏，皆不听。皇太后固要帝，帝乃止。——《史记·孝文本纪》

汉文帝后元六年 (前158)，匈奴三万骑兵大举进攻上
郡、云中郡，杀死许多汉人，抢掠了大量财物。汉朝派
出张武等三位将军，驻军北地、代国句注与赵国飞狐
口。边塞一线，各派兵坚守，防备匈奴入侵。同时安排
周亚夫等三位将军率兵驻守长安西边的细柳、渭河北
岸的棘门和霸上，以防御匈奴。匈奴骑兵侵入代地句注
边界，报警的烽火便通向甘泉和长安。几个月后，汉朝
兵马来到边境，匈奴远远地离开边塞，汉朝的军队也就
作罢。

此后一年多，汉文帝去世。

汉文帝当上皇帝是他一生中的幸运，但是，当上皇
帝的汉文帝却经历了匈奴三次大规模的入侵，使他担
惊受怕，又是他的不幸。

汉文帝一朝历经了匈奴冒顿、老上、军臣三代单
于，匈奴发动了对汉朝的三次大规模侵扰。

汉景帝继位之后，发生了吴楚七国叛乱。匈奴又想
借汉朝内乱，同赵国联手，入侵边塞。后来，汉朝军队
围困并攻破赵国，这才迫使匈奴中止了借吴楚七国之
乱入侵汉朝的念头。

与汉文帝相比，汉景帝要幸运得多。至少没有像文
帝朝那样经受匈奴多次大规模入侵。

尽管汉景帝知道匈奴想趁吴楚七国之乱兴风作浪，
但是，他还是坚持和匈奴和亲，互通关市，送给匈奴礼

又置三将军，军长安西细柳、渭北棘门、霸上以备胡。胡骑入
代句注边，烽火通于甘泉、长安。——《史记·匈奴列传》

物，派遣公主嫁给单于。所以，直到汉景帝去世，匈奴虽然时有骚扰边境的小活动，却没有大的侵略行动。

可见，自高祖对匈奴实行和亲政策以来，匈奴之患始终未能解决。

所以，汉武帝征战匈奴首先是两大民族的宿怨：和亲无效，征战雪耻。

汉武帝十六岁登上皇帝之位，第二年，十七岁的汉武帝派人出使西域。汉武帝派人出使西域的目的就是断匈奴的右臂，为大规模对匈奴作战进行准备。

为什么汉武帝一即位就开始布置对匈奴作战呢？为什么他不再像其父其祖一样实行和亲呢？

军事斗争归根结底是经济实力的较量，汉匈战争也不例外。西汉初年，历经了十余年暴秦的残酷统治、三年的反秦战争、四年的楚汉战争，社会经济受到了重创。

当时的经济状况，《史记·平准书》有这样的记载：

汉兴，接秦之弊，丈夫从军旅，老弱转粮饷，作业剧而财匮。自天子不能具钧驷，而将相或乘牛车，齐民无藏盖。

汉朝继承的是秦朝的烂摊子，壮年男子参军打仗，老弱之人还要运送粮饷，事务繁忙而财政匮乏，皇帝都备不齐一辆四匹同样颜色马拉的车子，大将、丞相有的乘坐牛车，老百姓家中没有吃的也没有盖的。这种经济状况怎么打仗？

西汉王朝并不是不想和匈奴武力较量一番，只是刘邦、吕后、文帝、景帝时代需要一个安定的环境来休养生息、恢复生产，也只能对匈奴先放任一段时间，等到秋后算账了。

经过惠帝、吕后、文帝、景帝至武帝初年，汉朝的经济状况有了很大的好转。到了武帝初年，经过七十多年的休养生息，国库的粮食堆得满满的，其他财物也非常多。京城积聚的钱币千千万万，甚至穿钱的绳子都朽烂了，导致无法统计到底有多少钱。太仓中的粮食，新陈相继，有的都露天堆放，甚至腐烂变质不能吃。

至今上即位数岁，汉兴七十余年之间，国家无事，非遇水旱之灾，民则人给家足，都鄙廪庾皆满，而府库余货财。京师之钱累巨万，贯朽而不可校。太仓之粟陈陈相因，充溢露积于外，至腐败不可食。——《史记·平准书》

这说明到武帝初年，西汉的经济实力已经可以支撑对匈奴的作战了。换句话说，汉武帝已经有了与匈奴作战的本钱了。

经济状况的全面好转，军事力量必然增强，我们可以从两方面谈谈：

第一，边地粮食充足。

随着整个国家粮食的充足，边境地区的粮食储备也充足了。汉文帝时期，采纳了晁错的建议，为了保证边地粮食的供应，送粮到边地的人可以得到爵位（入粟拜爵）。这样，边地的粮食供应状况得到了很大的改善。

爵位是中国古代的一种政治等级制度。爵位没有行政职能，它主要用来确定皇亲、功臣世袭的政治名位和经济权力。爵位不仅有军功爵，而且还有民爵。普通百姓有了爵位，一旦犯罪，用爵位还可以免罪。这样一来，就有效地刺激了人民对边关粮草支援的积极性，反正老百姓家里粮食多，吃不完也会烂掉，送到边关充军粮还能换个"免罪金牌"，何乐而不为呢？于是边关的军粮得到了切实的保障。

第二，军事实力增强。

汉武帝时期对匈奴作战的军事准备主要是两点：

一是战马，二是弓箭。

连年征战，尸横万里，血流成河，阵亡的士兵尚且无法统计，更不用说死掉的战马了，自是不计其数。因此，汉初马匹奇缺，毕竟物以稀为贵，而且肯定不能指望北边的邻居匈奴给汉朝送马过来，所以当时马的价格也极高。但是，经过七十多年的休养生息，武帝初年，马匹数量剧增。百姓住的普通街道都有马，田野中的马更是成群，乘坐怀孕母马的人都被人看不起并被拒绝参加聚会。

民间有了这么庞大数量的马匹，军用马匹的问题就好解决了。

马一匹则百金。——《史记·平准书》

众庶街巷有马，阡陌之间成群，而乘字牝者傧而不得聚会。——《史记·平准书》

匈奴兵力的强盛之处，除了骑兵的机动性，当属匈奴骑手的弓箭射术非常精湛。而中国自春秋战国时代就有了弩机 (一种用机械方法发射的弓箭)，弩机是弓箭的升级版本。刘邦、项羽荥阳之战时，项羽曾经伏弩射中刘邦的胸部，这是刘邦一生两次致命箭伤的第一次 (另一次是平黥布之乱受的箭伤)。可见，楚汉战争时期，中原军队已广泛使用弩机。弩机借助于机械力量，发箭迅速而密集，可以压制匈奴骑兵的"火力"，这成为汉武帝与匈奴进行决战的另一法宝。

从各个方面来说，西汉政权到了汉武帝时期已经具备了和匈奴作战的各种条件，而且，汉匈之间自汉初以来的矛盾始终得不到长期有效的解决，汉匈双方力量的对比至汉武帝时期已经形成汉强匈奴弱的局面，这些因素促使汉武帝决心运用军事手段解决汉匈矛盾。

汉武帝之所以一即位就要对匈奴作战的第二个原因是机遇：条件成熟，征战平乱。

既然已经腾出手来了，那就好好教育一下早就该教育的匈奴吧。之前不管你，现在要打到你服为止。于是，汉武帝对匈奴的战争是一打到底，一打就是数十年，为什么汉武帝对匈奴的作战要坚持打到底，几乎是毕其一生呢？

生活在汉朝北边蒙古高原的匈奴民族，由于处于降雨稀少的草原上，这种生存状态决定了匈奴民族只能以放牧为生而不可能成为以农耕为主的民族。

游牧民族的生存状态与农耕民族的生存状态差别很大。草原的生态状况决定了这一游牧民族不可能像农耕民族一样具有丰富的农产品和相应的生活奢侈品，因此，在游牧民族和农耕民族两大民族并存的状况下，游牧民族获取本民族无法生产的生活用品只有两种方法：一是边境贸易（互市），二是掠夺性战争。本来，彼此之间通过贸易互通有无是一种最符合两大民族长远利益的做法。但是，匈奴民族一开始就采取了一种错误的做法，利用本民族的军事优势，靠掠夺来获取生产资料和生活资料，造成了两个民族的悲剧。

华夏中原是礼仪之邦，中华民族也是和平亲善的民族。人不犯我，我不犯人，人若犯我，我必犯人，匈奴长期的军事掠夺是汉匈战争的深层背景。

由于有了两个民族这一深层矛盾，战争成了特定时期解决问题的唯一办法。而且，汉武帝这种持续不断的军事打击，对于保护汉朝的农耕生产、扩大汉朝的统治地域、转移国内的矛盾也有作用。

这就是汉武帝对匈奴长期作战的第三个原因——利益：发展扩张，征战有利。

事实证明，汉武帝持续作战的本身副作用也非常之大。

总之，汉匈之间的关系已经到了剑拔弩张的地步，战事迫在眉睫，不可避免。

战和两派　争议胶着

人的思想一旦成为定式，要想改变是很难的，至少短期内很难改变。从高祖到武帝，长达半个多世纪的和亲已经成为西汉的既定国策，改变这一既定国策能够得到广泛的支持吗？

汉武帝建元六年（前135），"匈奴来请和亲，天子下议"《史记·韩长孺列传》。此时，汉武帝即位已经六年，面对匈奴的和亲，汉武帝将是否和亲这件大事提交朝议。朝中的大臣面对匈奴的和亲要求议论纷纷，有人主战，有人主张继续和亲。

主战派以大行（外交部长）王恢为代表，主张和亲的以御史大夫（副丞相，主管监察、司法）韩安国为代表。

王恢是燕地人，多次在边地任职，熟悉边地与匈奴打交道的事，因此，坚决主张对匈奴作战。王恢主战的理由非常简单，就是一条：匈奴毫无信义可言！每次与匈奴和亲，至多不过几年就毁约入侵。数十年来都是如此。对于这样一个毫无信义可言的民族，最好的方法就是用军事打击的方法打败它，战胜它，否则，永无宁日！

> 汉与匈奴和亲，率不过数岁即复倍约。不如勿许，兴兵击之。
> ——《史记·韩长孺列传》

韩安国认为，对匈奴作战是出兵千里，无利可言。这里面有两点原因：

第一，难以制服。

匈奴是游牧民族，流动性太强，他们没有任何仁义可言，所以，很难制服他们。

> 今匈奴负戎马之足，怀禽兽之心，迁徙鸟举，难得而制也。
> ——《史记·韩长孺列传》

第二，以劳伐逸。

我们千辛万苦地找他们作战，等到我们找到他们之时，我们自己早已经累得筋疲力尽了，怎么可能打败匈奴呢？这就好像强弓射出的箭，到了最后快落地的时候，连一幅极薄的丝绸都无力穿透；又好像一场大风，到最后风停之时，连一根鸿毛都不能吹起来。这绝不是因为强弓最初射出的箭没有力量，也不是因为大风最初没有力量，而是因为到了最后的时候，箭和风都没有力量了。所以，攻击匈奴有许多不便，不如和亲。

韩安国的朝议发言，确实有点演讲拉票的味道，而且非常见效，朝中的大臣大都支持韩安国的意见。我们需要讨论三个重大问题：

第一个问题，王恢和韩安国谁的话有道理呢？

王恢的话抓住了汉初以来汉匈关系的一个关键：和亲不能长期保持两个民族的和平。所以，王恢讲的是大道理。

韩安国的话也有道理。韩安国强调了两点：一是匈奴民族的特点是难以制服，二是对匈奴作战非常不易。

匈奴民族生活在广袤的蒙古高原之上，土地极为广阔，流动性又非常强。因此，你要进攻匈奴必须深入蒙古高原的腹地。这样长距离的奔袭之战，胜败极难估计。就算赢了战事，付出的代价也极大，往往得不偿失。

汉数千里争利，则人马罢，虏以全制其敝。且强弩之极，矢不能穿鲁缟；冲风之末，力不能漂鸿毛。非初不劲，末力衰也。击之不便，不如和亲。——《史记·韩长孺列传》

从这两点看，韩安国的话是有道理的。

王恢的主张是一劳永逸地解决问题，韩安国的主张仍然是临时性的应急措施。因此，韩安国讲的是小道理。

王恢和韩安国的话都有道理，但是，一个讲的是大道理，一个讲的是小道理。最终，小道理要服从大道理。

第二个问题，为什么多数大臣支持韩安国的意见呢？

大臣们的因循守旧思想在起作用。韩安国的主张是自汉高祖以后施行了七十年左右的政策，它虽然是保守疗法，但是风险不大。王恢的主张是想根治疾病，可是，这种大手术有机遇也有风险，而且，有时这种风险还很大。

因此，多数大臣支持韩安国是必然的。

第三个问题，汉武帝究竟是什么态度呢？

试想一下，一个沿用七十年之久的传统，为什么到今天汉武帝的态度开始动摇了呢？如果汉武帝的意识里主张和亲，大可不必当朝议论，按照以往的套路来就可以。汉武帝偏偏要召开朝议，说明汉武帝的心里已经对匈奴有了杀机，所以，汉武帝毫无疑问是一个主战派。他一生在位五十四年，对匈奴作战长达四十四年，但是，出人意料的是主战的汉武帝却最终同意了韩安国的意见。

坚决主战的汉武帝为什么会同意韩安国主张和亲的意见呢？汉武帝是真的要继续汉初以来的和亲政策，还是另有难言之隐？

请看：马邑之谋。

马邑之谋

建元六年（前135），面对匈奴的和亲要求，汉武帝采纳了以御史大夫韩安国为代表的多数朝臣的意见，否定了坚决主张对匈奴进行武力打击的大行王恢的意见，对匈奴继续和亲。一位积极主战的皇帝却采纳了大臣们和亲的主张，绝对不是汉武帝不想用兵，而是汉武帝刚刚即位，他既想对匈奴作战，又想找到一个零风险对匈奴作战的方案。那么，什么是零风险的对匈奴作战方案呢？

汉武帝采纳韩安国的和亲意见后的第三年（元光二年冬十月），他突然召集大臣们说："我把宗室的公主打扮得漂漂亮亮的嫁给单于，又给了他们丰厚的财物，我大汉待匈奴不薄啊！单于又是怎么对我的呢？我得到的却是单于的傲慢和无休止的入境抢劫。我非常郁闷。如今我打算出兵攻打匈奴，你们觉得怎么样？"

汉武帝这番话有两点非常值得关注：

一是汉朝对匈奴不薄，匈奴却以抢劫和傲慢相报。

二是汉武帝打算对匈奴用兵。

此前，汉朝一直对匈奴和亲，可以说和亲是汉朝处理汉匈关系的既定国策。汉武帝为什么突然改变既定国策呢？

汉武帝提出对匈奴用兵的元光二年（前133），匈奴并未入侵，而且，自三年前（建元六年）汉武帝与匈奴和亲以来，匈奴也没有大规模入侵。汉匈关系在建元六年（前135）至元光二年之间处于一种相对平静的状态。因此，不存在匈奴突然入侵迫使汉武帝宣布对匈奴动武。

在汉匈关系相对平静之时，汉武帝突然提出了对匈奴用兵的新国策，只能有一个解释：那就是汉武帝早就打算对匈奴动手，只是他在苦苦地等待，苦苦地寻找。

汉武帝到底要等什么，要寻找什么东西呢？这个问题也只有两种答案：

一是最合适的机遇，二是最合适的方案。

朕饰子女以配单于，金币文绣赂之甚厚，单于待命加嫚，侵盗亡已。边境被害，朕甚闵之。今欲举兵攻之，何如？——《汉书·武帝纪》

建元六年 (前135) 匈奴主动和亲之时，朝中就爆发了主战派与和亲派的两派争论。和亲派的代表人物韩安国陈述了对匈奴作战的巨大风险，迫使汉武帝不得不去寻找一个恰当的机遇，一个稳妥的方案。

究竟什么是零风险的对匈奴作战方案呢？

武帝放狠　王恢亮剑

元光二年 (前133) 汉武帝把自己对匈奴作战的意见提交朝议之后，御史大夫韩安国和大行王恢再次成为主战与和亲两派的核心人物。

王恢与韩安国两人各持己见，唇枪舌剑，互相诘难。

这场朝议争论的焦点有三个：

一是要不要对匈奴作战。

王恢认为，战国时代的代国，北边面对匈奴的侵扰，南面还得对付中原的战乱。即使如此，代国还能够保护自己的百姓，过着正常的生活，匈奴也不敢轻易侵略代国。我们今天以陛下之威，统一天下，匈奴反而三番五次地入侵边地，主要原因是匈奴心中已经没有任何畏惧了。所以，匈奴对我们大汉反而比对当年一个小小的代国还要嚣张。因此，必须打，狠狠地打，打得匈奴知道畏惧才行！

王恢这番话的核心是要扬大汉国威！

韩安国延续过去的观点，认为对匈奴作战实在是无利可言。匈奴是游牧民族，居无定所，汉军深入沙漠腹地，一是很难找到匈奴主力 (找不到)，二是一旦遭遇匈奴主力，也是以疲劳之卒面对匈奴的精锐之师，很难打赢 (打不赢)，三是占了匈奴沙漠不算国土扩大，夺了匈奴的百姓也不算汉朝强大(划不来)。

二是如何看待高祖和亲。

汉高祖刘邦被困白登七日，无计可施，几乎陷入绝境，狼狈至极。最后还是陈平献计，贿赂并利用了单于的阏氏，才得以突围。

突围之后，刘邦头脑冷静了，采纳刘敬的意见，对匈奴和亲。

高祖刘邦在西汉政坛上拥有很高的威望，所以，刘邦的和亲国策成了刘邦之后主战派与和亲派每每争议的焦点。

当年吕后接到冒顿单于的骚扰信时，勃然大怒，主张立即出兵，樊哙借机扬言："我只要带十万军队就可以横行匈奴。"一时间，朝堂之上一片喊打之声。这场危机最后怎么化解了呢？

原来是季布指出："当年高祖皇帝带四十万精兵讨伐匈奴，最终却被包围在白登，困守七日。以高祖皇帝的英武，尚且打不过匈奴，樊哙怎能说用十万之众横行天下？秦国致力攻胡，导致陈胜、吴广起兵。如今创伤未好，樊哙又欺骗陛下，动摇朝廷。"

心气极高、手握大权、专横跋扈的吕后，听了季布的话，一言不发；最终同意季布的意见，继续和亲(太后罢朝，遂不复议击匈奴事)。吕后面对如此凌辱却能忍气吞声，在其一生中是唯一一次。我们可以因此而评论吕后以大局

季布曰："樊哙可斩也！夫高帝将兵四十余万众，困于平城，今哙奈何以十万众横行匈奴中，面欺！且秦以事于胡，陈胜等起。于今创痍未瘳，哙又面谀，欲摇动天下。"是时殿上皆恐。——《史记·季布栾布列传》

为重，以国事为重，不争一己的面子。但是，我们不能否认：刘邦的和亲之举对吕后有着多么大的影响！因此，在汉匈关系史上，刘邦的和亲国策成为和亲派的一张王牌，也成为主战派一道难以逾越的鸿沟。如果对匈奴作战，必须有一个如何正确认识汉高帝和亲匈奴的问题。

韩安国认为，当年高祖皇帝被困平城七天，饭都吃不上，但是，一旦解了平城之围，却毫无愤怒之心。这是因为高祖皇帝以天下为大，不会因为一己之私怒而伤害天下苍生的公益。因此，才有了高祖、惠帝、高后、文帝、景帝五代的和亲国策。

韩安国高举刘邦的大旗，称颂刘邦不因自己的私怨而损害天下苍生的公益，目的是想借刘邦和亲这面大旗为自己的和亲主张寻找经典，寻找理论，寻找支持。

王恢认为，高帝披坚执锐，打了多年的仗，他之所以主张和亲不报平城之围的仇怨，不是因为自己没有力量，而是想让天下百姓心里得到安宁。如今边境屡屡遭到侵犯，天下苍生尸骨累累，这是任何一个具有仁爱之心的人都痛心的事。王恢实际上是说，如果高祖在世，也一定不会坐视天下苍生被匈奴屠杀。

王恢有意避开了汉初的经济实力、军事实力不足以支撑对匈奴作战这个关键问题，把刘邦的和亲匈奴说成是刘邦不想让天下苍生再次受苦。

且高帝身被坚执锐，蒙雾露，沐霜雪，行几十年，所以不报平城之怨者，非力不能，所以休天下之心也。今边竟数惊，士卒伤死，中国槥车相望，此仁人之所隐也。——《汉书·窦田灌韩传》

王恢的这个说法非常巧妙。

其一，刘邦当年并非无力攻打匈奴才和亲，因此，从汉初以来，根本不存在是否能打过匈奴的问题。

和亲派一直以刘邦打不过匈奴才和亲作为一件法宝，一旦遇到主战派就祭起这件法宝。但是，王恢偏偏对刘邦和亲作了另一种阐释，他认为：刘邦绝不是打不过匈奴才和亲，而是不愿让经历了太多苦难的百姓再受战争之苦。

王恢之说是否为刘邦当年的真实情况可以置而不论，但是，这种说法最能封住和亲派的嘴巴：当年不是打不过，现在更不是打不过。同时，又大大美化了刘邦，即使人们不认同王恢的说法，但是，谁敢驳斥王恢的意见啊？因为，驳斥者一旦开口，马上就会陷入一个严重的政治危机之中——诬蔑高祖刘邦！生前的刘邦，打了一辈子仗，死了以后还要时常被人拉出来当个形象招牌。刘邦表示，他真的很忙。

其二，刘邦当年是为了百姓不受苦才和亲，现在的状况却是百姓天天受匈奴侵扰之苦。因此，为了解脱百姓的苦难，必须对匈奴进行武力围剿。

和亲派以刘邦和亲匈奴作为今日和亲的依据，王恢提出刘邦和亲是为了天下苍生不受苦的新说，使刘邦和亲成了今日对匈奴用兵的依据。这是王恢的一大创造！

三是如何对匈奴作战。

韩安国认为，用兵的诀窍是以饱待饥，以逸待劳。如今汉军长驱直入，深入匈奴腹地，后勤补给线太长。而且，士兵经过长途跋涉，疲惫不堪，实在难以获得成功。

　　韩安国的这个意见应当说是有一定道理的，但是，王恢针对韩安国的意见提出了一个让韩安国无法回击的方法。这是一个什么作战方案呢？它竟然能让坚决主张和亲的韩安国哑口无言呢？

　　原来，王恢这一次提出的作战方案，并不是深入到匈奴腹地，而是引诱单于到汉朝的边境，然后选派精兵，埋伏在指定地点的周围。或在其左，或在其右，或挡其前，或断其后。这样，一定可以擒获单于，大败匈奴。

　　这实际上是一种诱敌进入埋伏圈的作战方案，所以，它可以完全规避韩安国提出的对匈奴作战的最大风险——找不到，打不赢，划不来。这就是汉武帝苦苦等待、苦苦寻找的零风险对匈奴作战方案——马邑之谋。

　　原来，王恢提出的马邑之谋是这次汉武帝突然宣布要对匈奴作战的主要原因。

　　所谓"马邑之谋"，是马邑（今山西朔州市）富豪聂壹（《史记》称"聂翁壹"）通过大行王恢提出的一个计谋：匈奴刚刚与汉朝和亲，对汉朝的边地还比较亲和，不如趁此机会引诱匈奴单于偷袭马邑。同时埋伏下大量精兵，一旦匈奴单于前来，就在马邑将匈奴主力一举歼灭。

　　王恢、聂壹的"马邑之谋"之所以诱人，是因为这条计谋让汉军避开了千里奔袭的疲劳和出师无功的困境，而是将匈奴单于引到汉朝边地小城马邑来，然后将

恢曰：『不然。臣今言击之者，固非发而深入也。将顺因单于之欲，诱而致之边，吾选枭骑、壮士阴伏而处以为之备，审遮险阻以为其戒。吾势已定，或营其左，或营其右，或当其前，或绝其后，单于可禽，百全必取。』上从恢议。——《资治通鉴》卷十六

其一举歼灭。这样，既消灭了单于主力，又没有韩安国担心的劳而无功、以疲惫之卒对付匈奴精锐之师的弊端。

可以说，马邑之谋是一个非常完美的零风险对匈奴作战方案。

汉武帝立即批准了。

剑锋所指　功亏一篑

汉武帝批准了马邑之谋后，王恢立即派遣聂壹潜入匈奴。聂壹扮作到匈奴边境贩卖物品的商人，伺机拜见匈奴单于，并对他讲："我能除掉马邑县的县令、县丞，将全城送给您，财物也可全部得到。"军臣单于一听，非常高兴，便相信聂壹，并答应与他里应外合拿下马邑。

聂壹回去以后，杀了一个监狱里判了死刑的囚犯，把他的首级悬挂在马邑城头上。匈奴使者相信，立即报告单于：马邑的守官已经被杀，你们赶紧出兵前来。军臣单于立即率领十万多骑兵，进入武州塞（今山西左云县）。司马迁在《史记·匈奴列传》中概括匈奴人的特点时曾经讲过一句话："苟利所在，不知礼义。"其实，并非只有匈奴人贪图利益，追逐利益是人的本性。军臣单于的这次行动是典

元光元年，雁门马邑豪聂翁壹因大行王恢言上曰："匈奴初和亲，亲信边，可诱以利。"阴使聂翁壹为间，亡入匈奴，谓单于曰："吾能斩马邑令、丞、吏，以城降，财物可尽得。"单于爱信之，以为然，许聂翁壹。
——《史记·韩长孺列传》

聂翁壹乃还，诈斩死罪囚，悬其头马邑城，示单于使者为信，曰："马邑长吏已死，可急来。"于是单于穿塞，将十余万骑入武州塞。
——《史记·韩长孺列传》

型的匈奴人做派，仅仅听了一个素不相识的聂壹的一番话，便冒险采取行动，根本的原因还是利益的诱惑和驱动。可见，贪婪是令人丧失理智和走上绝路的罪恶之源。

至此，我们便可看清马邑之谋的全部内容：聂壹出塞—诱之以利—单于轻信—率兵前来—汉军伏击。如果不出什么意外的话，这一方案的可行性非常强。

为了全歼匈奴单于的主力，汉武帝在聂壹把军臣单于成功诱出之后，埋伏下三十多万精兵，藏匿在马邑城旁的山谷之中。卫尉李广、太仆公孙贺、大行王恢、太中大夫李息、御史大夫韩安国全部出动。各路人马统一归韩安国指挥，并且相互约定：只要单于进入马邑，便出兵进攻。王恢、李息、李广分别从代地出击匈奴辎重。一切都布置好了，大家都屏息等待军臣的出现。

就在这个时候，上天针对汉武帝的一个疏忽，结结实实地给他上了一节军事理论课。单于率十万余骑进入武州塞，离马邑还有一百多里的时候，就发现原野上只见牲畜，却不见一个汉朝百姓。军臣单于对这一现象感到非常奇怪 (怪之)。以往打家劫舍路过的时候，都是一片慌乱的场面。而这次茫茫大漠却冷冷清清，房屋棚舍都在，就是不见人！这是怎么回事？汉武帝还是年轻，城府尚浅，一个疏忽，打草惊蛇，阴谋变成了"阳谋"。

满心狐疑的军臣单于攻下一座烽燧，抓到了汉朝

当是时，汉伏兵车骑材官三十余万，匿马邑旁谷中。
——《史记·韩长孺列传》

的武州尉史（雁门郡郡尉的属官），逼问他其中的原委，这才得知马邑有汉军重兵伏击。军臣单于大惊，对左右说："我本来就有怀疑啊！"匈奴逃出了武州塞后，单于说："我能抓到汉朝的尉史，真是天意啊。"

这边三十万汉兵还埋伏在马邑周围，紧张地等待他们的猎物，那边单于已经出塞而去了。后来塞下传言单于已经退兵，汉兵这才猛追至关塞。可到了之后，哪里还有匈奴的影子？于是汉军也只能灰头土脸地当这次伏击是马邑一日游，宣布撤军了。

王恢率兵三万，听说单于没有与汉军交战就撤退了，担心自己如果照搬事前的约定——攻击匈奴辎重，必定会与匈奴精兵遭遇，汉军势必会吃败仗，损兵折将又劳而无功，倒不如就这么回去，还能保住三万兵力，于是王恢也撤兵而去，马邑之谋失败。

正是单于这个"怪之"的疑问，给他带来了幸运，同时宣告了聂壹、王恢编织的马邑之谋这一完美之梦的破灭。正所谓"一着不慎，满盘皆输"。看似完美的计划，因为一个疏忽，就功亏一篑。

汉军的无功而返使汉武帝大怒，汉武帝尤其怨恨王恢没有出击单于的辎重而擅自罢兵，结果使汉军一无所获。

王恢说："我们开始约定只要单于进入马邑城，主力部队与单于交战，我就率兵攻击匈奴的后勤辎重，这

攻烽燧，得武州尉史。欲刺问尉史。尉史曰："汉兵数十万伏马邑下。"单于顾谓左右曰："几为汉所卖！"乃引兵还。出塞，曰："吾得尉史，乃天也。"

——《史记·韩长孺列传》

天子怒王恢不出击单于辎重，擅引兵罢也。

——《史记·韩长孺列传》

样必然有利可得。如今单于发觉了我们的埋伏，不到马邑城就返回了，我如果再去出击，三万人势必不敌匈奴十万精兵，肯定要打败仗。我知道不攻击匈奴辎重，回来可能也是死，但却为陛下您保全了三万兵力啊！"

汉武帝听了以后，将王恢交给廷尉（司法部长）处理。廷尉依法判王恢当斩。王恢觉得冤屈，但又无法直接对汉武帝讲，于是他私下派人用千金重礼贿赂丞相田蚡。田蚡担心汉武帝责罚，于是对王太后说："马邑之谋是王恢率先主张的，如果事没办成就杀了王恢，那是替匈奴人报了仇啊！"王太后就把这个意思告诉了汉武帝。

窦太后去世后，王太后、田蚡继续牵制汉武帝，汉武帝对此早已心存不满。他对这次汉军无功而返本来就很恼火，王太后、田蚡二人又在一旁指手画脚，这就惹恼了汉武帝。汉武帝对王太后说："这次马邑之谋是王恢首先倡议的，所以我才派了几十万大军。何况，匈奴单于抓不到，如果王恢攻击单于的辎重，还会有不少收获以安慰士大夫的心。现在如果不杀王恢，恐怕无法给天下人一个交代。"王恢听说汉武帝这番话以后，便在狱中自杀了。

王恢之死确实有些冤枉。他为汉武帝苦心经营了一个"完美"的计划，最后却由于单于的意外警觉

始约虏入马邑城，兵与单于接，而臣击其辎重，可得利。今单于闻，不至而还，臣以三万人众不敌，只取辱耳。臣固知还而斩，然得完陛下士三万人。——《史记·韩长孺列传》

上曰：'首为马邑事者，恢也，故发天下兵数十万，从其言，为此。且纵单于不可得，恢所部击其辎重，犹颇可得，以慰士大夫心。今不诛恢，无以谢天下。'——《史记·韩长孺列传》

而破产。他从现实出发权衡利弊，为汉朝保全了三万兵力，自己却被逼上了绝路。

他是第一个因为抗击匈奴而被冤杀的汉廷高官。

马邑之谋的结果如何呢？

王恢的马邑之谋，这个完美的泡泡可以说还没吹出来就破灭了。但是，马邑之谋到底不是一个虚幻的泡泡，尤其对于凶狠的匈奴单于和血性的汉武帝，马邑之谋带来的精神刺激是巨大的。

第一，汉匈关系的转折点。

马邑之谋虽然无果而终，但是，汉匈关系却因此受到极大的破坏。军臣单于侥幸躲过了一劫，并未受到什么伤害，但是他内心的怨恨是可想而知的。

马邑之谋后，匈奴在相当长一段时间内不可能再相信汉朝的和亲了。本来依靠和亲带来的短暂和平就非常不可靠，马邑之谋发生之后，汉匈之间完全断绝了和亲，匈奴频频攻击汉朝边塞，入侵事件不断发生。汉匈关系进入了一个空前紧张的新时期。

> 自是之后，匈奴绝和亲，攻当路塞，往往入盗于汉边，不可胜数。——《史记·匈奴列传》

马邑之谋虽然没有达到预期目的，但是，马邑之谋却成为汉匈关系的一个重要转折点。此前，由于国力的限制，汉朝在汉匈关系中一直都扮演着忍气吞声的角色，要强颜欢笑地向匈奴献出女人、财物来维持苟安的局面以保持社会稳定，为经济发展提供安定的外部环境。这种累积的耻辱和怨气汉武帝早就不能容忍了，他报仇雪耻的意向是蓄积已久的，而马邑之谋恰恰为他提供了宣布对匈奴作战的契机。于是在前朝累积的基础上，他毅然决然地抛弃了和亲国策，选择了铁和血，选择了用战马戈矛、精兵强将与匈奴开战。

第二，作战方略的转折点。

韩安国在两次朝议中反复强调了匈奴民族是游牧民族，流动作战，汉朝如果选择主动出击，必然要深入匈奴腹地，忍受长途奔袭的疲劳，承担深入匈奴腹地作战的种种风险。本来，马邑之谋如果能够成功，匈奴单于主力将会受到致命一击，这对于缩短对匈奴作战的时间、降低对匈奴作战的风险都非常有利。但是这场关键性战役却因一个偶然性因素而功亏一篑，这种诱敌深入、聚歼单于主力的战法从此再也不可能使用。汉军只能采取主动寻找匈奴主力决战的战略，同时还要承担深入匈奴腹地作战的各种困难。

从刘邦和亲到马邑之谋，汉军一直采取消极防御的战略。马邑之谋的爆发与失败给汉军此后的对匈奴作战带来了一系列重大变化。其中，最重要的一个变化是汉军不能再沿袭几十年的防御战略了。汉匈关系的决裂，匈奴的多次入侵，表明汉军还必须加强防御。但是，对于决心彻底消除匈奴威胁的汉武帝来说，仅有防御已经远远不够了。汉军必须主动出击，寻找打击匈奴的机遇，消灭匈奴的主力。这一切都说明汉军对匈奴作战方略面临重大转折。

第三，马邑之谋的评价。

马邑之谋，无果而终，正如沈从文先生所说："凡事都若偶然的凑巧，结果却又若宿命的必然。"看起来非常偶然，实际上却是必然的。

匈奴之患对于中原农耕民族来说由来已久。战国时期的代国就已经面临匈奴入侵的威胁，秦始皇更是为了防备匈奴而修筑了长城。汉朝自建国始，就面临这一大难题。如此漫长的民族纷争，仅仅希望设一个骗局（马邑之谋），靠一次充满变数的伏击战就企图一举解决汉匈之间多年的矛盾，实在是有些想入非非了。

马邑之谋是一次"斩首行动"，如果真的成功了，其结果无非两点：一是杀死了军臣单于，二是消灭了单于主力。

这样，匈奴之患就真正解决了吗？未必！

斩杀军臣单于，消灭单于主力，对解决匈奴对汉朝威胁的作用的确不可低估。但是，军臣单于被杀之后还会有新的单于被拥立。一个强大的游牧民族是不可能仅仅因为死了一个单于、死了十几万军队就会彻底崩溃。虽然斩杀军臣单于之后会重创匈奴，但是，不可能一次性解决两个民族的所有问题。从元光二年（前133）的马邑之谋开始，到征和三年（前90）李广利全军覆灭投降匈奴，汉武帝和匈奴打了四十四年，残弱的匈奴并未被征服，相反，却拖垮了强大的西汉王朝，迫使汉武帝在征和四年（前89）下"轮台罪己诏"，停止对匈奴作战。近半个世纪的征伐尚未完全解决的问题，怎么可能靠一次侥幸胜利彻底解决呢？

马邑之谋宣告了依靠侥幸取胜之路已被封闭，同时也宣告了依靠韩安国这些名臣宿将打击匈奴的终结，汉武帝要想取得对匈奴作战的胜利，不但要改变战略，而且要选择新的将才。治国需要英才，战争尤其需要英才，汉武帝对匈奴作战选择了哪位英才呢？

请看：阿娇失势。

阿娇失势

元光五年（前130），"金屋藏娇"一词中的女主人公、汉武帝的第一任皇后陈阿娇被废长门宫！同时，歌女出身的卫子夫却得到了汉武帝的百般宠爱。这两件事成为中国历史上久传不衰的传奇故事。出身名门的陈皇后为什么会被废？平民歌女卫子夫又怎么会邂逅汉武帝并受到汉武帝的垂青呢？

陈阿娇可不是个一般的女人！她是汉武帝一生中所遇的第一个女人，同时也是汉武帝的姑姑刘嫖的女儿——汉武帝的亲表妹。阿娇的父亲陈午是堂邑侯陈婴的曾孙，陈婴是和项羽同时起兵反秦的重要人物，但陈婴是被裹挟参加反秦斗争的。在东阳年轻人杀死东阳县令而找不到合适领导人时，大家不约而同地想到了陈婴！其实陈婴原本不过是东阳县的一个普通小吏，但名声极大，人们推举他称王，他听从其母"今暴得大名不祥"的告诫，率众归属项梁，后又投靠刘邦，成为高祖刘邦的功臣，被封堂邑侯。到陈午这一代，依然袭封侯爵，并且娶了汉武帝的姑姑馆陶公主刘嫖。

堂邑侯陈午尚帝姑馆陶公主嫖。
——《资治通鉴》卷十七

刘彻从皇十子到皇太子，最终登基称帝，阿娇的母亲大长公主出力很大。作为一种政治交换或者说政治回报，阿娇从太子妃起步，最终成为汉武帝的第一任皇后。

上之得为嗣，大长公主有力焉。
——《史记·外戚世家》

陈阿娇对于汉武帝来说是有恩的，因为她的母亲帮助汉武帝登上了皇帝的宝座。

这么一个有恩于汉武帝的皇后为什么最终被汉武帝废掉了呢？究竟是谁夺走了皇后陈阿娇的位置呢？

其实，陈皇后的被废是多种因素共同作用的结果，事涉陈阿娇、陈阿娇的母亲大长公主刘嫖、卫子夫、汉武帝四个人。

阿娇是被其母刘嫖推上皇后宝座的，她不过是这盘复杂的政治棋局中的一颗棋子。她的想法或许很简单，不像她的母亲那么复杂、贪婪，她只要刘彻爱自己。她的这一美丽梦想虽以"金屋藏娇"的朦胧浪漫揭幕，最终却以"长门之怨"的悲剧结局收场，这又是为何呢？

霸道皇后　骄横母女

陈阿娇的被废，首先是她自身的原因。

一是骄横。

阿娇的母亲大长公主刘嫖为汉武帝由皇十子登基为帝立下了不世之功。这一背景使陈阿娇成为汉武帝的第一任皇后，也使陈阿娇的心中多了几分骄横，少了几分谦恭。

汉武帝与诸多皇帝一样，霸道而专横，这是拥有至高无上皇权的皇帝的通病。与中国历史上其他皇帝相比，汉武帝的霸道、专横更加严重。这是因为汉武帝既有才能，又有大志，加上不受任何约束的皇权和张扬的个性，他怎么能不更加霸道、专横呢？

陈阿娇呢？陈阿娇也非常专横、霸道。她的出身、地位，加上她母亲为汉武帝所做的一切，怎么可能让陈阿娇谦逊谨慎、戒骄戒躁呢？不可能啊！

汉武帝和陈阿娇，一个是男霸天，一个是女霸天，他们之间很难沟通，所以，要他们和谐地生活，绝不可能！

二是无子。

陈阿娇还有一个可以让汉武帝抓得住、说得出口的废后把柄: 无子。

　　汉武帝六十二岁时和宠妃钩弋夫人生下了幼子刘弗陵 (汉昭帝)，可见，汉武帝的生育能力不应当有问题。汉武帝和陈阿娇无子，只能有一个解释，就是阿娇的生育功能有问题。史书记载，阿娇为了治疗不孕症，花了九千万。九千万是多大个数字呢？当时西汉政府一年的总收入是五十三个亿，阿娇治疗不孕症花了九千万，几乎占了国家年总收入的17‰。一个人治病的消费达到这么个比例，骇人听闻啊！但是，命中有时终会有，命中无时求亦无。斥巨资治病，最终还是无效。陈阿娇的无子给了汉武帝一个废后的最佳借口。

与医钱凡九千万，欲以求子，然卒无之。——《资治通鉴》卷十七

　　阿娇被废后，其母大长公主非常不满，当着汉武帝的姐姐平阳公主的面说："皇上如果没有我的帮助就不可能立为太子！现在又抛弃了我女儿，为什么这么忘恩负义？"平阳公主解释说："阿娇是因为无子才被废的啊！"骄横的大长公主刘嫖听到平阳公主的解释亦无词可辩！哪个皇帝不担心后继无人呢？

陈皇后母大长公主，景帝姊也，数让武帝姊平阳公主曰："帝非我不得立，已而弃捐吾女，壹何不自喜而倍本乎！"平阳公主曰："用无子故废耳。"——《史记·外戚世家》

　　三是巫蛊。

　　阿娇的被废，还有一个非常严重的事件作为原因，就是巫蛊。巫蛊，是把一个写上被害人姓名、生辰八字的木偶人埋在地下诅咒他人的巫术。

　　阿娇的失宠，和汉武帝宠爱卫子夫息息相关。卫子夫的得宠，使陈阿娇受不了，她多次寻死觅活，大

吵大闹，使得汉武帝非常恼怒。出于嫉妒、怨恨、焦虑、无奈，阿娇又私招巫师楚服，以巫蛊之术诅咒汉武帝宠爱的嫔妃。不久，事情败露，汉武帝派酷吏张汤严查此案，前后牵连有三百多人。最后，楚服被枭首示众，陈阿娇被废长门宫。

由于当时人们非常相信巫蛊之术，所以，汉武帝对巫蛊一事非常在乎，严办此案。

这件事阿娇实在是办得没水平。陈阿娇要求一个皇帝忠于爱情，只爱她一人，无异于缘木求鱼，痴人说梦。一旦不能得到皇帝的专宠，就寻死觅活，向汉武帝施加压力，这更是火上浇油，促使汉武帝加快了处理她的步伐。至于利用巫蛊诅咒卫子夫，更是荒唐至极，愚蠢至极，促使汉武帝将她立即废掉。

阿娇的被废，她自己负有重大责任。她不明白，皇后之所以是皇后，是因为皇帝的册封。换句话说，有皇帝罩着，皇后才能显贵。皇帝能封皇后，就能废皇后。上帝欲使人灭亡，必先使其疯狂。对汉武帝那种胁迫式的爱让陈阿娇妒火中烧，平时一贯骄横跋扈的她越来越令汉武帝厌恶，被废已是时间问题。

巫蛊事件发生后，陈阿娇被废，大长公主刘嫖知道女儿做了巫蛊，非常惭愧，专门找汉武帝道歉。汉武帝说："皇后做的事太出格，不得不废。希望姑姑不要因此有误解，皇后虽被废，但是，她的生活水平还和原来

女巫楚服等教陈皇后祠祭厌胜，挟妇人媚道。事觉，上使御史张汤穷治之。汤深竟党与，相连及诛者三百余人，楚服枭首于市。乙巳，赐皇后册，收其玺绶，罢退，居长门宫。
——《资治通鉴》卷十八

一样，不会降格。"

第二个人是窦太主刘嫖。

窦太主，时人称大长公主。因为她是窦太后的宝贝女儿，史称窦太主。窦太主刘嫖在女儿阿娇被废一事中责任重大。

一是贪婪。

窦太主最大的过失在于贪婪。她自以为有恩于汉武帝，为汉武帝争得了太子之位，因此，窦太主常常向汉武帝要这要那，无休无止，最后连汉武帝也感到非常讨厌。但是，我们也要明白：恃功恃劳，请托无尽，并非只是窦太主一人犯傻，它是人性的通病。

二是糊涂。

窦太主的糊涂表现为三点：

其一，是对女儿的婚姻缺乏认识。

汉武帝与陈阿娇这种婚姻只是政治联姻，并非出于感情，基于政治利益的婚姻能够稳定吗？陈阿娇的皇后地位能长久吗？作为母亲，窦太主显然太缺乏自知之明了。

其二，陈阿娇的丈夫是皇帝，怎么可能要求一个皇帝忠于爱情，仅仅宠爱自己的女儿呢？作为母亲，在女儿嫁给太子之时，就应当有充分的思想准备：陈阿娇不可能专宠！

何况，汉武帝是一个情种，一生女人无数。如果

窦太主惭惧，稽颡谢上。上曰：『皇后所为不轨于大义，不得不废。后虽废，供奉如法，长门无异上宫也。』——《资治通鉴》卷十八

窦太主恃功，求请无厌，上患之。——《资治通鉴》卷十七

连这样的思想准备都没有，那么，怎么可能将女儿嫁给一位皇子，还千方百计地将他立为太子呢？

其三，对陈阿娇的过度反应没有及早干预。陈阿娇糊涂透顶，反应过度，尚情有可原。但是，大长公主不应当也像当事人一样仅凭意气办事，她应当充分意识到女儿的意气用事最终会闹出个什么结果来。因此，在陈阿娇无子、失宠的情况下，她应当及早提醒陈阿娇有所收敛，不应当再搞什么巫蛊。如果没有巫蛊事件，陈阿娇的皇后之位能否保住尚充满了变数，然而陈阿娇的意气用事发展到巫蛊，这个乱子就闹大了，闹到不可收拾的地步了。所以，与其说是汉武帝废掉了陈阿娇，不如说是陈阿娇的行为逼着汉武帝尽快地废掉了她。

我们不妨拿大长公主对陈阿娇与王太后对汉武帝做一个对比。汉武帝即位之后和陈阿娇、大长公主的关系就出现了裂痕。但是，作为汉武帝母亲的王太后立即进行了干预："你刚刚即位，大臣们并没有臣服。先搞了个明堂，太皇太后已经发怒。现在又得罪了大长公主，这一定会加重你的麻烦。女人容易哄，你应当慎重处理。"汉武帝也听从了母亲的忠告，立即调整了他和大长公主、陈皇后的关系，避免了窦太后建元二年废除建元新政时同时遭到大长公主的打击。为什么王太后能告诫儿子汉武帝调整夫妻关系，而大长公主不能告诫女儿陈阿娇调整夫妻关系呢？原因只有两个：一

皇太后谓上曰："汝新即位，大臣未服，先为明堂，太皇太后已怒，今又忤长主，必重得罪。妇人性易悦耳，宜深慎之。"上乃于长主、皇后复稍加恩礼。——《资治通鉴》卷十七

是王太后比大长公主在政治上更精明，二是王太后没有大长公主与皇权的血缘关系。

刘嫖在亲近王夫人、私定娃娃亲、毁栗姬、废刘荣、誉刘彻、最终将刘彻推向皇帝之位的过程中表现得非常出色。但是，这个女人在胜利之后却表现得非常愚蠢。

因为她认为自己已经胜利了，她可以收获成功了。但是，她忘记了，一旦刘彻登上皇帝之位，阿娇就面临着得宠与失宠两种命运的选择。任何时候，用婚姻要挟皇帝，都不会得到好结果。

柔情歌女　多情皇帝

第三个人是卫子夫。

卫子夫在阿娇失宠被废事件中干系极大！卫子夫邂逅汉武帝，汉武帝一见钟情，才使阿娇疯狂大闹，惹得汉武帝大怒。又因为卫子夫日益得宠，阿娇无计可施，才走上巫蛊之路。结果，不但无济于事，反加速了自己被废的进程！

平民歌女卫子夫是怎么邂逅汉武帝的呢？说起来非常偶然！

卫子夫出身微贱，她本人是汉武帝的姐姐平阳公主 (因其夫是平阳侯曹寿，故称平阳公主) 家中的一位歌女。平阳公主是王太后的长女，是一个很会来事的女人。虽然她贵为

王太后长女号曰平阳公主。

——《史记·外戚世家》

公主，但是，她非常注重协调自己和弟弟汉武帝的关系。她挑选了十几位年轻漂亮的女孩养在家里，打扮得漂漂亮亮，随时准备着汉武帝来她家时挑选。汉武帝即位的第二年（建元二年，前139），汉武帝在霸上参加除灾求福的礼仪后，顺便拐到平阳公主家。

平阳公主让自己挑选的美人都出来见汉武帝，可是汉武帝都不喜欢。喝酒之后，歌女进来唱歌，汉武帝一眼就看上了歌女卫子夫。当天，卫子夫在皇帝专用的车中侍奉汉武帝，得到亲幸。

汉武帝亲幸卫子夫后，特别高兴，当场赏给平阳公主黄金千斤。平阳公主立即看出来汉武帝对卫子夫的喜爱，趁机奏请把卫子夫送入宫中，汉武帝当然乐不可支。卫子夫上车后，非常了解汉武帝的平阳公主抚着她的背说："去吧，好好吃饭，好好努力！如果有一天尊贵了，别把我忘了。"在卫子夫临行之前抚背相嘱，表明深刻了解自己弟弟的平阳公主已经知道卫子夫将成为汉武帝的新宠。

卫子夫为什么能够得到汉武帝的垂青呢？

平阳公主原来并没有把卫子夫看在眼里，她精心准备的十几位美女才是她准备进献给汉武帝的"礼品"。但是，这十几位美女偏偏都未入汉武帝的法眼，而本来并不被平阳公主看好的歌女卫子夫却大得汉武帝青睐。这是为什么呢？

武帝初即位，数岁无子。平阳主求诸良家子女十余人，饰置家。武帝被霸上还，因过平阳主。主见所侍美人，上弗说。既饮，讴者进，上望见，独说卫子夫。是日，武帝起更衣，子夫侍尚衣轩中，得幸。上还坐，欢甚、赐平阳主金千斤。主因奏子夫奉送入宫。子夫上车，平阳主拊其背曰："行矣，强饭，勉之！即贵，无相忘。"——《史记·外戚世家》

卫子夫大得汉武帝赏识主要有三点：

第一是歌声。

卫子夫的歌唱得怎么样，史书无载，但是，肯定非常动听。卫子夫不是仅有个漂亮外表的女人，她还有才艺。我们讲戚夫人大得刘邦赏识时，特意提到刘邦喜欢功夫嫔妃、才艺嫔妃。如果汉武帝也是如此的话，这倒成了刘邦及其子孙的一大特点：宠爱有才艺的女人！

第二是美发。

宋代编纂的一部大型类书《太平御览》卷三百七十三《人事部·鬓》记载了一件事："《史记》曰：'卫皇后字子夫，与武帝侍衣得幸。头解，上见其发鬓，悦之，因立为后。'"今天传下来的《史记》没有记载这件事。《汉武故事》也说卫子夫的一头秀发大得汉武帝的欣赏："子夫遂得幸，头解，上见其发美，悦之，纳于宫中。"东汉著名文学家张衡在他的名作《西京赋》中也有一句名句："卫后兴于鬓发。"根据这些记载，卫子夫的一头秀发为她带来了好运。

这一年，汉武帝刚刚十八岁。汉武帝的欣喜（欢甚），汉武帝对平阳公主的重赏，使我们看到了汉武帝对卫子夫的到来多么喜爱——真是天上掉下来个林妹妹。年轻的卫子夫像当年的戚夫人一样，貌美而又善才艺，因此大得刘彻宠爱。卫子夫的得宠非常偶然，非常顺利，一下子就赢得了刘彻的心。

一头秀发、身怀绝技的卫子夫入宫以后，会延续她在平阳公主家中的好运吗？

事实是，卫子夫入宫一年多，竟然再也没有得到汉武帝的召见，更不要说亲幸了。

这岂非咄咄怪事?

一个大得汉武帝欢心的年轻美人入了宫却再也得不到汉武帝的赏识了,究竟是为什么呢?

这并不难理解!

首先,汉武帝是偶然路过平阳公主家,邂逅了一头秀发、身怀绝技的卫子夫,令他一时间魂不守舍,欢喜若狂。但是,回到后宫佳丽如云的宫中,卫子夫自然不那么抢眼了。美人之美,从来都是相对的(美的相对性),在只有十几位美女的平阳公主家,卫子夫非常扎眼。到了"后宫佳丽三千人"的后宫,要想得到"三千宠爱在一身"却非常不易了。

其次,宫中制度限制。宫中嫔妃并不能自由地见到皇帝,她们要见到皇帝,除非皇帝钦点否则必须有一定的程序。如果卫子夫能在宫中再次见到汉武帝,她的才艺一定会得到汉武帝的垂青。但是,宫中严格的管理制度却始终没有留给卫子夫再次面见汉武帝的机会。

卫子夫和汉武帝的"第二次握手"已是她入宫一年多以后了。

当时,汉武帝把不打算留在宫中的宫女挑出来,让她们出宫回家。正是这一次大裁员,才给了卫子夫和汉武帝"第二次握手"的机会。卫子夫一见到汉武帝,马上哭着请求出宫。如果不是汉武帝准备对宫女进行

入宫岁余,竟不复幸。武帝择宫人不中用者,斥出归之。卫子夫得见,涕泣请出。——《史记·外戚世家》

大裁员，卫子夫不知道又要被刘彻遗忘而隐没于宫中多久。

看到卫子夫哭泣着请求出宫，看见她一副楚楚可怜之态，看到卫子夫梨花带雨的面容，刘彻动了怜悯之心，毕竟这是他第一个发自内心喜爱的女人。

由此我们可知，在歌声、美发之外，卫子夫得汉武帝赏识的第三点是小女儿态。我们知道，卫子夫的出身卑微，她的母亲卫媪只是平阳侯家的一个婢女。因此，卫子夫没有阿娇的骄横霸道，而有别具一格的小女儿态。

汉武帝整日面对的是一个标准训练出来的高贵典雅的三千佳丽，卫子夫的这番梨花带雨，让他体验了一次平民百姓般的酸酸甜甜的小爱情。再比较陈阿娇的爱情麻辣烫，还是卫子夫的小女儿态更能打动汉武帝。所以说，卫子夫不仅是才艺嫔妃，而且还是平民嫔妃。

于是汉武帝再次亲幸卫子夫，卫子夫也真争气，因为汉武帝的宠幸而有了身孕。卫子夫怀孕之后，一天比一天更受汉武帝的尊宠。此前，阿娇没有为汉武帝生下一男半女，卫子夫迅速地为汉武帝生下了一男三女。特别是长子刘据出生时，汉武帝已经二十九岁，喜得长男，非常兴奋。

卫子夫这个"灰姑娘"的命运终于被改写了！

卫子夫在阿娇被废一事中起了什么作用呢？

上怜之，复幸，遂有身，尊宠日隆。
——《史记·外戚世家》

一是卫子夫与汉武帝的相识，注定了陈阿娇的被废。

二是卫子夫得到武帝的宠幸，导致了阿娇的迅速被废。

但是，卫子夫所做的这一切并非像汉武帝的母亲王夫人一样是有备而来。卫子夫的入宫纯属偶然，卫子夫的受宠也纯属偶然。卫子夫并没有像王夫人一样刻意和栗姬争夺皇后之位，一切似乎都有着一种命运之神的眷顾。

从汉高祖刘邦到汉武帝，我们曾经分析过许多活跃在皇权周围的女人。这些女人大致可分为三类：

第一类是政治型的女人。她们是"动什么都别动感情"型，如吕后、王夫人等。吕后并不十分在乎刘邦宠幸哪个嫔妃，她更在乎的是太子是不是她的儿子。宛如今天的有些女孩相亲只问"收入几何，房产几处，轿车几辆"，至于长啥样、多大岁数倒忘了问。所以，政治型的女人非常务实，非常现代。

第二类是小女人型的。她们的特点是"将爱情进行到底"，如戚夫人、栗姬、卫子夫、陈阿娇等。陈阿娇的"胁迫式的不顾一切"，卫子夫受"幸运之神的眷顾"，就像现在有些青春偶像剧，总有一个费尽心机也得不到真爱的女二号，和"与世无争、楚楚可怜"却集万千宠爱于一身的女一号。看来从古至今，现实也好，虚构也罢，要想当女一号，还得卫子夫型的。

第三类是混合型。既有一定的政治头脑，又不具备真正的政治头脑的女人，她们"一半是海水，一半是火焰"。如刘嫖，辅佐刘彻即位是海水，平地起波澜，无风三尺浪，深谋远虑；纵容女儿争宠时是火焰，不顾一切，烧起了汉武帝的怒火，也烧毁了陈阿娇的皇后权位。她们既有一定的政治头脑，又常常因为利益而发昏，这种女人最可怕，也最可怜。

表面上看，小女人型的女人和政治型的女人追求同样的东西——皇后之位，但两者有本质的差别。对于政治型的女人来说，皇后之位就是目标。对小女人型的女人来讲，皇后之位不过是手段，她们最终想要得到的是皇帝的真爱。其实陈阿娇和卫子夫都是小女人型，只是陈阿娇对刘彻那种胁迫式的、报恩式的情感要求不同于卫子夫对刘彻小鸟依人的方式，她的骄横傲慢不同于卫子夫的柔情似水。她嫉妒卫子夫好几次差点死掉，她一手操办的巫蛊事件，无一不是小女人做派。

她很想得到刘彻的心，可是路走错了。

有些时候，人们对某些东西过于执着，不懂得改变，于是不惜与天斗、与地斗、与人斗，争到最后也没有争到。然而往往是那些怀有平常心的人，却得到了别人挤破脑袋都争不到的东西。这让我想到《道德经》里的一句话："不自见，故明；不自是，故彰；不自伐，故有功；不自矜，故长；夫唯不争，故天下莫能与之争。"

第四个人是汉武帝。

陈阿娇被废长门宫的命运是汉武帝最终敲定的，因此，汉武帝在陈皇后被废一事中责任极大。

那么，我们如何看待汉武帝的废后呢？

汉武帝废掉阿娇的皇后之位有两大理由：一是无子，二是巫蛊。这两条理由都非常过硬，只要有无子一条就可以废后，第二条巫蛊甚至是可以杀头的理由。

细细思忖，无子是命运，并不是阿娇之过。巫蛊是犯罪，它是糊涂、骄横、无知、无奈的综合反映。

汉武帝废去阿娇的皇后之位，并不为过。只是"金屋藏娇"的故事流传太广，影响太大，相比之下，汉武帝的废后让人对阿娇感叹不已——既感叹"金屋藏娇"的诺言不可靠，又感叹阿娇下场如此凄凉。自古以来，如平常人相交，共享乐易，共患难难。而与天子相交，则是共患难易，共享乐难。拿着一句无心乃至不得已的诺言而一生骄纵无恐，最终玩火自焚，落得个长门废后的下场，谁能说不是自食其果呢？

除阿娇本人因素外，汉武帝自身的性格也不能忽视。汉武帝是一个天生的情种，一生喜爱女人无数，即使没有卫子夫，还会有其他女人受宠。而且，无论哪个女人受宠，都不能容下阿娇。因此，阿娇的被废是必然的。

阿娇的失势进一步提升了卫子夫的地位。

后宫争宠也在改变着王朝的命运，皇室的家事从来都不是皇室一家之事，而是国事、天下事。卫子夫的出现与受宠，阿娇命运的重大转折，为汉王朝对匈奴作战引进了一位杰出人才。这位杰出的将领成为汉武帝时代对匈奴作战的大将军，亦成为另一位对匈奴作战的传奇人物高调亮相的前奏。那么，这位由卫子夫引进的对匈奴作战的大将军是谁？他是怎样一步步走上历史舞台的？

请看：初露锋芒。

元朔元年（前128），二十九岁的汉武帝喜得皇长子刘据。三月，皇长子的母亲卫子夫被册封为皇后，成为汉武帝的第二任皇后。其实，早在卫子夫被册封为皇后之前，她的弟弟卫青已经进入汉武帝的视野了。这位在汉匈战争中立下赫赫战功的大将军，到底是一个什么样的人？他有何过人之处能得到汉武帝的分外赏识呢？

初露锋芒

起于尘埃　香自苦寒

卫青的成长之路，要从建元二年 (前139) 后宫中一起滥用私刑案说起。

建元二年的春天，卫青同母异父的姐姐卫子夫被顺道来平阳公主家游玩的汉武帝宠幸并带回宫中，原来在平阳公主府担任骑奴 (以奴隶身份充当骑兵侍从) 的卫青也因此被安排到建章宫做事。

不久，废后阿娇的母亲大长公主刘嫖听说卫子夫不但得到汉武帝宠爱，而且有了身孕，非常妒忌，便派人秘密逮捕了卫青。当时，卫青没有任何名气，大长公主将卫青囚禁起来，准备杀掉他。卫青被拘禁，眼看就要惨遭毒手。不过，卫青和他的姐姐卫子夫一样运气好，他遇到了一位贵人。这位贵人是谁呢？

他就是公孙敖。公孙敖，义渠 (秦国西北最大的一支少数民族) 人。他当时是汉武帝的骑郎 (骑兵侍从)，与卫青是好朋友。看到朋友遭难，公孙敖觉得应该为朋友两肋插刀，于是带领几名壮士冲进囚禁卫青的地方，成功地把卫青解救出来，卫青这才幸免于难。成功解救卫青的公孙敖亦成为卫青最信任的朋友。

卫青老实本分，却因为他的姐姐卫子夫，不自觉地被卷入了一场后宫之争。汉武帝即位后，和

大长公主闻卫子夫幸，有身，妒之，乃使人捕青。青时给事建章，未知名。大长公主执囚青，欲杀之。
——《史记·卫将军骠骑列传》

其友骑郎公孙敖与壮士往篡取之，以故得不死。
——《史记·卫将军骠骑列传》

皇后阿娇的关系就不好，卫子夫的入宫、受宠、怀孕，使得阿娇妒火中烧。阿娇的母亲窦太主跟她一个鼻孔出气，母女二人嫉妒卫子夫，但是一时又无从下手。于是，窦太主刘嫖便把目光锁定在卫子夫的弟弟卫青身上。要是在平阳公主府，刘嫖或许还不好明目张胆地下手，可是卫青这时已不再是平阳公主府的骑奴了，而是在窦太主能够施展拳脚的宫中，这才有卫青被秘密逮捕，公孙敖拔刀相助。"人为刀俎，我为鱼肉"，这次要不是公孙敖鼎力相救，卫青恐怕性命难保。

发生这样的事情本不奇怪，奇怪的是卫青被解救之后，表现出了超出常人的忍辱负重和宽宏大量，即使后来他当了大将军，也没有再提及这起旧案。汉武帝为了保护卫青，在事情发生之后，立即提拔卫青做了建章宫的宫监，还加封为侍中（皇帝的侍从）。

值得注意的是，卫青对这么一件关乎自己性命的大事，却采取了"冷处理"的方式，似乎完全不放在心上。这是为什么呢？是"君子报仇，十年不晚"，还是纯属胆小怕事，息事宁人？其实，卫青既不是等待"复仇"，也不是生性胆小，是源于出身的无奈与自卑。

人的个性在很大程度上受少年时代的境遇影响。比如刘邦，后来他虽贵为开国之君，也很难摆脱当年作为一个痞男的流痞习气，张口就骂人。卫青到底有着怎样的身世背景，左右了他的人生态度呢？

第一，私生子。

卫青字仲卿，平阳（今山西临汾市）人。他原本并不姓卫，其父郑季是当地的一个县吏，被派到汉武帝的姐姐平阳公主家做事。在此期间，郑季和平阳公主家中的一个婢女私通。这个婢女，《史记·卫将军骠骑列传》说是"侯妾卫媪"，《汉书·卫青霍去病传》说是"家僮卫媪"，其实，"侯妾"和"家僮"是一个意思，即平阳公主家的一个用人。

卫青成年后，有一次跟别人到甘泉宫玩，有一个受了髡钳之刑的囚徒 (钳徒) 懂得相面术，他相了卫青的面之后对卫青说："你将来是贵人啊，官可以到封侯。"卫青听了，笑笑回答："作为一个家奴生的孩子，不挨打就让我很满足了，怎么可能妄想封侯呢？"

卫青自称"人奴之生"，话语中透露出深深的自卑，又有谁解这笑里的凄凉呢！

由于卫青是郑季和卫媪的私生子，卫青本来应该姓郑，为什么后来却姓了"卫"呢？《史记·卫将军骠骑列传》讲"而姊卫子夫自平阳公主家得幸天子，故冒姓为卫氏"。由于同母异父的姐姐卫子夫被皇上宠幸，所以卫青不用亲生父亲的"郑"姓，而改用母亲的"卫"姓。

卫青的母亲卫媪有六个孩子：长女卫君孺，次女卫少儿，三女卫子夫，长子卫长君，次子卫青，还有一子卫步广。卫媪一家的生活很艰难，所以少年卫青被送回他父亲郑季那里。卫青本是郑季和卫媪的私生子，现在被送回郑家，他的嫡母很难善

青笑曰：『人奴之生，得毋笞骂即足矣，安得封侯事乎？』——《史记·卫将军骠骑列传》

青有同母兄卫长君及姊子夫，子夫自平阳公主家得幸武帝，故青冒姓为卫氏。卫媪长女君孺，次女少儿，次女则子夫。子夫男弟步广，皆冒卫氏。——《汉书·卫青霍去病传》

待卫青。郑季无法左右其妻，只能让卫青去放羊。嫡母的孩子们受母亲的影响，对卫青也不好，根本不把他当作自己的兄弟，而把他当奴仆一样使唤。

私生子的身份让卫青从小吃了不少苦，母亲养不起，父亲不疼爱。这种阅历磨炼了少年卫青的坚强和早熟，同时也养成了他谦卑而不张扬的个性。

第二，骑奴。

卫青长大成人之后，到了平阳公主的府邸，做了平阳公主的骑奴。骑奴就是骑兵侍从。虽然是侍从，但是身份是奴仆。卫青在做平阳公主的骑奴期间练就了精湛的骑术和出众的武艺。

卫青的骑奴身份也给他带来了机遇：

一是骑奴的高超武功和精湛骑术使他有能力担纲后来征伐匈奴的大将军。

二是骑奴身份使平阳公主非常了解卫青，致使平阳公主后来再婚时与卫青结合。

卫青卑贱的身份并没有带给他卑贱的人格。这样的一个人，一旦贵为国戚，他不会恃宠骄横。我想，卫青心中更多的是一种诚惶诚恐的感恩之心——感谢苍天，感谢皇帝，感谢命运。这样，我们也就不难理解，为什么卫青能够对妄图置他于死地的"仇人"_(窦太主)表现出难能可贵的忍耐和宽容。

当然，真正改变卫青一生命运的是他的姐姐卫子夫被汉武帝选入宫中。卫青被抓这件事使阿娇母女对卫子夫的嫉妒之心暴露无遗，也使汉武帝对阿娇母女更加不满。

汉武帝把卫青提拔为建章监（建章宫的管理者），并加封为侍中，无非是向阿娇母女以及其他可能对卫氏图谋不轨者高调亮明：我就是卫氏的后台老板！

卫子夫得宠以后，卫氏一家都飞黄腾达：卫青的哥哥卫步广几天之中接受的赏赐就达千金，卫青的同母姐姐都嫁得了金龟婿：大姐卫君孺，嫁给了太仆公孙贺；二姐卫少儿以前与陈平的曾孙陈掌私通，武帝就把陈掌召来，又赏赐，又提拔，陈掌一下子显贵起来。后来汉武帝又升卫子夫为"夫人"（嫔妃的一级），提拔卫青做了太中大夫。卫氏家族迅速飞升，从刘嫖手中救出卫青的公孙敖的地位也因营救卫青一事而备受尊崇。

汉武帝元光五年（前130），巫蛊事件后阿娇被废，卫子夫更得汉武帝宠爱，卫青也更得汉武帝信任和重用。卫青靠外戚身份发迹，但汉武帝和卫青心里都清楚，仅靠裙带关系升官、显赫，必然难以服众。卫青要想在朝中站稳脚跟，还得靠自己。

那么，卫青将怎样靠自己在朝中立稳脚跟呢？军功，只有军功。卫青必须立下军功才能够迅速腾飞。卫青有立军功的机会吗？卫青有立军功的才能吗？

初出茅庐　功冠群将

元光二年（前133）的马邑之谋拉开了汉匈之间由和到战的序幕。汉朝本想用智谋巧胜匈奴，避免深入匈奴腹地作战的风险，但由于被匈奴大单于发觉而失败。这极大地激怒了匈奴单于，此后，匈奴断绝了与汉朝的和亲，常常在边塞的主要干道上袭击、进攻汉朝军民，对汉匈边境的掳掠抢夺更是不可胜数。

元光六年（前129），匈奴进入上谷郡（郡治今河北张家口市），杀戮边吏边民，掳掠牲畜财物，作为对元光二年（前133）马邑之谋的一种报复。

面对匈奴的疯狂报复，汉武帝在元光六年亲自安排了一场出击战。他任命卫青担任车骑将军，和骑将军公孙敖、轻车将军公孙贺、骁骑将军李广四路出击，各率一万骑兵分别从上谷、代郡、云中、雁门出击，攻打匈奴。

这一仗，是元光二年马邑之谋后汉武帝第一次派兵主动出击匈奴，也是自刘邦白登之围后汉军的第一次主动出击。汉军这次的主动出击，拉开了汉武帝朝长达四十余年汉匈战争的序幕。汉武帝主动出兵有两大目的：一是打破匈奴对汉朝边地无休止的骚扰，彻底改变汉朝七十多年的和亲政策，变被动挨打为主动出击。二是让卫青立下军功，可以名正言顺地封赏卫青。

这是卫青人生中第一个可以靠自己的努力抓住的机遇，那么他的表现如何呢？他会让汉武帝失望吗？

这次出兵，四位将军的命运迥异：公孙贺一无所得，没遇上匈奴军队。公孙敖很惨，遭遇匈奴大军，被匈奴打败，损失了七千骑兵。李广更惨，他同样遭遇匈奴主力，不仅打了败仗，而且被匈奴人抓为俘虏。所幸的是李广最后逃了回来。汉武帝将损兵折将的公孙敖、李广关进监狱。按照汉法，二人本当斩首，后来他们俩都缴了赎金，废为庶人。

四路人马唯独卫青不负众望立了功，并被汉武帝封为关内侯。

卫青立了什么功呢？卫青这次出征，直捣龙城，杀死了数百匈奴人。

这无疑是个振奋人心的消息，卫青第一次率兵出征匈奴就立了功。虽然杀敌不多，但是意义非常重大。

第一，震撼。

卫青攻陷龙城，杀死匈奴人只有数百，战绩并不辉煌；但是，对匈奴人震撼极大。自汉朝开国以来，汉匈之间时有摩擦和冲突，从来都是匈奴侵入汉朝边地，杀人越货，而且汉匈交战都是在汉朝边郡，汉军基本没有越过边界深入匈奴腹地作战。这一次，卫青竟然带领汉军骑兵打到了龙城，攻入匈奴的王庭。

这对匈奴人来说，是一个信号：自来都是安全地带的匈奴腹地，从今以后有可能成为汉军经常光顾的地方——整个匈奴再也没有安全之地可言。

第二，激怒。

此次卫青攻陷的龙城，是匈奴祭祀天地祖先、会合各个部落的王庭。对匈奴人而言，龙城不仅仅是他们的政治中心，更是一个宗教圣地，匈奴人对它有一种极为强烈的宗教狂热。

因而，此战更加激怒了匈奴人，战争的扩大已经不可避免了。

第三，报复。

当年秋天，匈奴就数次侵盗边郡，以报复卫青攻陷龙城带来的耻辱。渔阳郡的情形特别危急，于是汉武帝紧急调派时任卫尉的老将韩安国为材官将军，屯兵渔阳郡。

第二年（元朔元年，前128），卫子夫生下汉武帝的皇长子刘据，晋升皇后。这一年秋天，卫青以车骑将军的身份率三万骑兵从雁门出塞，将军李息从代地出塞，两军夹击匈奴。卫青斩杀匈奴数千人，史称"雁门之战"。这是继龙城之战后卫青立的第二功。

值得我们关注的是，这次出塞进攻，汉武帝只派了卫青、李息两人。老将军李广等名将一概未用。龙城之战是汉武帝第一次使用卫青，应当说汉武帝此时对卫青是否有才华还心存疑虑，对他的任用还带有某种试探性。所以，汉武帝派了卫青、李广、公孙敖、公孙贺四员战将分别从四个边郡出征匈奴，而且，在兵力分配上是一人一万。到了元朔元年的雁门之战，汉武帝只派了卫青、李息两人出征，而且，卫青所率军队由当年的一万增至三万，李息只是卫青的副将。这一变化，说明汉武帝对卫青的信任度大大增强。

卫青出雁门又斩杀数千匈奴人，引来了匈奴更大规模的报复。

匈奴大举入侵边境，杀死了辽西太守；侵入雁门，杀死和掳去几千人。韩安国抓到俘虏，俘虏供说匈奴已经远远离去。韩安国立即上书皇帝说现在正是农耕时

青复将三万骑出雁门，李息出代郡。青斩首虏数千。——《汉书·卫青霍去病传》

节，请求暂时停止屯军，让屯军的人回去务农。屯军，就是驻扎军队一边守边，一边垦荒种地。这是中国古代历代政府防守边地的一项成功经验。

没想到韩安国停止屯军刚刚一个多月，匈奴又大举入侵上谷、渔阳。韩安国的军营中仅有七百多人，无法打退匈奴骑兵，只好退回军营，匈奴掠夺了一千多人和牲畜财物而离去。汉武帝听到这个消息后，非常恼火，派使者狠狠训了韩安国一顿，并把韩安国继续向东调动，让他驻守右北平郡，因为当时匈奴的俘虏供说匈奴要入侵东方。

生逢其时　胆略过人

卫青出身骑奴，并未受过多少教育，史书亦未记载卫青读过多少兵书，和他共事的有老一代的名将韩安国、李广，也有同辈的青年才俊公孙贺、公孙敖。但是，为什么在他人一个个失败之时卫青却能初露锋芒呢？如果我们作个对比，卫青不如韩安国深谋远虑，长于运筹帷幄，也不如李广多年驰骋疆场，经验老到丰富。然而韩安国郁郁而终，李广纳钱赎死罪而降为平民，唯独卫青这个年轻人锋芒初露，这是为什么呢？

罢军屯月余，匈奴大入上谷、渔阳。安国壁乃有七百余人，出与战，不胜，复入壁。匈奴虏略千余人及畜产而去。天子闻之，怒，使使责让安国。徙安国益东，屯右北平。

——《史记·韩长孺列传》

首先，运气。

卫青最大的运气在于汉武帝敢于任命他率兵出征。卫青是一个从来没有上过战场的年轻人，因为刘彻宠爱卫子夫，爱屋及乌惠及卫青。加上中国人对血缘宗亲关系的重视，汉武帝看见卫子夫的弟弟卫青会觉得亲切，关照卫青当然是发自汉武帝内心的。这样，卫青被任命为车骑将军，率兵出征。没有汉武帝敢用新人的魄力和封赏卫青的急切心情，卫青不可能成为一名抗匈名将。我们不否认卫青的军事才能，可是，我们也必须承认：机遇有时比才能更重要。卫青有再大的军事才能也必须有施展的机会，有一展拳脚的平台。汉武帝给了卫青一个平台，卫青抓住了这次机遇。

卫青此次的第二个好运是没有遭遇匈奴主力。

我们不妨看看李广。李广是边地宿将、名将，名气非常大。

但是，元光六年 (前129) 出击匈奴时，李广和卫青一样，也带了一万军队。卫青打到龙城也没碰到一支匈奴部队，李广就走了背运，刚出兵就遇到了匈奴主力，双方实力悬殊，李广兵败被俘。

假如卫青遇到匈奴的大军，肯定会遭遇和李广同样的命运。但是，这场厄运只让李广赶上了。

另外两位年轻的公孙将军，一位公孙敖，一位公孙贺。他们两人也是各带一万军队出征。公孙敖很不幸，

匈奴兵多，破败广军，生得广。
——《史记·李将军列传》

带一万军队出征，损兵七千，自然是杀头罪。公孙敖是谁？他是带着几名壮士将卫青救出虎口的卫青的密友、挚友，他与卫青关系的亲密无间自不待言。但是，卫青首战立功之时，公孙敖被判杀头罪，靠赎金买了一条命。而且，公孙敖与卫青都是汉武帝时期新生代将领。但是，卫青立功，公孙敖犯了死罪。可见，运气这事儿有时候还真不好说，有幸运儿就会有倒霉鬼。

另外一个公孙将军公孙贺，他的妻子是卫子夫的大姐卫君孺，因此，公孙贺应当是卫青的姐夫。公孙贺此次出征，无功而返。相对于李广和公孙敖，公孙贺是幸运的了。但是，相对于卫青，公孙贺充其量也就算个不赔不赚。

元光六年 (前129) 四将出征的唯一赢家是卫青。

其次，才干。

打仗只靠撞大运肯定不行，一次运气好能够次次运气都好？卫青的成功绝不仅靠运气，机会只青睐有准备的头脑。卫青就是一匹等待着伯乐的千里马，他的幸运是他等到了伯乐，他的资本是他一身的才干。

《史记·佞幸列传》载："卫青、霍去病亦以外戚贵幸，然颇用材能自进。"可见，司马迁认可卫青、霍去病二人的才能。卫青是外戚，可他是有才能的外戚。西汉一代不少外戚都得到过重用，有些纯粹是因为自己是皇亲国戚而受封赏，自身其实并没有什么本事。如王信是汉景帝皇后王娡的哥哥，被汉景帝封为盖侯。田

卒立王夫人为皇后，其男为太子，封皇后兄信为盖侯。——《史记·外戚世家》

蚡、田胜是王娡同母异父的弟弟，景帝后元三年（前141）分别被封为武安侯、周阳侯。卫青不一样，他自身有能力，可以领兵打仗。虽然汉武帝为他提供了非常好的机会，可以让他更容易地立功，但战争毕竟还是战争。如何调兵遣将，如何进攻防守，如何整体协调，这都需要将领的深谋远虑。卫青在龙城之战中取得了胜利，表明了他自身具有战略眼光和军事才能。

"青虽出于奴虏，然善骑射，材力绝人；遇士大夫以礼，与士卒有恩，众乐为用，有将帅材，故每出辄有功。"《资治通鉴》卷十八这是说卫青虽然出身微贱，但善于骑射，才力过人；与士大夫交往很注意礼节，对士卒很关心、很宽容，常施恩惠，因而士众乐于受卫青的调遣。卫青本人有将帅之才，故每次出击均有立功。因此司马光下了结论："天下由此服上之知人。"

《资治通鉴》卷十八

司马光充分肯定了卫青的三大才能：一是军事才干，二是平等待人，三是关心士兵。但是，如果仅仅据此就认为汉武帝有知人之明，恐不尽然。如果汉武帝真有知人之明，何以后来重用李广利出击匈奴遭到惨败？汉武帝重用卫青，首先是因为卫青是卫子夫的弟弟，其次才是卫青的才干。其实，当汉武帝第一次派卫青出征时心中并没有绝对把握，否则也不会四大将同时出征，每人率兵一万。

武安侯田蚡者，孝景后同母弟也……蚡弟田胜，皆以太后弟，孝景后三年封蚡为武安侯，胜为周阳侯。

——《史记·魏其武安侯列传》

卫青首次出征中最大的才干——超凡的战略眼光表现在他选择龙城作为进攻对象。当四位将军各领兵一万出征时，卫青选择的进攻目标是直插匈奴王庭龙城。

选择匈奴王庭龙城作为进攻目标有什么特别之处呢？

一是不会无功而返。

这一方略非常大胆！匈奴王庭龙城是匈奴的腹地。这个地方是匈奴祭祀祖先之地，自然不可能没有匈奴人驻守。选择匈奴王庭作为目标，肯定不会像公孙贺一样无功而返。

二是不会遭受重大损失。

作为匈奴腹地的龙城，从来没有汉军到达过。因此，肯定不会是匈奴重兵防守之地。这就是兵书所讲的攻其不备。匈奴人作战一贯是集中青壮年出征，老弱者留守。汉军从未到达过的王庭，既有匈奴之人，又无匈奴重兵，打击这一地区，肯定不会招致重大打击。卫青算准了在龙城不会遭遇匈奴的主力部队，不至于损失惨重。

李广、公孙敖打败仗都败在遭遇匈奴重兵，寡不敌众。卫青选择了既可立功又不会遭受重大打击的匈奴王庭，自然占了大便宜。问题是这个便宜并非只给卫青一个人的，不是汉武帝要卫青直捣匈奴王庭，而是卫青自己决定。李广、公孙敖、公孙贺也可以选择这一目标，但却都放过了这一目标。也就是说，在茫茫"股海"之中，卫青发现了"龙城"这只"潜力股"，这可不仅仅是运气能解释的啊。

此外，卫青的军事才能还表现在准确地把握住了时代的脉搏，开创了一种崭新的作战模式：千里奔袭，即深入匈奴腹地作战。汉匈作战一向是匈奴偷袭汉朝边地，汉军予以还击，战争的范围一直控制在汉匈边境，从未有汉军深入匈奴腹地。卫青首次出战就一改常例，直插匈奴龙城。这让匈奴单于感到震惊和危机。

卫青改变作战方式不是一时兴起，而是根据时代和环境因素的改变作出的战略战术上的新部署，他准确把握到了汉匈作战的脉搏。在这一点上，卫青表现出了一个优秀青年将领与时俱进的意识和创新精神。

最后，时势。

一代名将卫青虽然不能只用一句"时势造英雄"予以概括，但是他的成功却少不了时代的因素。卫青生逢其时，汉帝国七十多年的积累，使得汉武帝能够对匈奴作战，这使得卫青的才干有了用武之地。汉武帝对匈奴作战战略的改变，让卫青千里奔袭的战术应时而生。此时，汉武帝对匈奴的作战需要提拔一批像卫青这样的青年将领开辟新局面。相比起"冯唐易老，李广难封"的老一代名将李广，卫青真是幸运得多了。

李广有高超的射艺，个人素质和能力是毋庸置疑的，但是李广却一直不得志，这其中有很多因素，其中一个重要原因就是生不逢时。

高祖刘邦时代是一个充满了机遇的时代，乱世出枭雄啊！文、景两代处于休养生息的阶段，在对匈关系中以防守为主。李广曾做过陇西、北地、雁门、代郡、云中等地的太守，都以勇猛作战闻名。可是汉朝当时派他到边地任职的主要任务是防备匈奴而不是主动出击，这种对匈奴作战的战略客观上使李广失去了很多可以立功的机会。

到了汉武帝时代，汉军开始采取主动进攻的方略。主动进攻与被动防守的最大区别是汉军有了对匈奴作战的主动权。千里奔袭、深入匈奴腹地成为主动进攻的新型作战方式。卫青此时非常年轻，他身上具有的朝气是李广那样的老臣宿将所不具备的。所以，历史选择了卫青。主动出击虽然胜负难料，但至少是有立功的希望；被动防御虽然也胜负难料，但即使打胜了，比起主动出击来说胜算更小，也难以实现英雄心中血战沙场、建功立业的雄心壮志。因此，卫青生逢其时也是他走向成功的一个重要外部因素。

初生牛犊不怕虎，卫青以胜利回报了汉武帝的知遇之恩。然而大汉和匈奴的作战是漫长而艰苦的，一两次告捷并不能转变整个战争的形势。在接下来的对匈奴作战中，汉武帝又会委派给卫青什么样的重任？卫青的表现又如何呢？

请看：平步青云。

卫青首战成功，再战再立功。汉武帝元朔五年（前124），卫青顺利地打胜了漠南之战，在班师回朝的途中，汉武帝派特使在军中封卫青为大将军。在西汉，大将军是非常尊贵的军职，在卫青之前担任过大将军的只有寥寥数人：第一位汉代大将军是韩信，接下来有追杀项羽的灌婴、平定吴楚七国之乱的窦婴等。汉武帝时代任大将军之职的仅有卫青一人，而且是汉武帝派人到军中拜卫青为大将军，真是殊荣啊！卫青从元光六年（前129）第一次出征，到元朔五年（前124）官拜大将军，只用了五年时间，真是平步青云，扶摇直上。那么，究竟是什么原因促使汉武帝这么急切地到军中封卫青为大将军呢？

十七

平步青云

有才能的人好像一把锥子，必须把它放到布囊中，才可能显露锋芒，如果放在铜、铁制的盒子里，就没有用武之地了，这就是我们常说的"脱颖而出"。卫青这把"锥子"通过龙城之战已经初露锋芒，但是，要实现"官至封侯"的预言，甚至在军中拜为大将军，还需要有机遇与成功来体现自身的价值。那么，汉武帝是怎样给卫青提供了一个又一个脱颖而出的"布囊"呢？卫青又是怎样利用这些机遇实现了人生的自我证明呢？

两挫匈奴　封侯拜将

汉武帝给卫青提供的第一个"布囊"是元朔二年 (前127) 的河南之战。

这里的"河南"是指黄河在河套以南的地方，亦名河南地。黄河之害，自古皆然。但是，"黄河百害，唯富一套"。这一套，即是河套，指的是今宁夏、内蒙古境内的黄河以南的河套灌区。从战国时代开始，这里就是天下闻名的"米粮川"。但是，汉初国力不强，黄河流域这一最富庶的地区掌握在匈奴人手中，富饶的河套成了匈奴的粮仓。

元朔二年，匈奴进入上谷、渔阳两郡，杀掠了官吏百姓一千多人。上谷郡、渔阳郡都在黄河河套以东，按照常理，汉军应当兵出二郡。兵来将挡，水来土掩，哪里受敌，就从哪里出兵。但是，汉武帝没有这样做，他意识到打蛇打七寸，河南地是匈奴屡屡进犯大汉帝国的重要粮仓。于是，他派卫青、李息从云中郡出发，攻打匈奴盘踞的河套地区，直捣匈奴的粮仓。此时的汉武帝，已经不再是当年马邑之谋时的热血青年，面对已经全面展开的汉匈之战，他开始从战略上全面规划。

卫青、李息从云中郡出发，向西一直打到陇西郡，在河南地突袭了盘踞在此地的匈奴楼烦王、白羊王，杀死了数千匈奴人，抓获了一百多万头牛羊，最终，白羊、楼烦二王狼狈逃窜，汉军全面收复河南地。

河南地是匈奴插入汉帝国版图的一把尖刀，河南地的正南方是汉朝都城长安。匈奴占有富饶的河套地区，不仅为他们提供了大量物资，而且还成为匈奴进攻长安的桥头堡，对京城长安的威胁一直很大。自古以来，对于建都关中的政权来说，河套地区都是性命攸关之地。

这次战争，卫青由云中郡出塞，一路率军西行，首先切断了河南地匈奴的后路，包抄攻击，驱逐全部陷于困境的白羊王、楼烦王部的河南地匈奴势力，一举收复河南地。汉军完全占据了河套地区，曾经威胁长安的河南地如今成了反击匈奴的前沿阵地。至此，汉军对匈奴之战第一次取得了具有重大战略意义的胜利。

由于卫青夺得了一块战略要地，立了大功，汉武帝封卫青为长平侯；卫青的部将苏建、张次公因为立了军功也被封侯。

卫青终于凭借着军功名正言顺地实现了早年封侯的预言，从汉武帝为他精心准备的第一个"布囊"中脱

卫青复出云中以西至陇西，击胡之楼烦、白羊王于河南，得胡首虏数千，牛羊百余万。于是汉遂取河南地。——《史记·匈奴列传》

颖而出。

汉武帝为卫青准备的第二个"布囊"是建立朔方郡。

首倡此议的是主父偃，主父偃是齐人，因为上书汉武帝谈论国事，大得汉武帝欣赏。

这一次主父偃向汉武帝建议：河南地肥沃富饶，外有黄河作为险阻，秦朝蒙恬曾在此筑城以防御匈奴。在这里建郡筑城，可以节省转运、戍守和漕运的人力物力，这是扩大中国土地、消灭匈奴的根本之计。

偃盛言朔方地肥饶，外阻河，蒙恬城之以逐匈奴；内省转输戍漕，广中国，灭胡之本也。

——《史记·平津侯主父列传》

汉武帝看完主父偃的奏章后，将此意见提交朝议。大臣们纷纷反对，公孙弘认为：秦朝曾经征调三十万劳工修朔方城，最终也没有建成，只好放弃。但是，主父偃极力主张修朔方城。汉武帝最终采纳了主父偃的建议。

建立朔方郡并不是大汉帝国一次普通的增县立郡，它对于卫青的前途命运乃至武帝时期对匈奴作战都有着举足轻重的战略意义。因为，在河套建立了朔方郡后，朔方郡就成为汉朝对匈奴作战的根据地，成为卫青后来屡屡出兵的大本营。所以，建立朔方郡客观上给卫青的军事生涯提供了诸多机遇和重大保障。

上竟用主父计，立朔方郡。

——《史记·平津侯主父列传》

于是，汉武帝派苏建征集了十几万人修筑朔方城，重新修缮了秦时蒙恬所筑要塞。这年夏天，汉武帝又招募十万民众迁徙到朔方郡，武装屯边。

自汉代以来，筑城、移民一直是中国古代巩固边疆的一项有效举措。汉武帝修筑朔方城，特别是移民充实朔方城，这一措施非常有力，它使汉朝中央政府牢牢控制住了朔方郡。

汉武帝为卫青准备的第三个"布囊"是漠南之战。

河南之战结束后，匈奴失去了水草丰盛、气候温和的河南地，这对匈奴的物资供应、马匹蕃息影响非常大。谁丢了钱包都不甘心，尤其是知道是谁拿了自己的钱包之后更会发疯。匈奴不甘心丢失河南地，屡屡对汉帝国进行报复。元朔三年 ^(前126)，匈奴数万骑兵入塞，杀死代郡太守并掳掠了一千多人。后来，又进入雁门，杀掠了一千多人。

元朔四年 ^(前125) 夏，匈奴入侵代郡、定襄、上郡，每一路都有三万人马，杀掠数千边地百姓。

元朔五年 ^(前124)，匈奴右贤王数次出兵袭扰朔方，企图夺回河南地。

面对匈奴连年不断的进攻，汉武帝决定进行反击，发起了漠南之战。所谓"漠南"，即是大漠之南。

卫青这次以车骑将军的身份，统率了四位将军：卫尉苏建为游击将军，左内史李沮为强弩将军，太仆公孙贺为骑将军，代相李蔡为轻车将军。

卫青率军出朔方郡，进入大漠之南，攻击匈奴右

匈奴右贤王怨汉夺之河南地而筑朔方，数为寇，盗边，及入河南，侵扰朔方，杀略吏民甚众。——《史记·匈奴列传》

贤王部；大行李息、岸头侯张次公等人出兵右北平郡（今内蒙古宁城县西南），牵制单于、左贤王，策应卫青主力军的行动。

卫青出塞六七百里，长途奔袭，突袭右贤王的王庭，打了个匈奴右贤王措手不及。右贤王从来没有想过汉军竟然能深入数百里攻击自己的老巢，正在饮酒作乐，来不及组织有效的抵抗，便和近侍精骑仓皇逃遁。

卫青的军事才能再次得到了展现。这次纵深打击，出奇制胜，取得了极大的成功，俘虏匈奴男女一万五千人，缴获的牲畜有百万之多。右贤王虽然逃走了，他手下的十几个小王全被汉军擒拿。

漠南之战的胜利，进一步巩固了朔方要地，彻底消除了匈奴对京城长安的直接威胁，并将匈奴左、右贤王两部切断，以便分而制之。

自开国以来，汉帝国对匈奴作战从来没有取得过如此辉煌的战果。战报传至朝中，汉武帝大喜，在卫青回师的路上便派使者在军中封卫青为大将军，给了卫青这个帝国中无比尊荣的称号和最高军职。卫青用自己的战果证明自己是好样的，汉武帝没有看错人。曾经由于是私生子而处处受人冷落也好，曾经做过奴仆而事事被人差遣也罢，曾经当过囚犯而时时为人说道也行，曾经因外戚身份获得殊荣而受人非议与白眼也中，

右贤王以为汉兵不能至，饮酒醉，汉兵出塞六七百里，夜围右贤王。右贤王大惊，脱身逃走，诸精骑往往随后去。汉得右贤王众男女万五千人，裨小王十余人。——《史记·匈奴列传》

如今这些都已不再重要，因为卫青已经用行动证明了自己。人生最重要的是证明自己。有些人终其一生都不能完成对自己的证明，甚至到死后才能完成对自己的证明。卫青非常幸运！他迅速完成了对自己军事才能的证明。

将星铸就　原委几何

卫青为什么能够在对匈奴作战中取得一连串的胜利呢？为什么能够在对匈奴作战中青云直上呢？

第一，汉武帝眷顾。

卫青平步青云的关键之战是元朔二年（前127）的河南之战和元朔五年（前124）的漠南之战。这两次关键性战争，特别是具有重大战略意义的河南之战，不仅沉重打击了匈奴，而且卫青在战场上大显身手。

河南地是富饶的鱼米之乡，但是，河南地又是孤立地插入汉地，和匈奴右贤王的大本营隔着黄河。因此，很容易被汉军切断与匈奴右贤王部的联系而被消灭。

汉武帝没有让卫青跟在匈奴军队的后面攻打进攻上谷郡、渔阳郡的匈奴军队，而是你打你的，我打我的，你打我的边郡，我打你的粮仓。汉武帝派卫青、李息两人带领军队直接从北面先向西打，再向南打，一直打到长安西边的陇西郡后，才对匈奴河南地的楼烦王、白羊王发动了突然袭击，彻底打败了楼烦、白羊两部。

河南之战的胜利不全是卫青能征善战的结果。假如河南之战的主将不是卫青，而是其他将领，也能大获全胜。为什么这样说呢？

首先是定位准确。定位准确有两层含义：

一是易于攻击。

匈奴兵力分为西部、中部、东部三大板块。中部是由匈奴单于直接管辖，西部归右贤王管辖，东部归左贤王管辖。

河南地在匈奴右贤王的南面，地理位置孤立、突出，非常便于汉军攻击。汉武帝选这块易受攻击之地作为打击对象，目标定位非常准确。

二是地位重要。

河南地是匈奴的后勤供应地，战略地位十分重要。占了河南地，匈奴的畜牧业，特别是右贤王部的经济将会受到重创。所以，从这个意义上讲，攻击河南地确实是定位准确。

其次是取胜容易。

汉军对匈奴作战中长期存在的一大难题是不明敌情，何处有敌，何处无敌，汉军心中基本无数。匈奴是游牧民族，逐草而居，居无定所。因此，在冷兵器时代，几万甚至十几万汉军在茫茫的草原上，在浩瀚的沙漠之中，经常会遇到两种情况：一是见不到匈奴军队（如龙城之战中的公孙贺），根本使不上劲；二是突然遭遇匈奴主力（如龙城之战中的李广和公孙敖）。而且，有人见不到敌人，就一定有人遭遇匈奴主力。遇不到者无功，遭遇主力者兵败。这种现象在汉匈之战中比比皆是，而且当时的条件根本无法解决这一难题！这是时代的局限！

河南之战则不是如此。此地有匈奴楼烦、白羊两个部落，既不会遇不到匈奴军队，又不会遭遇到匈奴的主力。由于楼烦、白羊两个部落长期驻守在河南地，因此，这两个部落到底有多少军队，驻扎在什么地方，汉军应当是清清楚楚的。所以，卫青突袭楼烦、白羊两个部落的战斗实际上是未战已先胜。

如此好的一个"布囊"，汉武帝给了卫青，卫青想不脱颖而出都做不到。

第二，骑兵作战。

匈奴是逐草而居的游牧民族，他们作战时主要靠的就是强弓劲弩和来无影去无踪的迅捷骑兵。汉民族属于农业文明，人人有固定的居所，各地都有作为政治中心的城堡。作战以车战为主，战车和步兵互相配合，因此汉军擅长攻城，机动性却大不如匈奴骑兵。

汉初马匹奇缺，连皇帝出行都找不到四匹毛色、品种一致的马。汉武帝之时，前代的累积，马匹的蕃息，客观上使汉朝有可能组建自己的骑兵军团。汉武帝不仅将汉朝在汉匈战争中的角色由被动对抗方转为主动出击方，而且在战争实践中采取和匈奴人同样的作战方略，这就使得汉军的机动性大大加强。

第三，匈奴麻痹。

汉武帝之前，汉匈战争中一直是匈奴人处于优势。偷袭、掳掠，都是匈奴人常做的，汉军是被动挨打的主儿。长期的战场主动滋生了匈奴人高傲自大的情绪。然而，今非昔比，匈奴人没有料到汉军的骑兵军团迅猛发展，依然对汉朝军队持轻视态度，结果在漠南之战中，匈奴右贤王以惨重的代价领教了汉朝这支新式的如疾风迅雷般的骑兵军团的威力。以前总是自己偷袭别人，万万没有料到这次居然自己被汉军偷袭。卫青率领的骑兵军团可以说给匈奴右贤王开了个莫大的"玩笑"。历史再一次证明：打败自己的一定是自己。

第四，卫青性格。

汉武帝的这三个"布囊"对卫青来说是受用不尽的。卫青夺回了战略要地，张扬了大汉国威，沉重打击了匈奴右贤王，平步青云，应验了髡徒当年的吉言。话说回来，布囊里装着的是锥子才会脱颖而出，若装着锤子、棒子，恐怕也起不了作用。卫青显然是个"锥子"，一头尖锐，一头圆钝。

卫青出身卑微，私生子、骑奴的身份给他留下了太深的烙印，所以无论卫青因为战功获得多少尊宠，而幼年时期个人身世方面的阴影始终在他内心深处留下一抹难以去除的自卑。但是，正是这种自卑心理，客观上形成了卫青谦卑的性格，不至于因为外戚身份、显赫战功和尊贵地位而目空一切。因此，卫青的用兵就多了一份谨慎。

元朔五年（前124）夏，汉武帝加封卫青八千七百户，并且加封卫青三个儿子卫伉（kàng）、卫不疑、卫登为列侯。卫青坚决推辞说："我能在军队中做事已经是幸运了，仰仗陛下的神圣威灵，才使军队获得大捷，同时这也是各位校尉拼力奋战的功劳。陛下已经降恩加封我的食邑。我卫青的儿子们年龄还非常小，没有征战的劳苦和功绩，皇上降恩，割地封他们三人为侯，这不是我鼓励战士奋力打仗的本意啊！卫伉等三个小娃娃怎么敢接受封赏？"

臣幸得待罪行间，赖陛下神灵，军大捷，皆诸校尉力战之功也。陛下已益封臣青。臣青子在襁褓中，未有勤劳，上幸列地封为三侯，非臣待罪行间所以劝士力战之意也。伉等三人何敢受封！——《史记·卫将军骠骑列传》

汉武帝说："我并非忘记了各位校尉的功劳，本来就要考虑对他们奖赏。"于是封公孙敖、韩说、公孙贺、李蔡、李朔、赵不虞、公孙戎七人为侯，李沮、李息、豆如意三人为关内侯。

卫青坚决主张不加封自己三个年幼的儿子，力主加封他的部将，无疑为他赢得了极大的官声，也大大减少了他的对立面。更重要的是，卫青时时不忘部下的战功，使他在部将中获得了极高的声望。各位将军愿意尽力作战，保证了部队自身的凝聚力，保证了战争的胜利。

漠南之战后，卫青极受尊宠。公卿以下官员在他面前都非常谦卑，只有一位大臣见到大将军卫青时打躬作揖而不下拜，此人就是汉武帝朝最为耿直的大臣汲黯。有人劝汲黯说："当今圣上都希望大臣们主动自屈于大将军之下，大将军现在如此受尊宠，您不可以不拜啊！"汲黯说："如果有一个对大将军只揖不拜的人，难道大将军就不尊贵了吗？"卫青听说之后，更感到汲黯贤明，常常向他请教一些朝中难以决断的大事，对汲黯的礼遇比平日更恭敬。

人或说黯曰：『自天子欲令群臣下大将军，大将军尊重益贵，君不可以不拜。』黯曰：『夫以大将军有揖客，反不重耶？』大将军闻，愈贤黯，数请问国家朝廷所疑，遇黯过于平日。——《汉书·张冯汲郑传》

我们不知道卫青对汲黯的态度是真心还是作秀，但是，一位外戚大将军能这样做，非常不易了。

卫青的性格品质赢得了时代的尊敬和历史的嘉奖。《史记·卫将军骠骑列传》说卫青"仁善退让"，就是说卫青有仁爱之心，为人善良，不与人争功。正是这些品质成就了卫青谦谦君子的形象。

漠南之战胜利之后，匈奴右贤王的势力大大削减。汉武帝不失时机地又将目光对准了中部的匈奴大单于。

元朔六年 (前123)，为了消灭匈奴大单于，汉武帝发动了阴山北麓之战。

当年春，以大将军卫青为首，李广等几名作战经验丰富的名将为辅，由定襄北击匈奴，斩首数千级而还。

同年夏，大将军卫青再次从定襄出兵，率领六位将军(公孙敖、公孙贺、赵信、苏建、李广、李沮)，斩杀敌人几千。

一个多月后，卫青又带领原班人马从定襄出兵攻打匈奴，杀敌一万多人。

但是，右将军苏建、前将军赵信的军队，共三千多骑兵，偏偏遭遇匈奴单于的主力。苏建、赵信拼死交战一天多，汉军几乎全军被歼。前将军赵信本来是匈奴人，投降汉朝后被封为翕侯，现在看到军情危急，匈奴人又引诱他，于是他率领剩余的大约八百骑兵，投降了匈奴。苏建的军队损失殆尽，一个人逃了回来。

苏建只身逃回来，卫青就如何处罚苏建一事征求意见。有人建议：大将军出征以来，从未杀过副将。

右将军建、前将军信并军三千余骑，独逢单于兵，与战一日余，汉兵且尽。前将军故胡人，降为翕侯，见急，匈奴诱之，遂将其余骑可八百，奔降单于。右将军苏建尽亡其军，独以身得亡去，自归大将军。——《史记·卫将军骠骑列传》

现在苏建扔下自己的部队，一个人逃回来，可以借此机会杀了苏建来确立大将军的威信。也有人说，不能这样做！两军交兵，人数少的一方，无论如何拼，最终都会被人数多的一方打败。苏建率领几千士兵对抗匈奴大单于几万人，拼死打了一天多，战士们全部牺牲，苏建仍不愿背叛朝廷，归来请罪。如果自己归来还要被杀，这等于告诉今后打了败仗的人都不要再回来了。

卫青说："我以皇亲的身份带兵，从不考虑个人的威严，要我杀苏建以树立自己的威严，大失我作为臣子的本意。即使我的职权允许我处死有罪的将军，我也不敢在外擅自诛杀，而应当把情况报告给皇上，由皇上自己裁决。"于是，卫青把苏建带回来交给朝廷，汉武帝赦免了苏建的死罪，废为普通百姓。

这次出征，卫青率六位将军十万骑兵，直接进攻匈奴大单于。战争在阴山北麓的草原上进行，汉军斩杀了匈奴一万多人。卫青取得了军事上的胜利，但是没有完成消灭匈奴大单于的战略目标，而且损失了两位将军（苏建、赵信）的军队，翕侯赵信叛逃。

卫青回到京城后，汉武帝赏赐了他千金，但没有加封。

阃，安曰：『不然。兵法：「小敌之坚，大敌之禽也。」』今建以数千当单于数万，力战一日余，士尽，不敢有二心，自归。自归而斩之，是示后无反意也。不当斩。』大将军曰：『青幸得以肺腑待罪行间，不患无威，而霸说我以明威，甚失臣意。且使臣职虽当斩将，以臣之尊宠而不敢自擅专诛于境外，而具归天子，天子自裁之。于是以见为人臣不敢专权，不亦可乎？』军吏皆曰『善』。遂囚建诣行在所。——《史记·卫将军骠骑列传》

此时，王夫人正受到汉武帝的宠幸，一个叫甯乘的人劝卫青："将军您军功还不太多，自己却食邑万户，三个儿子都受封为侯，主要是卫皇后的缘故。如今王夫人正得皇帝宠幸，而她的亲戚都没有富贵，希望将军把皇上赏赐的千金，送给王夫人的双亲祝寿。"于是卫青就拿了五百金给王夫人的双亲祝寿。汉武帝听到这消息，就问卫青，卫青毫不隐瞒，把事实经过全部报告了皇上。汉武帝听说后，觉得甯乘这个人非常精明，就任命甯乘做了东海郡的都尉。

卫青在河南之战、漠南之战中大显身手，平步青云，飞黄腾达，一时尊宠至极。然而此时，一颗更为璀璨的将星正在悄然升起。随着他的出现，卫青现有的一切荣誉、光环、显赫都将渐渐黯淡。此人是谁？他有何能耐呢？

是时王夫人方幸于上，甯乘说大将军曰："将军所以功未甚多，身食万户，三子皆为侯者，徒以皇后故也。今王夫人幸而宗族未富贵，愿将军奉所赐千金为王夫人亲寿。"大将军乃以五百金为寿。天子闻之，问大将军，大将军以实言，上乃拜甯乘为东海都尉。——《史记·卫将军骠骑列传》

请看：横空出世。

汉武帝慧眼识英才，发现与重用卫青是汉武帝人才战略中最值得称道的一笔重彩。而在卫青得到重用之后，汉武帝又发现了一颗更加耀眼的将星。他与卫青的做派差异很大，却在短期内获得了比卫青更为尊崇的地位。他仿佛上天专门为这场旷日持久的汉匈战争而创造的战神，如狂飙，如骤雨，如迅雷，如闪电，纵横驰骋，奔突向前。然而在他一生中最为辉煌、最为耀眼的时刻，上天却让他的生命永远定格，让他的魅力永恒在那灿烂的瞬间。他，就是汉匈战争中横空出世的传奇人物霍去病。霍去病究竟立下了什么功勋呢？为什么他能够在短时间内迅速获得成功呢？

横空出世

天降将星　武帝新宠

和卫青一样，霍去病也是一个私生子。

卫青有三个姐姐，大姐卫君孺，二姐卫少儿，三姐卫子夫。卫子夫得宠以后，大姐卫君孺嫁给了太仆公孙贺，二姐卫少儿嫁给了陈平的曾孙陈掌。此前，平阳县小吏霍仲孺在平阳侯家里做事的时候，曾与卫少儿私通，生下了霍去病。

同为私生子，卫青的童年是过着惨淡困苦的奴仆生活，霍去病的童年是过着锦衣玉食的贵胄生活。由于霍去病的母亲是皇后卫子夫的姐姐，所以，十八岁的霍去病就做了汉武帝的侍中（皇帝侍从）。

外戚身份和宫廷的尊贵生活，造就了霍去病烈火般的性格。霍去病为人寡言少语，嘴严，有气魄，敢作敢为。汉武帝曾想教他《孙子兵法》和《吴起兵法》，他回答说："战争只要看自己的作战方略就够了，不必学习古代兵法。"

霍去病很牛，连汉武帝也敢顶！能得到皇帝的亲自调教，是历史上多少年轻人梦寐以求而不可得的愿望。但霍去病实在是太牛了，他既不领情，也不委婉拒绝，直接一句"顾方略何如耳，不至学古兵法"把汉武帝给顶了回去。霍去病性烈如火，这和卫青的谦卑谨慎完全不是一个风格。同为私生子，但是，霍

骠骑将军为人少言不泄，有气敢任。天子尝欲教之孙吴兵法，对曰："顾方略何如耳，不至学古兵法。"

——《史记·卫将军骠骑列传》

去病从小就是外戚，地位尊贵，这样的环境养成的性格与卫青大不一样。令人惊讶的是，汉武帝偏偏对这个敢于顶撞他的少年不介意，相反，这位英气勃发的少年身上那种无所畏惧的冲劲儿，那种初生牛犊不惧虎的猛劲儿，给他留下了深刻的印象，反而使他觉得这个年轻人不简单，使他看到了新的希望。隐隐约约中，汉武帝感觉到，一颗新的将星降临到了他的身边。

元朔六年（前123）阴山北麓之战，霍去病第一次参战，这一年他刚刚十八岁（十七周岁）。大将军卫青奉皇上之命，任命霍去病为剽姚校尉。霍去病率领八百名轻捷勇敢的骑兵，离开大军，深入匈奴腹地几百里，寻找有利的机会攻杀敌人，结果斩杀两千零二十八个匈奴人，杀敌的数量大大超过了自己的损失，以极少的损失赢得了巨大的胜利。汉武帝高兴地说："剽姚校尉霍去病杀敌众多，其中包括匈奴的相国等高官，还杀死了单于的祖父辈的籍若侯产，活捉了匈奴单于的叔父，他的功劳，在全军两次居第一，划定一千六百户封霍去病为冠军侯。"

> 霍去病……再从大将军，受诏与壮士，为剽姚校尉，与轻勇骑八百直弃大军数百里赴利，斩捕首虏过当。于是天子曰："剽姚校尉去病斩首虏二千二十八级，及相国、当户，斩单于大父行籍若侯产，生捕季父罗姑比，再冠军，以千六百户封去病为冠军侯。"
>
> ——《史记·卫将军骠骑列传》

一战封侯的霍去病，在阴山北麓战争中崭露头角，显示了他与众不同的作战方法：挑选精良骑兵，轻装简从，长途奔袭，单独行动，行动迅捷，机动性强，快打快收，绝不恋战，出手狠、猛、快，打得匈奴措手不及。

阴山北麓这一仗的风头都让崭露头角的霍去病抢了去。当然，霍去病的打法完全是走进新时代的打法：选择精锐，远离大军，深入敌后，择机歼敌。所以，作战的主动权完全在霍去病的手中。而且，这种打法，汉武帝只允许霍去病一人专用。其他战将，包括卫青，都必须按既定方针办，绝对不能个个都率兵长途奔袭。

自从霍去病被汉武帝赏识到领兵打仗、凯旋封侯，其时间之短，升迁之顺，都是卫青当年所不能相比的。卫青征战十年才立功封侯，霍去病仅仅是一年之中两次出征就立功封侯。属于霍去病的军事时代就此拉开了帷幕，此后的几年里，匈奴将领个个畏惧这个年轻人的名字。

汉军在两年之内三次出塞，消灭了漠南大量的匈奴有生力量；再加上朔方郡的兴建、秦朝故塞的修缮，汉朝北方的边防基本巩固；阴北之战又重创了匈奴大单于，消灭了大量匈奴有生力量。彻底消灭匈奴右部、实现"断匈奴右臂"的战略目标的时机已经成熟，因此汉武帝把目光转向西部，为夺取战略要地河西走廊，解除匈奴对汉朝侧翼的威胁，他策划了河西之战。

元狩二年 (前121) 春，汉武帝命令霍去病做骠骑将军，率领一万骑兵，从陇西郡出击匈奴。霍去病不负武帝重托，初次独立作战就立下军功，斩杀匈奴八千多人，包括一些匈奴高官，特别是缴获了匈奴休屠王祭天的金人 (祭天时受祭的金人)。

为此，汉武帝非常兴奋，亲自下诏嘉奖霍去病，增封霍去病两千户。

值得注意的是，正如元光六年（前129）卫青在龙城之战首立战功之后，汉武帝开始重用卫青，韩安国、李广等宿将被置于一边一样，阴北之战霍去病首立战功之后，汉武帝开始重用霍去病，卫青也被搁置于一边。

元狩二年（前121）夏天，霍去病与公孙敖从北地出兵，分道进军。为了保证霍去病出征的顺利，汉武帝同时还派兵攻打匈奴左贤王部，吸引和牵制匈奴单于的力量，使他左右不能兼顾。

骠骑将军霍去病越过居延泽，到达祁连山，杀敌三万多，俘虏了五个匈奴小王、五个小王的母亲、单于的妻子，还有五十九个匈奴王子，其他高官六十三人，汉军只损失了十分之三，所以，汉武帝再次感到振奋，颁布诏书，增封霍去病五千户。

从此以后，骠骑将军霍去病一天比一天更得到汉武帝的喜爱，汉武帝专设大司马之职，卫青与霍去病同任大司马。此时，汉武帝的新宠、年轻的将星——霍去病的地位更加显贵，他已经与十年戎马生涯、立下不世功勋的大将军卫青平起平坐了。

将星闪耀　荣宠加身

霍去病几乎只用了两年时间就获得了卫青十年征战的成功，他究竟立了什么功劳让汉武帝如此兴奋不已呢？

第一，安定西部。

霍去病独立指挥的第一仗就是河西之战。河西之战是继收复朔方之后汉军的又一次阶段性的重大胜利。因为这一仗基本荡平了汉朝以西的匈奴势力。此后，汉朝西部不再存在匈奴的威胁，在河西之战胜利后，西汉政府在西部设置了张掖、武威、酒泉、敦煌等河西四郡，修筑障塞，移民实边，征发了几十万吏卒屯田河西，汉朝的势力向西大大扩展，抵达了西域东边，而且隔绝了匈奴与南山羌人的交通，初步孤立了匈奴。因此，河西之战是汉朝向西大规模扩张的第一步，战略意义十分重大。从一定程度上说，没有霍去病的军事保障，就没有享誉古今的丝绸之路。

第二，重创匈奴。

河西之战汉武帝两出奇兵，彻底打垮了匈奴右部势力，夺得了战略要地河西走廊，实现了"断匈奴右臂"的战略目标，同时对西汉日后经营西域，与西域联合孤立、打击匈奴也有深远的意义。匈奴在这次战争中不仅失掉大量马匹、兵士，而且失掉了河西、祁连、焉支等大片优良牧地，更加不利于他们赖以为生的畜牧业经济的发展。史载当时匈奴人的哀歌："亡我祁连山，使我牲畜不繁息。失我焉支山，使我妇女无颜色。"《元和郡县志》卷四十草原帝国匈奴的整体实力在这凄凉的吟唱之中日益走向衰落。

第三，加速分化。

匈奴在河西之战的失败引发了匈奴内部的分裂和浑邪王的归降。

元狩二年（前121）秋天，匈奴大单于因为负责匈奴西部的浑邪王、休屠王屡次被骠骑将军霍去病率领的汉军打败，损失几万人而勃然大怒，想召浑邪王来王庭，然后将他处死。当浑邪王和休屠王得知大单于这个决定后，便想投降汉朝。于是，先派人到边境与汉军交涉。这时，大行李息率兵在黄河岸边筑城，见到浑邪王的使者，立即命令传车疾驰而归，向汉武帝报告。汉武帝听到汇报后，担心浑邪王利用诈降的办法偷袭边境，于是命令骠骑将军霍去病领兵前去迎接浑邪王和休屠王，以备不测。

霍去病渡过黄河，与浑邪王的部队相遇。浑邪王的副将们看到汉军黑压压一片，相当一批人怀疑汉朝对待降兵的诚意和政策，担心投降以后难免一死。回到匈奴去，最多是头领被处决，于是又不想投降了，不少人趁机逃走。霍去病看到这个混乱的场面，当即驰马跑进敌营，同浑邪王相见，杀死了想逃走的八千人，并让浑邪王一个人乘着专车，先到汉武帝的行宫，然后由他领着浑邪王的全部军队渡过黄河。这次跟随浑邪王投降的有几万人，号称十万。他们到达长安后，汉武帝光用来赏赐的钱就花了几十万，并且划定一万户封浑邪王为漯阴侯，还加封他手下三个小王分别为侯。

汉武帝对霍去病的这次军事行动倍加赞赏，又增封霍去病一千七百户。至此，霍去病四次受封分别为一千六百户、两千户、五千户、一千七百

其秋，单于怒浑邪王居西方数为汉所破，亡数万人，以骠骑之兵也。单于怒，欲召诛浑邪王。——《史记·卫将军骠骑列传》

浑邪王与休屠王等谋欲降汉，使人先要边。是时大行李息将城河上，得浑邪王使，即驰传以闻。天子闻之，于是恐其以诈降而袭边，乃令骠骑将军将兵往迎之。——《史记·卫将军骠骑列传》

浑邪王裨将见汉军而多欲不降者，颇遁去。骠骑乃驰入与浑邪王相见，斩其欲亡者八千人，遂独遣浑邪王乘传先诣行在所，尽将其众渡河，降者数万，号称十万。——《史记·卫将军骠骑列传》

户，总数达一万零三百户，成为名副其实的万户侯。

不久，朝廷把归降的匈奴人分别迁徙到边境五郡原先的边塞以外，但都在河南地，并按照他们原有的习俗，作为汉王朝的属国。从此金城河（黄河上游，今甘肃兰州以西一段）西，西傍南山至盐泽（今新疆罗布泊），空无匈奴。匈奴虽偶有斥候（侦察兵）到达，但为数已非常少了。

我们看看霍去病一帆风顺的战争经历：

元朔六年（前123）阴北之战结束后，被封"冠军侯"（以彰显其为"军锋之冠"的意思）。

元狩二年（前121）春、夏，河西之战两出奇兵，霍去病两次被加封。

当年秋，霍去病成功地接应了匈奴浑邪王部的投降，再次被汉武帝加封。

老帅新将　难分伯仲

与霍去病的光辉、闪耀相比，另一颗将星——卫青，此时却显得非常落寞。

阴北之战后，因为损兵亡将卫青未被加封，只是得了一些赏金，卫青无奈之下只得听信甯乘之言，拿这些赏金去讨好正被汉武帝宠幸的王夫人。汉武帝一眼就看出这不是忠直的卫青所为，卫青虽然"以和柔自媚于上"《史记·卫将军骠骑列传》，但这只是身为臣子在君主面前的谨慎行事之风和自保手段，并非阿谀奉承式的"谄媚"。河西之战和迎接匈奴降众，汉武帝都是只用霍去病，没有再给卫青立功的机会。

元狩四年 (前119)，汉武帝发动了漠北之战。卫青、霍去病各率军一半，目标是寻歼匈奴主力。匈奴单于率精兵守候漠北，企图聚歼汉军主力。卫青重创匈奴单于所部主力，同时，霍去病深入匈奴腹地两千余里，重创了匈奴左贤王，杀敌七万多。霍去病封于狼居胥山，匈奴左贤王部几乎崩溃，从此，漠南几无匈奴。汉武帝对匈奴作战的目的基本完全实现。在对匈奴作战的战场上，汉武帝又一次将立功的机会给了霍去病。

对人才的扼杀历来有三种模式：

一是棒杀，就是明目张胆地进行打压。

二是默杀，就是虽然不明目张胆地进行打击，但是，却不给他任何机会。人生苦短，能干有作为的时光又有几年？如果一位人才被一位帝王压上十年，这个人才基本上也就毁灭了。

三是捧杀，就是将人才放在火山口上，看起来捧得很高，实际上是居心叵测，不怀好意。无原则地捧、抬，当事人很难夹起尾巴做人。有才之士，迅速蹿红，又没有自省意识，趾高气扬，成功之日也就离失败之时不远了。

这样讲，并非说卫青遭到了汉武帝的默杀。笔者只想说，汉武帝至少没有在接二连三地给霍去病机会之时，还像往日一样眷顾卫青。除了汉武帝对霍去

汉骠骑将军之出代二千余里，与左贤王接战，汉兵得胡首虏凡七万余级，左贤王将皆遁走。骠骑封于狼居胥山，禅姑衍，临翰海而还。是后匈奴远遁，而幕南无王庭。——《史记·匈奴列传》

病的特殊赏识，对卫青这样军功显赫的重臣、功臣，适时地压制一下，亦是帝王用人的常规做法之一。

霍去病这颗新星确实太耀眼了，像当年宠爱卫青一样，汉武帝又迅速把全部的宠爱转移到这个年轻人身上，卫青则像当年在他的光环笼罩下黯然失色的宿将一样被汉武帝冷落了。

卫青从一个骑奴经过自己的努力一步步走上大将军之位，用了十年的时间。霍去病在两年之内就把汉武帝对将才的荣宠全部从卫青身上夺了过去，并且第一次随军出征就被封侯，而后又在一年之内三次被加封。

难道卫青真的不如霍去病吗？霍去病为什么比当年的卫青打得还顺利？

一是汉匈军队前后实力的悬殊。

卫青出征始于龙城之战，此时汉军刚刚开始进行反击，匈奴的实力还相当强大。霍去病出征之时，卫青已经将右贤王部基本打垮，西边剩下来的只有浑邪王、休屠王部，中部单于势力也遭到一定程度的重创。前人栽树，后人乘凉。霍去病是在卫青战绩的基础之上发展起来的，如果没有此前卫青所领导的一系列战争的胜利作基础和铺垫，也就不可能有霍去病后来的辉煌战绩。

因此，卫青时代匈奴还有相当的实力。到了霍去病时代，汉匈力量的对比已经完全向汉军倾斜了。汉帝国的综合实力已经远远超过了匈奴，汉军战胜匈奴的时间已经来临了。所以，卫、霍二人面对的对象已经发生了很大变化。

汉匈战争的初始阶段，虽然汉朝处于不利的境地，但匈奴的失败却是从一开始就注定了的。为什么这么说呢？这是由双方的综合实力决定的。汉朝在政治制度、科学技术、精神文化等方面领先于匈奴很多。战争归根结底是整体实力的对抗，汉朝土地资源之丰富，人力资源之丰富，都是匈奴无法相比的。所以，从总体实力上看，汉朝战胜匈奴只是一个时间问题。

汉匈根本不是同一个量级，这就从根本上决定了匈奴的失败。初始阶段汉朝的不利主要是由战术方面不大适应、骑兵军团建设不足、整体经济实力不足等因素造成的，随着汉朝经济的恢复和发展以及战略战术方面的调整，这些困难逐一被克服。

二是战略上的巨大差距。

我们读《史记》，常常可以看到匈奴主动出击的记载，但是，匈奴的入侵都非常散乱而简短，而且大部分的记载都是相似的，即某某年匈奴入侵边郡，杀戮吏民，抢夺牲畜、财物、边民而去。大规模的、有策略的进攻基本没有。由此我们可以看出，匈奴的作战只是为了抢夺，满足基本的生活需要和对一些奢侈品的享受。这种鼠目寸光注定了匈奴不可能成什么气候，甚至可能在物欲面前丧失自己的精神家园。匈奴建立的盛极一时的草原帝国，一开始就没有消灭汉族军队进而入主中原的愿望。当年汉高祖白登被围之时，刘邦采纳陈平之谋，用重礼笼络单于的阏氏，阏氏劝单于放刘邦一马的理由就是："今得汉地，犹不能居。"《史记·韩信卢绾列传》匈奴就是得到汉朝的土地也不能居住，因为我们是游牧民族啊！可见，匈奴发动汉匈之战并不是想吞并汉朝的土地，只是想得到物产和劳力。

中行说把汉匈之间的物品——其中很多都是匈奴喜欢的——进

行对比，说明汉朝的物品远不如匈奴，其实就是诱导匈奴人维持自己精神上的独立，不要在物欲面前养成对汉朝的依赖而迷失自我。匈奴人的作战目的如此简单，层次如此低下，从根本上决定了他们不可能从全局来策划战争。从一开始只要抢夺成功就收兵，到后来处于被动局面之时又只是纯粹出于报复而战。

与之相反，汉朝一开始就是为了维护国家安全决心与匈奴血战到底，因而汉朝在战略方面更为深谋远虑。尤其到汉武帝朝，西汉进入全面的主动出击，以汉武帝为核心的智囊集团是整个战争的策划者，他们非常慎重，在战略上有整体的设想，每个阶段的用兵都是环环相扣，前后呼应，逐渐深入的。

比如汉武帝即位的第二年 (建元二年，前139)，就派张骞出使西域，目的是想联合大月氏断匈奴的右臂，后来整个汉匈战争都是围绕着断匈奴右臂的整体架构进行的。在斩断匈奴右臂之后，才开始攻击中部的大单于和东部的左贤王部。

就右贤王部来说，汉武帝的策略是先拿下河南地，在经济上给予匈奴沉重打击，再直接打击右贤王部，最后才发动河西战役，占领整个河西走廊。

汉朝从主动出击的开始就掌握了战争主动权，日后一个胜利接着一个胜利，从小的胜利逐渐走向大的胜利。

三是汉武帝的偏爱。

卫、霍二人的性格有很多差异，但总体来讲卫青内敛、霍去病张扬。作为皇帝，刘彻自然喜欢下属对他唯命是从，因此，卫青的性格适合与极端独裁的汉武帝长期相处。但是，长期如此，汉武帝面对着清一色的毕恭毕敬，也会觉得很没劲，这时候，如果偶尔有个人跟他摩擦摩擦、碰撞碰撞，他可能会觉得比较有意思。当然这只限于偶尔，长此以往，以刘彻的暴烈独裁，不大开杀戒才怪呢！

汉武帝打算教霍去病学兵法时，霍去病的顶撞一下子就吸引了他。又有一次，汉武帝要为霍去病修建府第，让霍去病去看看，霍去病回答说："匈奴未灭，无以家为。"《史记·卫将军骠骑列传》这句话流传千古，成为霍去病的名言。从此以后，汉武帝更加器重和喜爱骠骑将军霍去病。正是这种年轻人的满腔热情和霍去病独有的英气、锐气、大气、霸气以及强悍的做派深深吸引了汉武帝。偏爱他自然处处就向着他。作战的时候，各位老将军所率领的兵士和马匹武器不如他的好，他所率领的经常是精挑细选的精兵强将。他出兵打仗时，天子派遣太官赠送他几十车食物，后勤供应充足。

四是独特的作战方式。

西汉从汉武帝朝在汉匈战争中转入全面反击后，几次大规模的战役都是由卫青统领指挥作战。战前做了精密的布置，常常是几路大军分别从不同的方向出击，互相配合。这样的战争部署，胜利对汉军来说是在预料之中，但匈奴人也可以有目的地防守。

霍去病不同。他有冒险精神，勇于开拓进取，敢于深入敌军境内作战，常常和壮健的骑兵跑在大军的前

诸宿将所将士马兵亦不如骠骑，骠骑所将常选。
——《史记·卫将军骠骑列传》

面，一路高歌猛进，强悍之气咄咄逼人。年轻的将领和兵士个个骁勇迅捷，部队出击凶猛，号令严明，整齐划一，对敌人出手狠、猛、快，机动性和灵活性强，快打快收，决不恋战。这种仅凭骁勇而事先没有明确作战目标的打法基本是寻敌决斗，长途奔袭，打的是遭遇战、突袭战。这让匈奴人完全摸不着头脑，无法进行有针对性的防守。当然，这样做的风险极大。茫茫大漠中极可能遭遇匈奴精锐部队，因此有可能被匈奴一举歼灭，汉匈战争中这样的例子很多。因此，这种做法对汉朝和匈奴来说都是胜负参半的。或许老天眷顾，霍去病的运气总是很好。司马迁曾评价他说："他的军队也有好运气，未曾遇到绝大的困境。但各位老将却经常因为行军迟缓落后，遇不到好的战机（军亦有天幸，未尝困绝也）。"当然，这是人们无法预料的偶然性因素。从霍去病自身来说，他的成功最主要来自他不同于以前卫青那种大军配合出击的新式打法，给匈奴人来了个"耳目一新"的体验。

但是，我们也要看到，在霍去病这种"玩的就是心跳"的打法下，他自己成了最大的受益者，元狩二年 (前121) 一年之中三次立功受封。但是，和他一块儿参战的宿将却往往成了倒霉蛋。因为，霍去病这种无法之战，行动极为迅猛，和他会合的宿将常常不能按期到达指定地点，因为误了会兵的期限，"然而诸宿将常坐留落不遇"《史记·卫将军骠骑列传》，被判死刑的就有打了一辈子仗总不顺利的公孙敖。他与霍去病同时出兵，因为误了会合的期限，被判死刑，缴了罚金，躲过一死。"万里独行侠"的军事风格，给霍去病带来了光辉，使他成为汉军中最耀眼的将星。或许才高折寿，或许天妒英才，在霍去病军事生涯中最闪耀的时候，元狩四年 (前119)，霍去病在军中病逝，年仅二十五岁，一代将星，就此陨落。

卫青与霍去病平步青云，封侯拜将。但是，同时还有一些抗匈名将，比如被称为飞将军的李广，终其一生，都未能封侯。这究竟是为什么呢？

请看：李广难封。

李广难封

在汉匈作战史上，卫青、霍去病可以称之为绝代双骄。他们共同完成了武帝讨伐匈奴的主要战役，基本消灭了匈奴军队的主力，同时也成就了卫青、霍去病二人的一世英名。但是，在汉匈战争史上还有一些将军，他们一生与匈奴作战，但是命运之神似乎总和他们开玩笑，让他们连封侯的机会都得不到。其中最典型的莫过于飞将军李广。那么，究竟是什么原因让一代名将李广终生未得封侯呢？

英雄梦断　挥刀自刭

元狩四年 (前119)，汉武帝为了彻底歼灭匈奴主力，决定对匈奴采取更大规模的军事行动，大胆地制订了远途奔袭、深入漠北、犁廷扫穴、寻歼匈奴主力的漠北决战计划。汉武帝集中了精锐骑兵十万人，组成两个大兵团，分别由大将军卫青、骠骑将军霍去病统率。

卫青从定襄出兵，令李广做前将军，公孙贺任左将军，赵食其任右将军，曹襄任后将军，大军越过沙漠，于漠北寻找匈奴单于主力决战。

恰在此时，卫青抓捕到匈奴一个俘虏，从俘虏的口中得知了匈奴单于的具体位置。对于远涉沙漠作战的汉军来说，这是一个十分重要的情报。卫青在得知匈奴单于的具体位置后，突然要求当时担任前将军的李广合并到右将军的军中，走东路，合围单于。

东路道路迂回，水草少，不利于大部队行进。李广向大将军卫青说："我李广是前将军，现在大将军临战却让我走东路，恐怕不大合适。况且我李广自结发从军和匈奴作战，到此时已历三朝 (文、景、武) 了，好不容易有了一次直接面对匈奴单于的机会，我愿意战死于单于之前。"但是，卫青却听不进去，下军令让李广赶快与右将军赵食其合军走东路。李广虽心

既出塞，青捕虏知单于所居，乃自以精兵走之，而令广并于右将军军，出东道。东道少回远，而大军行水草少，其势不屯行。广自请曰："臣部为前将军，今大将军乃徙令臣出东道，且臣结发而与匈奴战，今乃一得当单于，臣愿居前，先死单于。"

——《史记·李将军列传》

有不甘，但只能听从卫青的调遣。

卫青正面迎击单于的军队。他下令用战车排成环形营垒，阻止匈奴骑兵突袭，先派五千骑兵突击冲锋，匈奴派出上万骑兵应战。适逢黄昏，大风骤起，昏天黑地，沙砾击面，两军相对却不相见。卫青命左右两翼疾驰向前，包围单于军队。单于看到汉军人数众多，装备精良，进退有序，难以取胜，因此，傍晚时率领几百名骑兵，向西北方向突围而去。

汉军轻骑兵连夜追击，匈奴兵士四散奔逃。天快亮时，汉军追出二百余里，火烧赵信城及匈奴全部辎重。虽没追上单于，但斩敌一万九千多人。

同时，霍去病也重创了匈奴左贤王的军队。

这就是著名的漠北决战。

卫青取得漠北决战胜利归来时，李广和原任右路军指挥的赵食其才姗姗来迟。原来，李广所在的右路军因为没有向导，迷失了道路，延误了与卫青合围单于的期限。李广的部队到达后，卫青立即派人到李广的大帐中讯问李广迷路的情况，准备向汉武帝汇报，李广拒绝回答。卫青又派人要求李广立即到大帐中回答质询，李广悲愤地说："广结发与匈奴大小七十余战，今幸从大将军出接单于兵，而大将军又徙广部行回远，而又迷失道，岂非

大将军不听，令长史封书与广之莫府，曰："急诣部，如书。"
——《史记·李将军列传》

于是大将军令武刚车自环为营，而纵五千骑往当匈奴。匈奴亦纵可万骑。会日且入，大风起，砂砾击面，两军不相见，汉益纵左右翼绕单于。单于视汉兵多，而士马尚强，战而匈奴不利，薄莫，单于遂乘六骡，壮骑可数百，直冒汉围西北驰去。
——《史记·卫将军骠骑列传》

天哉！且广年六十余矣，终不能复对刀笔之吏。"《史记·李将军列传》说完之后，李广抽刀自杀（遂引刀自刭），一代名将就这样一命归西。李广自杀的消息传出后，全军将士无不落泪，甚至老百姓都为他感到可惜。

智勇神射　带兵有道

历史上，李广的名字异常响亮，男女老少都知道汉代有一员悍将——李广。李广的自杀一石激起千层浪，时至今日，人们还在为英雄自刎扼腕叹息。

李广到底是一个什么样的人？何以他的自杀会激起如此广泛的同情？为什么与匈奴作战一生的李广最终未能封侯呢？

李广的祖上是秦朝名将李信，曾经为秦始皇追杀燕国太子丹。因此，李广是世代将门之后。

李广从军的时间非常早，汉文帝前元十四年（前166），匈奴军队大举入侵萧关，李广此年从军。到汉武帝元狩四年（前119）漠北决战之时，李广从军已有四十七年。李广自杀之前曾自谓："我已经是六十多岁的老人了，总不能还去接受刀笔之吏的质询吧。"由此可知，李广在文帝朝从军之时还只是一位十多岁的少年。

作为一位从军近半个世纪的名将、宿将，李广有没有封侯的主观条件呢？

且广年六十余矣，终不能复对刀笔之吏。
——《史记·李将军列传》

从《史记》的记载看，李广非常有才。他在上谷太守任上，每天与匈奴交战，英勇无畏，浑然忘我。当时负责汉朝与各附属国关系的官员(典属国)公孙昆邪看见李广这么个打法，曾经哭着对汉景帝说："李广才气，天下无双。自负其能，数与虏敌战，恐亡之。"《史记·李将军列传》汉景帝赶忙将李广调到上郡任太守。

李广的才气主要表现在哪些方面呢？

第一，智勇神射之才。

李广家族世代以射艺相传，李广精于射箭在中国历史上是有名的。《水浒传》中有一位善射的好汉花荣，绰号就叫"小李广"。可见，"李广"在后世是神射手的代名词。

《史记·李将军列传》记载李广神射之事非常多。

李广有一次外出打猎，看见草中一块石头，误以为是虎，于是，一箭射去，箭头竟然射入石中。李广走近一看，是一块石头。再让他冲着石头射，却怎么也射不进去了。

李广在担任右北平郡太守之时，曾经有一次亲身射虎，结果虎跳起抓伤了李广，但是，李广最终还是将这只虎射死了。

在上郡太守任上，李广曾经历了一场风险：

汉武帝派了一位宠信的宦官到李广的驻地监军。这位宦官带了几十个骑从外出，遇见三个匈奴人。宦官

广出猎，见草中石，以为虎而射之，中石没镞，视之石也。因复更射之，终不能复入石矣。——《史记·李将军列传》

277

自以为匈奴人少，自己有几十个人，于是，便和这三个匈奴人对射起来。结果，这三个匈奴人把这位宦官带领的骑从差不多杀光了，还射伤了这位宦官。这位宦官赶快跑回去，报告了李广。李广一听，马上断定：这三个人一定是匈奴的射雕手。于是，李广带了一百个骑从追了上去。这三个匈奴人没有马，是步行，李广很快就追了上来。李广让他的一百人分别从左右两翼包抄上去，自己连射两箭，杀死了其中的两个人，活捉了剩下的一个人。一审讯，果然是匈奴的射雕手。

李广抓了俘虏，正要回营，突然数千名匈奴骑兵拥了过来。看见李广率领的一百个骑从，匈奴骑兵以为是汉军的诱饵，立即强占了山头摆开阵势。

李广手下的一百名骑从，见到这个阵势全吓蒙了，都想掉头就跑。李广却临危不乱，他对手下说："我们离开大军有几十里地，如果以这一百人往回跑，匈奴这数千人在后面追杀，我们这百十号人立刻就会被匈奴人杀光。如果我们留下来不跑，他们以为我们是诱饵，反而不敢攻击我们。"

于是，李广让自己手下的一百个骑从向前，一直走到离匈奴骑兵二里地远的地方停下来，并且命令手下的士兵全部下马，而且还要把马鞍解下来。但是，跟随李广的这一百个骑兵害怕，纷纷

中贵人将骑数十纵，见匈奴三人，与战。三人还射，伤中贵人，杀其骑且尽。中贵人走广。广曰：『是必射雕者也。』广乃遂从百骑往驰三人。三人亡马步行，行数十里。广令其骑张左右翼，而广身自射彼三人者，杀其二人，生得一人，果匈奴射雕者也。——《史记·李将军列传》

广之百骑皆大恐，欲驰还走。广曰：『吾去大军数十里，今如此以百骑走，匈奴追射我立尽。今我留，匈奴必以我为大军之诱，必不敢击我。』——《史记·李将军列传》

说："敌人离我们这么近，万一有紧急情况，我们连马鞍子都来不及准备了。"李广说："他们认为我们会跑，我们不但不逃，还卸下马鞍。这样，敌兵肯定不敢攻击我们。"

果然，匈奴骑兵看见这一百个汉兵如此反常，反倒不敢打。过了一会儿，一位骑白马的匈奴将军出阵，李广带领十几位骑兵奔了过去，一箭射杀了这个骑白马的军官，然后，又回到自己的队列中。这一次李广干脆让士兵们把马放开，都躺在大沙漠上悠然自得地休息。这下匈奴骑兵更不敢轻举妄动了。

这时候天色暗淡下来，太阳也落山了。匈奴骑兵看着眼前的这一百名汉兵，始终不明白他们葫芦里卖的什么药，因此也一直不敢攻击李广。到了半夜，匈奴骑兵撑不住了，怀疑汉军的大部队埋伏在旁，于是连夜撤兵。天亮之后，李广才率领这一百名随从慢悠悠地回到大营中。

李广这场攻心战赢得漂亮。这次遇险非常惊险，如果不是他的射技精湛，智勇过人，很难躲过一劫。

第二，独到带兵之才。

李广的才气还表现在带兵上。李广带兵非常奇特：

广令诸骑曰："前！"前未到匈奴陈二里所，止，令曰："皆下马解鞍。"其骑曰："虏多且近，即有急，奈何？"广曰："彼虏以我为走，今皆解鞍以示不走，用坚其意。"于是，胡骑遂不敢击。有白马将出护其兵，李广上马与十余骑奔射杀胡白马将，而复还至其骑中，解鞍，令士皆纵马卧。是时会暮，胡兵终怪之，不敢击。夜半时，胡兵亦以为汉有伏军于旁欲夜取之，胡皆引兵而去。平旦，李广乃归其大军。

——《史记·李将军列传》

一是行军不按建制。

二是驻扎不按建制。

三是夜间不打更巡逻。

四是大帐很少使用文书。

军队的战斗力在于建制！建制一乱，无疑是一盘散沙，因此，很少有将领敢不按建制带兵。但是，李广非常奇特，他偏要反其道而行之，却收到了意想不到的效果。李广带兵，是才将带兵，非常将带兵。李广带兵的最大特点是简易。这样，士兵们少了许多辛苦，打仗的时候都乐于跟随李广，也愿意为李广拼死力战。

因此，李广是一位非常有才能的将领。他的才能加上他近半个世纪的从军时间，封侯之事理当成功。李广一生未得封侯一事，成为古人一个比较集中关注的话题。为什么这么有才华的一位将军最终未能封侯呢？

时乖命蹇　是耶非耶

李广难封，是不是机遇未到？非也。

第一次机遇：汉景帝平定吴楚七国之乱。

吴楚七国之乱时李广是太尉周亚夫的部将，他夺得了叛军的旗，立了大功。但是，李广此时干了件糊涂事，他接受了梁孝王刘武的将军印，汉景帝因此没有给李广封侯。这是李广一生中第一次有可能得到封赏的

从太尉亚夫击吴楚军，取旗，显功名昌邑下。以梁王授广将军印，还，赏不行。——《史记·李将军列传》

机会，他失去了。

这次与封侯擦肩而过是因为汉景帝和他的弟弟梁孝王有矛盾。梁孝王是窦太后的幼子，窦太后一直想让梁孝王在汉景帝之后继位为君。但是，窦太后的这一想法违背汉代父子相传的祖制，汉景帝非常不满意。汉景帝对母亲窦太后偏爱弟弟梁孝王一事，一直采取韬晦之术，不明确表态。有时还忽悠一下窦太后，说什么"千秋之后传位梁王"，实际上，汉景帝对他的弟弟一直高度戒备。

李广公开接受了梁孝王的将军印，犯了汉景帝的大忌。因此，汉景帝对李广立下的大功选择了沉默，不予封侯。

李广这次失去封侯机会是因为他不自觉地卷入了汉景帝朝的宫廷斗争，成为汉景帝和梁孝王斗法的牺牲品。梁孝王没有加入吴楚七国之乱，是因为他有窦太后做靠山，有继承皇位的梦。实际上，他的皇帝梦比任何一位参加叛乱的诸侯王都要强烈，而且，梁孝王还做了篡位的充分准备。梁孝王授李广将军印是挖中央政府的墙脚，图谋不轨。李广作为中央政府军队的一位将军，私自接受了诸侯王的将军印，是完全不懂政治，犯了政治错误。汉代对中央官员与地方诸侯交往一事非常忌讳，特别是在吴楚七国之乱爆发之后，更不允许中央官员交往诸侯王。李广是员武将，没有政治家的敏感，我们不应苛责他。但是，现实是残酷的，不懂政治的代价就是让封侯的机遇和李广擦肩而过。

第二次机遇：元狩四年 (前119) 的漠北决战。

这是李广一生中最后一次出征。他第一次获得了前将军的位置，前将军是先锋，最有可能在接敌之战中立功封侯。但是，大将军卫青在得知了匈奴大单于的具体位置后，却强行将前将军李广调往右将军赵食其的部中，逼迫李广走右路。同时，卫青安排了新近失侯的公孙敖为前锋，目的是让公孙敖立功重新封侯。

卫青为什么要这样做呢？

一是汉武帝临行前的交代。

二是卫青对公孙敖的私心。

其实，漠北决战，汉武帝原本不想让李广参战，一是认为李广年龄大了（六十多岁），二是对李广有看法。后来李广坚持要求参战，汉武帝才勉强同意让他担任前将军。但是，汉武帝在大军出发前暗中告诫卫青："李广年迈，命又不好，不要让他与匈奴单于对阵，以免误事。"汉武帝的这个交代使李广失去了最后一次可能封侯的机会。

卫青执行了汉武帝的旨意，似无责任。但是，在调走李广之后，卫青却把机会留给了公孙敖。公孙敖和卫青是好友，当年卫青刚入宫被囚禁起来要杀害之时，是公孙敖带人救出了卫青。救命之恩，卫青岂能忘记？因此，在按汉武帝旨意调开李广之后，卫青任命公孙敖为前将军，把立功的机会留给公孙敖。这是卫青的私心所致。

我们不知道如果李广继续担任前将军会不会有封侯的机会，因为卫青调走李广之后虽然重创了匈奴单

以为李广老，数奇，毋令当单于，恐不得所欲。

——《史记·卫将军骠骑列传》

于但并未抓到匈奴单于。然而李广被调往东路之后因失期获罪，成为李广自杀的重要原因之一。

从上面两次封侯的机遇来看，李广终生未得封侯的确和汉景帝、汉武帝的压制有关系，是李广难封的重要原因之一。

唐代著名诗人王维《老将行》中有两句非常有名："卫青不败由天幸，李广无功缘数奇。"后人对王维这两句中的用典颇有争议，认为"不败"者是霍去病不是卫青；但是，对"李广无功缘数奇"这句诗似乎达成了共识。"数奇"是指命不好。

李广难封，是不是命蹇时乖？

我们看一下汉武帝朝李广的出征经历。

第一次，元光六年（前129）卫青、公孙敖、公孙贺、李广四人各带一万兵马出征。这次出征是卫青第一次任将出征，结果，公孙贺未遇敌，白跑一趟。卫青杀入龙城，斩敌七百。公孙敖损兵七千。李广全军覆灭，自己被俘，逃了回来。

汉匈作战中汉军一向最头疼的问题是出兵往往找不到匈奴的部队。因此，要么是无功而返，要么是遭遇强敌而打败仗。这就是命运！

李广确实命运不济，四路人马中唯有他遭遇强敌。

第二次，元朔六年（前123），李广随从大将军卫青出征，未立功。

第三次，元狩二年（前121）秋，汉武帝派张骞和李广出右北平，攻击匈奴左贤王。左贤王率四万大军包围了李广率领的四千人，张骞的部队迟迟没有到位。面对险境，李广毫不畏惧，沉着应战。后来张骞的救兵到达，李广才得以脱险，但是，李广的四千士兵几乎全军覆灭。

上述三次战役，李广两次遭遇匈奴重兵，一次无功。

命耶？运耶？

李广确实有机遇不佳的时候，而且，并非李广一人的命运不济，随同卫青参加对匈奴作战的许多将领都有这种类似的经历。读一读《史记·卫将军骠骑列传》的末尾，司马迁记录了卫青、霍去病、李广之外诸多抗击匈奴将军，很多人都有和李广类似的经历。

一生征战却终生未得封侯的将领并非李广一人。为什么他们未得封侯没有引起后人的广泛关注，李广未得封侯却引发了无数后人的感喟呢？

一是李广才气极大。

二是李广名气极大。

三是李广死前痛失最后一次良机。

四是李广自杀身亡。

五是李广爱护士卒。

六是李广悲剧命运的普遍性。

七是司马迁对李广的无限同情。

《史记·李将军列传》写得凄婉动人。千古之下，读此传者无不动容。史学家的感情倾向对后世读史者的巨大影响不可忽视。

龙城之战时，李广已做了多年将军，卫青是初出茅庐，可是，卫青直捣龙城，斩敌虽不多，影响却极大。李广全军覆灭，侥幸逃归。

龙城是匈奴祭天之地。卫青初次出征，选择龙城作为打击对象，应当说不是天意，而是人意，是卫青的有意所为成就了他自己。龙城并非卫青所专有，我们不知道卫青为什么首次出战就选择了龙城，但是，这种选择的机会是平等地摆在每位将领面前的，包括李广。李广没有作这种选择，错失良机，看起来是命，但又不全是命。

因此，我们在考察李广难封这一难题时也不应忽视李广自身的因素。

第一，恃才而骄。

李广确实有才，但是，他自负其才，不讲策略。汉景帝朝时，李广在上谷太守任上天天与匈奴人交战，典属国公孙昆邪就对汉景帝讲："李广才气，天下无双，自负其能，数与虏敌战。"《史记·李将军列传》公孙昆邪已经指出李广自负其才的事实。作为一位军事统帅，自负其才无疑是一致命伤。

第二，冒险精神。

追杀匈奴三位射雕手一事，李广表现了他的智勇和神射，但是，毕竟这是一件非常冒险的事件，其冒险之处有二。

一是不和军中商议。

大军根本不知道作为统帅的李广去哪儿了，因此，无法组织接应，只能等待第二天李广归来。

二是不该亲自追杀。

作为一军之主帅，当以大局为重。即使李广判断出射杀几十位汉军的三位匈奴人是射雕手，至多是派人前往追杀而已，不应当自己撂下大军，亲率一百骑兵追杀。这种做派顶多证明了李广的神射和判断能力，但是，它能证明李广是一位杰出的统帅吗？

如果数千匈奴人识破李广的骗术，或者匈奴人也冒险赌一把，李广和这一百名骑兵能够躲过一劫吗？

对敌作战如此冒险，自己射猎也是如此。李广作战时，如果敌人不是非常接近，他从不发箭；一旦出手，敌人应声而倒。但是，这种近距离的射击，使李广多次在战斗中受困，他射猛兽时也为猛兽所伤。李广射敌、射猎，只追求百发百中，反而将风险控制放在其次了。

第三，适应能力。

李广自文帝朝从军，至景帝朝，一直是在防御战中与匈奴对阵。这种防御战，李广打了多年，才气、勇气得到了充分的发挥，使他成为声名显赫的一代名将。但是，到了武帝朝，汉匈作战发生了很大变化。其中，最重要的一点即是汉朝由被动防御转变为主动进攻，由阵地战变为运动战。汉军要深入匈奴腹地，长途奔袭，要求指挥员敢于深入敌后，在运动中寻找机会歼敌。卫青用此法首战龙城告捷，霍去病更是将这种作战方法发挥到极致。这种运动战，和文、景之世的防御战差别极大。

李广从汉文帝前元十四年（前166）仅十几岁时参军作战，到武帝元光六年（前129）龙城之战汉军第一次主动出击，已经从军三十七年，成为五十多岁的老将军。进入

其射，见敌急，非在数十步之内，度不中不发，发即应弦而倒。用此，其将兵数困辱。其射猛兽亦为所伤云。——《史记·李将军列传》

老年的李广比起敢闯、敢打、敢深入的卫青、霍去病，缺少了点年轻将领的锐气，似乎也不大适应长途奔袭、运动歼敌的新战法。

李广的军功不够有主观因素，亦有客观因素。从主观上看，李广没有应用卫青、霍去病深入敌后、灵活作战、寻机歼敌的新作战方略。从客观上看，汉武帝一贯重用外戚将军，往往为他们配置重兵，还要配备具有丰富作战能力与经验的名将做策应。这样，外戚将军们胜多而败少。当然亦有庸才外戚，如贰师将军李广利，虽手握重兵，仍败得一塌糊涂。李广这样的名将、宿将，因为没有外戚的背景，只有率少量军队做策应的份儿，绝无握重兵立大功的机遇。所以，李广非"不遇时"，而是不遇主。非"数奇"（命不好），而是无背景。在一个人情社会、背景政治的国度，李广纵有"天下无双"的才气，最终亦难逃不得封侯的命运。

汉代封侯制度的缺陷亦是造成"李广难封"的重大原因之一。汉代军功封侯强调"中首虏"。它包括了三项内容：一是捕获匈奴王、相、将军、阏氏，二是斩敌千人以上，三是为夺取胜利作出重大贡献。这种军功制度没有考虑汉军将领以少数兵力遭遇数倍甚至十倍匈奴主力时，双方实力悬殊的情况。对于在这种不可能获胜的情况下依旧能血战到底的将士，汉朝的军功制度非但不予以肯定和嘉奖，反而以战败论罪。这是十分不人性化的，也暴露出很大的弊端和隐患。李广两次遇到十倍于己之敌，虽然战败，但功不可没。汉代军功制度对此却无受赏规定。

元狩二年 (前121)，李广率四千士兵自右北平出兵，结果，被匈奴左贤王四万主力包围，李广奋力作战，全军几乎牺牲殆尽。这次重大伤亡是张骞的军队未能按时到达所致，并非李广之失。李广以四千军队力敌左贤王四万主力，打出了军威，但是，军功制度的设计缺陷使李广的这次军事行动被归入了失败之列。

这些遭遇强敌的将领拼死力战，牵制了匈奴重兵，为其他部队取得胜利作出了重大牺牲，同样应当受赏。可是，汉代军功制度却无这一规定。这就注定了遭遇匈奴重兵的部队虽然拼死力战却不可能立功封侯，这种制度设计的本身就有重大缺陷。

杀身成仁　血性男儿

李广自杀后，和他一块儿因迷失道路而犯法的右将军赵食其被判为死刑，赵食其纳钱赎罪，免死废为庶人。为什么赵食其可以纳钱赎罪，而李广不走赵食其之路呢？李广大半生身为二千石的高官，五十万是交得出来的。而且，此前他多次因误期、失军被判为死刑时都是纳钱买命，为什么偏偏这一次李广不再纳钱买命了呢？

第一，无声的抗争。

这次出征，李广是从军将领中的高龄将领，李广知道这种从军的机会对自己而言不多了。而且，这次被汉武帝任命为前将军，是他从军以来极少作为大军先锋的一次机会。因此，李广对这次机会非常珍视。但是，李广并不知道汉武帝在任命他担任前将军之时已经向大将军交代了如果遇到匈奴单于一定要调开李广的诏令，李广至死都不知道汉武帝的旨意已使他这次出征变得毫无意义。

李广只知道大将军卫青在临战关头将他调开，不让他立功封侯，李广对此既无奈又悲愤。而且，李广在被强行调开之后，也知道公孙敖被任命为前将军。公孙敖和卫青的关系，李广知道得清清楚楚。卫青的私心，李广看得清清楚楚，所以，李广的自杀是对卫青挟私处理军务的无声抗议。

最令人痛心的是李广至死不明白汉武帝是隐形杀手！

汉武帝首先提出李广"数奇"。一位为国家打了一辈子仗的老将军，六十多岁还三番五次要求出征。汉武帝嫌他年迈，李广本人不知道自己年迈吗？如此年龄还执着地要求出征，为了什么？为了封侯啊！李广的心愿汉武帝不会看不出来，满足一位老将军最后的人生愿望，同时也是战争的需要，又有何妨？汉武帝何必一定要管事管到这种程度呢？作为一位国君，需要他处理的事情太多了，如果临敌调换李广这样的琐事都要一一交代，不是太欺侮李广了吗？！

所以，李广终生未得封侯是多种因素共同作用的结果，但李广自杀只能是汉武帝的偏见所致。

第二，男儿的血性。

李广是一位有血性的好男儿！他是可杀而不可辱的男人！李广再三抗议却无效之后，愤愤不平地踏上了东路，行前和卫青连个招呼都不打！虽然非常失礼，但是，李广是被逼无奈啊！

李广不能忍受卫青如此徇私，所以失期后李广拒绝面对刀笔之吏细数迷路的详情。他可以接受死亡，但是，他不能接受侮辱！

赵食其可以忍气吞声，交钱赎罪，买一条命，但是，李广不行，他决心以死向命运、向世间的不公表示无声的抗争！李广男儿血性决定了他只能自杀而不能被杀！

被匈奴誉为"汉之飞将军"的李广最终落得如此悲惨下场，在封建时代屡见不鲜，绝非一个偶然现象。后人感慨"李广难封"，实际是对现实社会中人才屡屡遭遇困境的感喟，是对集权制度下人才屡遭不公的抗争。

李广自杀了，但是，漠北决战胜利了。汉匈关系因为漠北决战变得对大汉更加有利了，匈奴单于兵败，左贤王部几乎被霍去病全歼，匈奴只能向生态环境更严酷的北方逃遁。汉武帝对匈奴作战取得了决定性的胜利。其实，汉武帝自从即位之日起，就一直筹划着这一天的到来。为了彻底打垮匈奴，除军事上打击外，还应当有一系列的配套工作要做，因此，汉武帝也绝不会将赌注全押在军事上。那么，除军事斗争外，汉武帝还会采取哪些措施呢？

请看：凿空西域。

广不谢大将军而起行，意甚愠怒而就部。

——《史记·李将军列传》

凿空西域

汉武帝建元二年（前139），一位郎官肩负着一项特殊使命，一路西行，开始了探索西域的征程。他的西行开辟了一条千古光耀的丝绸之路，让世界了解了一个精彩的中国。司马迁在《史记》中称他"凿空西域"。什么是"凿空"？当世界还是一片混沌的时候，盘古开天辟地，称得上"凿空"。他是谁？汉武帝为什么要派他出使西域？他为什么在身后赢得了如此巨大的声誉？他凭借什么与神力匹敌？

这个感动中国乃至全世界的伟丈夫就是张骞。

张骞本来是一位籍籍无名的郎官，皇帝的侍从。不过，一切只是因为他还没有机会显示自己优异的一面。我们有理由相信，是金子总会发光的。

建元二年（前139），张骞的命运出现了巨大转折，即位一年的汉武帝招募勇士出使月氏。堂堂大汉帝国，为什么要如此兴师动众地出使一个"蛮夷之邦"呢？

武帝宏愿　梦萦边关

汉武帝兴师动众地派人出使西域，有两个原因。第一个原因是实现他心中的"强国之梦"，即彻底消灭匈奴。

汉武帝是西汉诸帝中最具有战略眼光的帝王，也是每一次对匈奴作战的总指挥。刚刚即位的汉武帝从一个匈奴俘虏口中意外地得到了一条消息：让汉朝吃尽苦头的匈奴还有一个宿敌——月氏。

匈奴和月氏怎么会结为仇人呢？这事还得从冒顿单于的父亲头曼单于说起。

匈奴首领头曼单于因为宠爱阏氏给他生的小儿子，便想将太子冒顿废掉，立小儿子为太子。当时秦朝已败亡，匈奴刚刚摆脱了秦帝国的武力压迫，正处在恢复期，但是，月氏依然比匈奴强盛。头曼单于想出了一招

单于有太子名冒顿。后有所爱阏氏，生少子，而单于欲废冒顿而立少子。——《史记·匈奴列传》

"借刀杀人"的毒计：把太子冒顿作为人质送到月氏。月氏人以为这是头曼单于对双方关系诚信的表示，而头曼单于却出兵袭击月氏。头曼单于认为：受到袭击的月氏一定会一怒之下杀掉人质冒顿。但是人算不如天算，就在月氏打算杀掉匈奴人质、头曼单于正为自己的计策扬扬得意时，命不该绝的冒顿偷到了一匹快马，奇迹般地逃了回去。就这样，一场"玩火自焚"的真实案例诞生了，头曼单于的行为不仅激怒了月氏，也激怒了冒顿，冒顿最终弑父自立。

人质事件彻底改变了两个民族的关系，匈奴与月氏成为仇人。

弑父自立的冒顿单于率领匈奴精锐，灭掉东胡，打败月氏，迅速强大起来。

冒顿单于死后，他的儿子老上单于继位，继续武力征讨月氏。老上单于不仅杀死月氏国王，还用他的头颅作为饮酒的酒杯。

连续遭到打击与羞辱的月氏对匈奴恨之入骨，但是苦于没有同盟军可以和他们一起对匈奴作战，只能无奈地离开故地，逃往离匈奴更远的西边。

此时的汉武帝刚刚即位，才十七岁，但是，年轻的汉武帝自小就知道汉朝饱受匈奴之害，怀有宏伟的强国之梦。匈奴与月氏的仇怨，让汉武帝看到了一个潜在的同盟。他有着帝王的智慧：敌人的敌人，

乃使冒顿质于月氏。冒顿既质于月氏，而头曼急击月氏。月氏欲杀冒顿，冒顿盗其善马，骑之亡归。——《史记·匈奴列传》

就是自己的朋友。于是，他想联络月氏，共同对付匈奴。

汉武帝派人出使西域第二个原因是为了实现他的大国之梦，让汉朝成为一个真正的"大一统"帝国。

刘邦在灭秦灭项的斗争中建立了西汉王朝，但是，汉帝国刚刚建立时的版图比秦帝国还小。因为，被秦帝国打得向北流窜的匈奴人利用秦帝国灭亡、汉帝国刚刚建立无暇他顾的机会，迅速占领了河套地区。

汉武帝是一个有大国意识的皇帝，他即位之后，定下的第一个治国方略就是对匈奴作战，而且，这一方略他一直坚持了四十四年之久。

汉武帝对西域、西南夷、两越的开发都和大国之梦息息相关。在上述地域中，汉武帝最重视的就是西域。

西域，指包括今天我国新疆和广大中亚地区。汉武帝时代，西域各国与匈奴族的生活习俗有很多相似之处，大都属于逐水草而居的游牧民族。他们在汉帝国和匈奴两大势力之间徘徊，在汉帝国与匈奴势力的彼此消长中生存着、发展着。

刚刚即位的汉武帝得知匈奴与月氏交恶后，果断派人出使月氏，就是着眼于对匈奴的战略包围。

是时天子问匈奴降者，皆言匈奴破月氏王，以其头为饮器，月氏遁逃而常怨仇匈奴，无与共击之。汉方欲事灭胡，闻此言，因欲通使。——《史记·大宛列传》

此时，汉匈之间的战争尚未开始，但是，汉武帝已经未雨绸缪，酝酿对匈奴作战的大手笔行动，这种战略眼光绝非一般庸碌之辈可比。

在上述背景之下，汉武帝终于产生了派使者出使月氏的念头。

凿空西域第一击

汉武帝确实是一个非常有趣的人。尽管司马迁反复强调汉武帝的刚愎自用，但我们还记得，攻打匈奴，他举行了"朝议"，让群臣讨论。这次出使西域，他甚至来了场"选秀"，让最有才智、最能代表大汉形象的人来完成这一重要战略任务。汉武帝的"选秀"显然不是为了娱乐，那他究竟为什么出此怪招来确定使者呢？

一是月氏位置不明。

茫茫大漠，月氏远在天边，如同传说。当时汉朝没有人去过西域，谁也不知道月氏在哪儿，有多远的路。这是一个充满各种变数的任务，风险系数极高。这次任务没有封侯拜将的荣宠，没有斩将杀敌的功勋，没有游山玩水的闲情，没有吟风弄月的雅趣，是一次真正意义上的千里走单骑，苦行、寂寞、危险、痛苦，如影随形。所以，愿意承担这项任务的人非常少，汉武帝只能采用"招聘"的办法招募使者出征。可以想象，即便是皇家"海选"，也肯定是没有现在的选秀节目那么火爆！

二是出使充满危险。

出使月氏，一是路途遥远，二是必经匈奴之地，随时可能被匈奴扣留。所以，使者既要身体素质好，能吃苦耐劳，又要机智勇敢，百折不挠。这种苛刻的条件也只能通过"招聘"才能解决。

三是选拔采取优胜劣汰。

汉武帝时代是西汉历史上第二个人才辈出的时代。这个时代之所以人才辈出的一个重要原因是汉武帝不拘一格地选拔人才，"招聘"成为汉武帝选拔人才的一个重要方略。

这次"选秀"，绝不是考察身材样貌、琴棋书画，而是胆识和能力。

总决赛冠军就是被后世称为"中国走向世界的第一人"的张骞。他是一个天生的冒险家和彻底的理想主义者，他渴望一个实现梦想的舞台，而汉武帝给了张骞一次机遇，接下来，张骞就必须迎接挑战了。

长河落日　大漠孤烟

建元三年 (前138)，张骞率领一百多名随行人员，和一名叫甘父 (即堂邑氏之奴，又名堂邑父) 的匈奴人向导从陇西出境。很不幸，张骞一行人经过匈奴之地时，被匈奴人抓到了。

由于是汉朝使者，张骞被匈奴人用专车送交给了单于。单于对张骞说："月氏在我们的北边，汉朝怎能派使者前去呢？我们要想派使者去南越，汉朝能允许我们过境吗？"然后，就扣留了张骞。

张骞被羁留于匈奴，一待就是十余年之久。单于给他娶了妻子，并且也有了孩子，但是，张骞依然手持汉节，不忘使命。世事变幻，斗转星移，十余年异乡生活让张骞的衣着、生活习惯和匈奴人没有什么差别了，匈奴对他的看管渐渐放松，"他乡"俨然成了"家乡"。匈奴人都认为：十几年的安逸生活，足以磨灭张骞出使西域完成使命的宏愿，以他现在的势单力薄不可能也不应该放弃安逸而选择一条艰险的道路——从匈奴逃出去寻找早已不知远徙到哪里去了的月氏；十几年的安逸生活，已让张骞忘记了汉皇的模样，忘记了对家乡的向往，出使，不过是汉朝的派遣，遥远的大汉对于今天在此的张骞而言，又算得了什么呢？

一个人一生有几个十年？月氏远在天边，而妻子儿女就在眼前。西域可望而不可即，而现有的安逸生活却触手可得。在匈奴人看来，十年之间，张骞已看惯了大漠的孤烟，听尽了雕马的嘶鸣，这一切已然深入了他的骨髓，他不会再离去，因为一个人一生中能有几个十年？

但是，匈奴人错了。娇妻幼子不能改其初衷，大漠孤鸿不能忘其使命，崇高的民族大义、深沉的使命感一直在激励着张骞。元朔元年（前128），张骞最后一次亲了亲小儿子的红脸蛋，握了握妻子的红酥手，同他的随从成功出逃，夫妻父子，从此生死两茫茫。这就是使者的悲剧命运。

张骞他们向西跑了几十天，终于到达了一个王国，张骞激动得很，以为到了月氏，等问清楚才知道，原来是另一个国家——大宛 (yuān)。大宛原来就听说汉朝很富有，想与汉朝交往，苦于没有路子。如今看到张骞，非常高兴，于是，专门为张骞配了向导和翻译，送他到达康居 (qú)，康居又把他转送到大月氏。

张骞到了大月氏，以为自己所受的种种艰辛就要得到回报了，出使的使命就可以完成了，非常兴奋。世事沧桑、斗转星移，有人能始终如一，有人却半途而废。十年之间，张骞不忘使命，到了大月氏却发现，这里已经是时过境迁，大月氏也发生了天翻地覆的改变：

一是生活安定。

大月氏的前任国王被匈奴杀死以后，他的太子当了国王。这位国王已经征服了大夏，并在这里定居下来。这里土地肥美富饶，很少有敌人侵犯，因而百姓们的心情安适快乐。

二是相距遥远。

大月氏认为自己离汉朝很远，他们对汉朝的情况也不熟悉，因此大月氏早已经没有向匈奴报仇的心意了。

张骞在大月氏始终没有得到大月氏联合汉朝攻打匈奴的明确表态。

看到大月氏已无复仇之志，张骞在大月氏住了一

竟不能得月氏要领。
——《史记·大宛列传》

年多以后，沿着南山回国，从羌人居住的地方回长安。结果很不幸，张骞在返回途中又被匈奴抓住了。他在匈奴住了一年多，元朔三年（前126）匈奴军臣单于死，匈奴左谷蠡（lù lí）王攻击太子於单（dān），自立为单于。匈奴内部的权力之争造成国内大乱，张骞乘机与胡人妻子以及堂邑父一起逃回了汉朝。

张骞历险十三年后回朝复命，虽然未能完成汉武帝最初设定的联合大月氏共同对付匈奴的目标，但是，汉武帝深深感受到了张骞对国家的忠诚，封张骞为太中大夫，封堂邑父为奉使君。

张骞十三年踏遍广漠，两次被匈奴扣留，在匈奴娶妻生子，还毅然决然地返回故土，回朝复命。这种忠诚足以感动千古。如果张骞生活在今天，一定是当年"感动中国"人物的入选者之一，而且是人气最旺的入选者。虽然当年张骞未获此殊荣，但是，张骞历险归汉的事迹两千多年来一直被人们广泛传颂。

张骞的经历最让笔者感动，他让笔者想起了二战时期的英国首相丘吉尔最后一次在剑桥大学毕业典礼上的演讲。在本来预计二十分钟的演讲过程中，他只讲了四句话：

"决不放弃，战斗到底！决不退缩，勇敢面对！"

张骞之所以能有如此作为，原因颇多，大致有如下方面：

一是雄心壮志。

十三年艰苦卓绝的西域之行，如果没有建功立业的雄心壮志，绝对难以支撑下来。张骞当年出使时的一百多名随从，十三年后归来时只剩下他和堂邑父两人。其间艰险可知，其意志力不容忽视。

二是冒险精神。

张骞出使是集外交、探险于一体的行动，没有冒险精神是绝对不行的。

三是使命感。

张骞在匈奴十几年，娶妻生子，已经过上了安逸的生活，但是他始终没有丢弃作为汉朝使者的符节，无时无刻不在想着逃离匈奴，完成自己的使命。这种使命感对于一位身处异域的汉使来说，尤为重要。

四是副手相助。

张骞胜利归来，其副手堂邑父功不可没。堂邑父是匈奴人，善于射箭，每当他们途中遇到断粮的时候，堂邑父就射杀飞禽走兽吃，保证了张骞最终能活着回来。

凿空西域第二击

历经千辛万苦的张骞回到汉朝后，汉武帝利用他对边地情况的熟悉，曾多次任命张骞率部对匈奴作战。结果，汉武帝这一次选错了人。事实证明，叱咤风云的外交官未必是百战百胜的大将军。赫赫有名的张骞，因延误作战时机被判死刑，赎为平民。

看来，英雄难免落马。每个人都有适合自己的事业。张骞忠诚执着，胸怀宽广，天生就是一个当"使者"的好料子。带兵打仗却要无功而返，"下课"算是好运气。

不过，张骞虽然被贬为庶民，汉武帝还常常向他咨询西域及其周边异国的情况。张骞向汉武帝一一讲述了自己的见闻。这些讲述进一步激发了汉武帝心驰神往的大国之梦，他决心联络西域诸国，以服务于对匈奴的作战，大规模扩大汉朝的版图。

张骞常对汉武帝说："我在匈奴时，听说乌孙国王叫昆莫，昆莫的父亲是匈奴西边一个小国的君王。匈奴人杀死了昆莫的父亲，昆莫出生时就被扔到旷野里。但是，鸟儿口衔着肉飞到他身上喂他，狼跑来给他喂奶。单于感到奇怪，以为他是神，就收留了他。等昆莫成年后，就让他领兵打仗，结果昆莫屡立战功，单于就把昆莫父亲的百姓给了他，命令他长期驻守在西域。昆莫收养他的百姓，攻打旁边的小城镇，逐渐有了几万名能征惯战的兵士。

"单于死后，昆莫率领他的民众远迁，不再朝拜匈奴。匈奴派遣突击队攻打昆莫，从没有打胜过，因此，匈奴人越发认为昆莫是神人，于是远离昆莫，对他采取约束控制的办法，不对他发动重大攻击。如今单于刚被汉朝打败，原来浑邪王控制的地方又没人

臣居匈奴中，闻乌孙王号昆莫，昆莫之父，匈奴西边小国也。匈奴攻杀其父，而昆莫生弃于野，乌嗛肉蜚其上，狼往乳之。单于怪以为神，而收长之。及壮，使将兵，数有功，单于复以其父之民予昆莫，令长守于西域。昆莫收养其民，攻旁小邑，控弦数万。——《史记·大宛列传》

守卫。蛮夷的习俗是贪图汉朝的财物，如果能在这个时候用丰厚的财物赠送乌孙，招引他再往东迁移，居住到原来浑邪王控制的地方，同汉朝结为兄弟，我想昆莫应该是能够接受的。如果他接受了这个安排，那么这就是砍断了匈奴的右臂。联合乌孙之后，它西边的大夏等国都可以招引来作为大汉王朝的外臣属国。"

汉武帝认为张骞说得很在理，元狩四年 (前119)，便派他第二次出使西域。这一次，汉武帝任命张骞为中郎将。找到了自己人生坐标的张骞，率领三百人，每人配两匹马，驱赶几万头牛羊，又携带钱财布帛，价值几千万；还配备了好多个持符节的副使，如果道路能打通，就派遣这些副使到其他国家去。

张骞的主张实质上是"以夷制夷"。"以夷制夷"在汉匈关系中是有渊源的。汉文帝时，匈奴强盛，屡次寇边，汉文帝发兵抵御匈奴的进攻。晁错上书发表了自己对汉匈战事的见解，其中就说了这么一句话："以蛮夷攻蛮夷，中国之形也。"《汉书·晁错传》汉文帝看了晁错的上书，嘉奖了晁错。

由于此前在漠南之战、河西之战等战役中，汉朝取得了辉煌的胜利，打得匈奴闻风丧胆，所以，这次出使，张骞不再像第一次那样面临被匈奴扣留的危险。他们到了乌孙，乌孙王昆莫接见汉朝使者，张骞献上礼物，向昆莫说明了他出使的来意：如果乌孙能向东迁移

今诚以此时而厚币赂乌孙，招以益东，居故浑邪之地，与汉结昆弟，其势宜听，听则是断匈奴右臂也。既连乌孙，自其西大夏之属皆可招来而为外臣。——《史记·大宛列传》

到浑邪王的旧地去，那么汉朝将送一位诸侯的女儿嫁给昆莫做妻子。

面对张骞的厚礼、厚盼，乌孙王昆莫始终非常犹豫，这是为什么呢？原因有三：

一是现实状况。

乌孙国王昆莫此时已经进入暮年，他的十几个儿子中有一个叫大禄，性格强悍，擅长领兵，他率领一万多骑兵居住在他处。大禄的哥哥是太子，太子有个儿子叫岑娶，太子早死，临终前对父亲昆莫说："一定要让岑娶做太子，不要让别人代替他。"昆莫爱子心切，忍着悲痛答应了一息尚存的太子。

昆莫让岑娶当继承人，大禄对自己没能取得太子之位极度不满，于是收罗他的兄弟们蓄谋造反，意图攻打岑娶和昆莫。昆莫年迈，害怕大禄杀害岑娶，就分给岑娶一万多骑兵，居住到别的地方去，昆莫自己留下一万多骑兵自卫。这使得乌孙国实际上一分为三。虽然总体上乌孙国仍属昆莫掌控，但是，昆莫已经不敢独自与张骞敲定东移大事了。

二是缺乏了解。

张骞来到乌孙国，可以说是名副其实地游了一次"桃花源"。乌孙国长期远离汉朝，直到张骞到来，他们还不知道汉朝在哪儿、多大多小、有多强的实力，"不知有汉"的乌孙国王昆莫，也在怀疑汉朝是否能打得过匈奴。不能仅仅拿了汉朝使者送来的几件礼物，就把全国军队的性命交给别人吧。因此，对汉朝现状的缺乏了解也使昆莫难下决心。

三是安于现状。

乌孙国臣服于匈奴已经多年，大臣都害怕匈奴，不敢东迁，乌孙国王昆莫也无法下决心改变现状。

张骞看到这种状况，就分别派出副使出使大宛、康居、大月氏、大夏、安息、身(yuān)毒、于阗(tián)等邻国。

乌孙国王昆莫虽然没有答应东迁，但是，还是派出了向导和翻译送张骞回国。乌孙国派出的几十位使者，带来了几十匹好马，答谢汉武帝，顺便看一看汉朝情况，了解汉朝的广大。

张骞回到汉朝，被任命为大行，官居九卿之中。但是，大漠的黄沙与炊烟给了张骞千古的荣耀，同时也熬干了张骞的生命。为官仅仅一年多，张骞就死了。

乌孙国的使者看到汉朝地广人多而且财物丰厚，回去报告了国王，乌孙国更看重汉朝。过了一年多，张骞派出的沟通大夏等国的使者，多和所去国家的专使一同回到汉朝。于是，西北各国从这时开始和汉朝有了交往。

其后岁余，骞所遣使通大夏之属者皆颇与其人俱来。于是西北国始通于汉矣。——《史记·大宛列传》

千秋伟业　万载功名

张骞两次出使都是为了对匈奴作战。第一次是想联合月氏共同打击匈奴，第二次是想迁移乌孙居住浑邪王之地。命运却似乎一直在捉弄这个意志坚忍的使者，张骞的这两个目的都未能实现。但是，历史并不以成败论英雄。虽然张骞联络他族共同对付匈奴的宏愿未能实现，但他凿空西域的创举，为大汉王朝建立了千秋伟业，也为自己赢得了万载功名。

首先，促进了汉朝和西域的相互了解。

张骞两次因为客观条件的变化没能完成原定的方案，但是，张骞的出使让西域诸国了解了一个强大富庶的汉帝国，点燃了后世万国朝奉的引线。同时也让汉帝国了解了西域诸国，将汉人的视野拉到遥不可及的西方，练就了后代开阔的视野和博大的胸襟。

其次，促进了经济、文化的交流。

张骞的出使大大促进了西域诸国和汉朝的经济、文化交流。西域的葡萄、苜蓿、葡萄酒、胡桃、石榴等物产以及珊瑚、玳瑁、琥珀、玻璃、象牙等制品也随之传入汉朝。汉朝的炼钢技术、凿井技术和利用渠道引水的方法在世界上也居于先进水平，这些技术传到了大宛，进而传到西域各国和欧洲，提高了这些地区的生产技术水平。中国精美的瓷器和丝织品尤其使西方人叹为观止，连接东方的中国和西方的罗马帝国的丝绸之路正式形成。

此外，在文化方面尤其在佛教史上，张骞的凿空西域也值得大书特书。

再次，扩大了中国的版图。

西域有广义与狭义之分，狭义的西域即今天的新疆。正是张骞通西域使中国中央政府的行政权力第一次触及新疆。

此外，张骞向汉武帝报告，他在西域的大夏看到了邛山出产的竹杖和蜀地（今四川）出产的细布，当地的人说这些东西是商人从天竺（今印度）贩来的。他认为既然天竺可以买到蜀地的东西，一定离蜀地不远。

汉武帝就派张骞为使者，带着礼物从蜀地出发，去结交天竺。这又促使汉武帝开发西南地区。

今天每当我们雄视祖国辽阔的领土，都不应忘记张骞当年的开疆拓土之功。所有为我们这个民族作过巨大贡献的人，都会永远活在民族的记忆之中。

命运往往如此，重重地为你关上一扇门，同时悄悄地为你打开了另一扇门。雄姿英发的张骞，终其一生都在梦里"金戈铁马"：两次背井离乡，二十年游说四方；甚至因统兵败阵，领了"死罪"，发配回家；最后在联合乌孙国对匈奴作战失败中郁郁而终。但是，罗马人民因他而领略了丝绸的华美，大汉子民因他而品尝了石榴的甘甜。"壮志未酬身先死"，他的生命却并未虚度。

张骞从一位普通郎官到名垂青史的英雄，是汉武帝的大国意识、强国意识和善于选拔人才、重用人才双重作用的结果。但是，在各类人才之中，丞相人选尤为重要。那么，汉武帝是怎样选拔丞相的呢？他选拔的丞相又怎么样呢？

请看：公孙丞相。